Gerhard Schmied / Soziale Zeit

Sozialwissenschaftliche Schriften

Heft 11

Soziale Zeit

Umfang, „Geschwindigkeit" und Evolution

Von

Gerhard Schmied

DUNCKER & HUMBLOT / BERLIN

Als Habilitationsschrift
auf Empfehlung des Fachbereichs 12 - Sozialwissenschaften
der Johannes Gutenberg-Universität Mainz gedruckt mit
Unterstützung der Deutschen Forschungsgemeinschaft

CIP-Kurztitelaufnahme der Deutschen Bibliothek

Schmied, Gerhard:
Soziale Zeit: Umfang, „Geschwindigkeit" u. Evolution /
von Gerhard Schmied. — Berlin: Duncker und Humblot, 1985.
(Sozialwissenschaftliche Schriften; H. 11)
ISBN 3-428-05755-4

Gedruckt 1985 bei Berliner Buchdruckerei Union GmbH., Berlin 61
Printed in Germany

ISBN 3-428-05755-4

Vorwort

Sich auf das Thema „Zeit" einzulassen, bedeutet Konfrontation mit einem rätselhaften Phänomen. Denn Zeit ist in mehrfacher Hinsicht unfaßbar. Wir haben ein Sinnesorgan für den Raum, aber keines für die Zeit. Die Zeit unserer Existenz läßt sich nicht festhalten; sie zerrinnt mit unserem Leben. Und trotz der Versuche vieler der großen abendländischen Denker, Zeit begrifflich zu fassen, scheint das Fazit all dieser Bemühungen schon von Augustinus in seiner Schrift „Bekenntnisse" formuliert worden zu sein; auf die Frage, was denn „Zeit" sei, antwortete er: „Wenn niemand mich danach fragt, weiß ich's, will ich's aber einem Fragenden erklären, weiß ich's nicht." (11. Buch, 14. Kap., übersetzt von Wilhelm Thimme)

Ungeachtet dieser Charakteristika ist Zeit ein grundlegender Ordnungsfaktor im sozialen Leben und ein Aspekt, unter dem jegliches Kulturobjekt gesehen werden kann. In der Spannung zwischen der Vielfalt des sozialen Lebens wie der Kulturobjekte einerseits und der Eigenvariabilität des Phänomens „Zeit" andererseits eröffnet sich für die Soziologie ein schier unermeßliches Forschungsfeld. Aus diesem Felde wurden für die vorliegende Arbeit drei Fragenkreise ausgewählt: die Bedeutung der naturwissenschaftlichen Zeit im sozialen Leben, die Erscheinung der unterschiedlichen Ablaufgeschwindigkeit von Zeit und die Evolution der Zeitvorstellungen. Mit Hilfe verschiedener theoretischer Ansätze werden die drei Komplexe analysiert, die sowohl hinsichtlich der Enträtselung des Zeitphänomens im allgemeinen wie für eine Soziologie der Zeit im besonderen gewichtig erschienen.

Diese Arbeit steht selbst wieder in zeitlichen Zusammenhängen. Sie wurde in einer Zeit verfaßt, als „Zeit" in der deutschen Soziologie erstmals von mehreren Autoren aufgegriffen und so zu einem etablierten Thema wurde. Neben der überragenden Figur von Luhmann sollen hier Bergmann, Heinemann/Ludes, Leitner (dessen Buch beim Abschluß des Manuskripts noch nicht zugänglich war), Schöps und vor allem Wendorff mit ihren im Literaturverzeichnis aufgeführten Arbeiten genannt werden. Es wäre mir eine Genugtuung, wenn ich die dort zusammengetragenen Erkenntnisse ergänzt oder weitergeführt haben könnte. – Weiter hat die Abfassung dieser Schrift den Autor ein Stück seiner Lebenszeit gekostet. In dieser Zeit entstanden Dankesschulden: bei Professor Dr. Helmut Schoeck (Mainz), dessen Anregungen in Seminaren und privaten Gesprächen den Anstoß zu dieser Habilitationsschrift bildeten und der die Arbeit mit Langmut, aber auch mit Energie betreute, bei dem viel zu früh verstorbenen Joachim Hoeltz M.A. (Wiesbaden), der aus seiner Belesenheit heraus viele Hinweise geben konnte und das Gesamtmanuskript kritisch durchsah, bei Dr. Dr. Friedrich Pfurtscheller (Mainz) für seine Kritik an philosophischen Aspekten, bei Professor Dr. Bernd Fischer (Nordrach) für medizinische Literatur, bei Angelika Albrecht M.A. für die sorgfältige Erstellung des Manuskripts sowie bei den Teilnehmern an zwei Seminaren zur Soziologie der Zeit, die sich in das Dickicht der Problematik führen ließen. Ihnen allen sowie meiner Familie, die die Arbeit an der Schrift mittrug, sei herzlich Dank gesagt. Ich widme dieses Buch meinem Sohn mit dem Wunsch, er möge im Ablauf der Zeit seinen „kairos" erkennen.

Mainz, im Juli 1984

Gerhard Schmied

Inhaltsverzeichnis

1. Zeitvorstellungen als soziale Zeit

„Jenseits dieser veränderlichen Spanne von Zeit oder genauer: der kollektiven Zeiten, gibt es nichts mehr; denn die Zeit der Philosophen ist nichts als eine leere Form.“

Maurice Halbwachs,
Das kollektive Gedächtnis, S. 126

1.1. Der Ausgangspunkt und Möglichkeiten seiner Veranschaulichung

Zu den wenigen fundamentalen Kategorien, mit Hilfe derer wir unsere Wahrnehmungen der Welt strukturieren, gehört die Zeit. Im Raum stellt sich uns das Nebeneinander der Welt dar, durch Zeit erfassen wir das Nacheinander. Auch speziellere Prinzipien der Welterfassung wie Kausalität[1] und Finalität, mit denen wir konkrete Qualitäten von Abläufen bezeichnen, enthalten eine zeitliche Dimension. So ist Zeit zwar nicht als Wort[2], aber doch als Ordnungsprinzip des Bewußtseins universal[3]. Das heißt aber nicht, daß Zeit ein überall in gleicher Form vorhandener Bewußtseinskomplex ist. Zeit als strukturierendes Vorstellungssystem ist vorwiegend ein soziales Phänomen. Das bedeutet, daß die Zeit, die unser Denken und Handeln zutiefst prägt, nicht Zeit schlechthin ist; sie ist nur rudimentär ein dem Menschengeschlecht eingeborener, als einheitliche Ausstattung mitgegebener Vorstellungskomplex und lediglich in wenigen Fällen (wie z.B. beim Wechsel der Jahreszeiten) ein reines Ablesen von meteorologischen und astronomischen Phänomenen. Sie ist vielmehr in hohem Maße eine gesellschaftlich bedingte und gesellschaftlich wirksame Konzeption und mit den Eigenheiten einer Gesellschaft verwoben.

Der zutiefst soziale Charakter von Zeitvorstellungen läßt sich auf verschiedene Weise demonstrieren. Die beiden Möglichkeiten, die im folgenden aufgegriffen werden sollen, beziehen sich auf die Entwicklung des Zeitverständnisses im

---

1 Vgl. Jean Piaget, Die Bildung des Zeitbegriffs beim Kinde, Zürich 1955, S. 18.

2 In zahlreichen Sprachen gibt es kein Wort, das dem Terminus „Zeit“ entspricht. Vgl. dazu Emiko Ohnuki-Tierny, Sakhalin Ainu Time Reckoning, in: Man (NF) 8 (1973), S. 285; Paul Bohannan, Concepts of Time among the Tiv of Nigeria, in: Southwestern Journal of Anthropology 3 (1953), S. 262; M. Panoff, The notion of time among the Maenge people of New Britain, in: Ethnology 8 (1969), S. 153; E. E. Evans-Pritchard, Nuer Time-Reckoning, in: Africa 12 (1939), S. 208; W. E. H. Stanner, The Dreaming, in: William A. Lessa and Evon Z. Vogt (Hrsg.), Reader in Comparative Religion, 3. Aufl., New York – Evanston – San Francisco – London o.J. (1972), S. 270.

3 Ähnlich auch Werner Bergmann, Die Zeitstrukturen sozialer Systeme, Berlin 1981, S. 93.

Rahmen der Sozialisation und auf Zeitvorstellungen in ausgewählten Naturvolkgesellschaften.

1.1.1. Die Entwicklung des Zeitverständnisses im Rahmen des Sozialisationsprozesses

Schon die ersten erzieherischen Maßnahmen, mit denen in unserem Kulturkreis auf einen Säugling eingewirkt wird, betreffen in der Regel eine zeitliche Differenzierung, die Differenzierung in Tag und Nacht. Dabei sind die astronomischen Aspekte so gut wie belanglos; der Säugling soll die gröbste Unterscheidung in bezug auf die Intensität *sozialen* Agierens erlernen, daß nämlich in einer langen Periode des Schlafs die sozialen Beziehungen auf ein Mindestmaß eingeschränkt werden. Mit eineinhalb bis zwei Jahren kommt es zu ersten Manifestationen des Erfassens eines zeitlichen Nacheinander und von Unterschieden in der Dauer. Zukunftsbezogene Begriffe scheinen, zumindest in westlichen Gesellschaften, früher als vergangenheitsbezogene verwendet zu werden. So tauchte in einem Sample amerikanischer Kleinkinder das Wort „tomorrow" durchschnittlich im 30. Lebensmonat zum ersten Mal, dagegen das Wort „yesterday" im 36. Lebensmonat auf[4]. Das dreijährige Kind lernt in der Regel auch, den Tag in Funktionsabschnitte einzuteilen. Mit fünf Jahren wird in den westlichen Kulturen die Reihenfolge der Wochentage erfaßt. In diesem Alter beginnt auch die Beschäftigung mit der Uhrzeit. Ein erster Überblick über den Jahreskalender gelingt oft ein Jahr später. Mit sechs Jahren ist auch die Unterscheidung von Vergangenheit, Gegenwart und Zukunft sowie die Einsicht in den linearen Charakter der Zeit möglich[5]. Aber die gedankliche Durchdringung der Struktur von Gegenwart und Zukunft schreitet erst im Laufe der folgenden Jahre voran. In westlichen Gesellschaften plant ein sieben- bis achtjähriges Kind bis auf eine Woche voraus; die gleiche Spanne erinnerte Zeit beeinflußt das Verhalten des Sieben- bis Achtjährigen. In der Pubertät haben sich diese Zeiträume, die überschaut werden und das momentane Handeln bestimmen, jeweils auf ein Jahr ausgeweitet[6]. Frustrationen in der Erziehung durch die Eltern scheinen eher positiv auf die Ausbildung von Zeitstrukturen zu wirken[7]. Der im Kinde entstehende Konflikt aufgrund der Frustration könnte eine Strukturierung der auf das ego bezogenen Lebenszeit begünstigen[8]. Das Wissen um die in einer Gesellschaft üblichen Zeiteinteilungen bedeutet nicht nur Konformität,

---

[4] Vgl. Louise Bates Ames, The development of the sense of time in the young child, in: Journal of Genetic Psychology 68 (1946), S. 97–125, nach: Leonard W. Doob, Patterning of Time, New Haven – London 1971, S. 252.

[5] Zu diesen entwicklungspsychologischen Daten vgl. Rudolf Wendorff, Zeit und Kultur, Opladen 1980, S. 488.

[6] Vgl. die Übersicht bei Gustav Jahoda, Children's Concept of Time and History, in: Educational Review 15 (1963), S. 101.

[7] Vgl. David Zern, The influence of certain child-rearing factors upon the development of a structured and salient sense of time, in: Genetic Psychology Monographs 81 (1970), bes. S. 221 ff.

[8] Vgl. ebd., S 204.

sondern kann zugleich Möglichkeiten eröffnen, sich kulturspezifischen „Zeitdiktaten" zu entziehen. Auf diese Weise wird das entwickelte Zeitbewußtsein zu einer Komponente der „Ich-Identität", die im Laufe des Sozialisationsprozesses entstehen soll[9]. – Die mehrfachen Hinweise, daß es sich bei dieser Darstellung um kulturspezifische Stadien und Reaktionen handelt, die vor allem für westliche Gesellschaften Geltung besitzen, deuten schon darauf hin, wie sehr die Zeitvorstellungen mit der Kultur in Verbindung stehen.

Sozialisationsagenten sind zunächst die Eltern, die in der Regel als erste das Kind auf astronomische Phänomene und Veränderungen in der Umwelt hinweisen, welche zur Zeiteinteilung herangezogen werden; aber vor allem wecken sie durch eigenes Vorbild, Befehle, Angaben über „passende" und „unpassende" Zeiten das Zeitverständnis[10]. In erster Linie wohl im Blick auf amerikanische Verhältnisse führt Sebastian de Grazia aus: „Also the child is explicitly taught time at home – it is one of the few subjects nowadays in which parents feel fully competent to instruct their children . . ."[11]. Verfeinerungen des Zeitverständnisses, vor allem im Erfassen der Uhrzeit, werden in der Schule angestrebt, in der damit gleichzeitig die Zeitdisziplin eingeübt wird, die für Industriegesellschaften typisch ist[12]. Nach Edward T. Hall nimmt man an, daß das durchschnittliche Kind in den USA älter als zwölf Jahre werden muß, ehe es das seiner Kultur entsprechende Zeitbewußtsein entwickelt hat[13]. Goody weist auf den in westlichen Ländern lange verbreiteten Brauch hin, den herangewachsenen Söhnen eine Uhr zu schenken[14]. Dieses Geschenk soll anzeigen, daß ein gewisses Maß an Eigenständigkeit erreicht ist. Die Uhr ist ein Zeichen allgemeiner sozialer Reife, zu der auch die eigenverantwortliche Anwendung von Kenntnissen in der Zeiteinteilung gehört. Die Kenntnisse betreffen nicht nur Uhr- und Kalenderzeit, sondern auch Vorstellungen über Zeitverwendung und Zeitverschwendung, über Pünktlichkeit oder Dringlichkeit. Gerade bestimmte Details zu diesen letzten Bereichen, die Hall zur „informellen Zeit" („informal time"[15]) zählt, kann aber der Jugendliche noch nicht voll erfassen, da sie ihm erst während des Berufs- und Ehelebens in bestimmten Situationen nahegebracht werden. Es braucht also lange, bis die feinsten Untertöne im Umgang mit der Zeit erkannt und angewendet werden können. Dies betrifft auch das geschichtliche Verständnis. In westlichen Gesellschaften kann erst der junge Erwachsene diese Form der Vergangenheit in ihrem Nacheinander, ihren verschiedenen Tendenzen und ihren Zusammenhängen voll erfassen[16]. Gerade die

---

9 Vgl J. T. Fraser, The Interdisciplinary Study of Time, in: Studium Generale 19 (1966), S. 709.

10 Zu „passenden" und „unpassenden" Zeiten sowie deren Kulturbedingtheit vgl. Edward T. Hall, The Silent Language, Garden City 1973, S. 2–19 (TB-Ausgabe; Originalausgabe 1959).

11 Sebastian de Grazia, Of Time, Work, and Leisure, New York 1962, S. 297.

12 Vgl. ebd.

13 Vgl. Hall, S. 140.

14 Vgl. Jack Goody, Time: Social Organization, in: David L. Sills (Hrsg.), Encyclopedia of the Social Sciences, Bd. 16, o.O. 1968, S. 38

15 Hall, z.B. S. 148.

16 Vgl. Jahoda, S. 94 f. sowie die Übersicht ebd., S. 101.

„informellen" Zeiten, aber auch der geschichtliche Hintergrund sind von Kultur zu Kultur verschieden und weisen auf die spezifische Prägung bestimmter Ebenen des Zeitbewußtseins.

Die hier vorgetragene Auffassung, die Entwicklung des Zeitbewußtseins vollziehe sich vorrangig kulturspezifisch, steht in einem gewissen Gegensatz zur Annahme Piagets, mit dem Erreichen bestimmter Entwicklungsstufen seien beim Kind Fortschritte im Erfassen zeitlicher Zusammenhänge verbunden. Piaget legte dazu in seiner Schrift „Die Bildung des Zeitbegriffs beim Kinde"[17] umfangreiche experimentelle Untersuchungen vor. Da aber zeitliche Zusammenhänge kulturabhängig sind, ist das Erreichen von Entwicklungsniveaus lediglich als Voraussetzung für die Fähigkeit zu bestimmten zeitlichen Operationen zu betrachten. Es ist keineswegs so, daß diese – ein solcher Eindruck entsteht bei der Lektüre von Piagets Schrift – mit dem Erreichen einer Entwicklungsstufe „automatisch" auftreten. Da in vielen Kulturen etwa die physikalische Zeit, der der größte Teil der Darlegungen Piagets gewidmet ist, von geringer Bedeutung ist oder gar keine Rolle spielt, werden diesbezügliche Operationen auch kaum oder überhaupt nicht vorkommen. Piagets Konzept in „Die Bildung des Zeitbegriffs beim Kinde" kann als Beschreibung tatsächlichen Verhaltens nur für den westlichen Kulturkreis Geltung beanspruchen[18].

1.1.2. Zeitvorstellungen in zwei ausgewählten Naturvolkgesellschaften

Besonders gut eignen sich ethnologische Befunde zur Darstellung des sozialen Charakters der Zeit. Zwar lassen sich die sozialen Bezüge der Zeitvorstellungen auch in modernen Industriegesellschaften erkennen. Aber in ihnen wird häufig der soziale Charakter der Zeit durch die Zahlenangaben der Uhr- und Kalenderzeit verdeckt. Wenn auch zwei Bekannte, von denen einer ruft: „Also bis morgen abend um 20 Uhr", soziale Aktivitäten beruflicher oder geselliger Art meinen, so stehen doch hier zunächst oft abstrakte Zahlen vor konkreten sozialen Gegebenheiten. Doch dies ist nicht der zentrale Aspekt unserer Entscheidung. Leitender Gedanke war eine Überlegung, die Durkheim im Rahmen seiner religionssoziologischen Studien entwickelte. Er nahm an, die sozialen Zusammenhänge seien dort am deutlichsten zu erkennen, wo sie in ihren einfachsten Formen auftreten[19]. Damit soll aber nicht der Gedanke Durkheims übernommen werden, mit Hilfe der Analyse sog. primitiver Gesellschaften sei ein allgemeiner Begriff[20] oder das Wesentliche[21] sozialer Phänomene zu gewin-

---

[17] Zu den bibliographischen Angaben vgl. Fußn. 1.

[18] Diese Einschränkung der Analyse Piagets sieht auch Victor Gioscia. Vgl. Victor Gioscia, On Social Time, in: Henry Yaker u.a. (Hrsg.), The Future of Time, London 1972, S. 97 Zur grundsätzlichen Kritik an Piaget vgl. Otthein Rammstedt, Alltagsbewußtsein von Zeit, in: Kölner Zeitschrift für Soziologie und Sozialpsychologie 27 (1975), S. 47 f.

[19] Vgl. Emile Durkheim, Les formes élémentaires de la vie religieuse, Paris, 4. Aufl. 1960, S. 9. Eine ähnliche Auffassung äußert auch Benedict. Vgl. Ruth Benedict, Urformen der Kultur, Hamburg 1955, S. 19. Zur Relativierung dieser Sicht vgl. Claude Lévi-Strauss, Strukturale Anthropologie II, Frankfurt/M. 1975, S. 60.

[20] Vgl. Durkheim, S. 6.

[21] Vgl. ebd., S. 8.

nen. Vielmehr wird unterstellt, daß sich die „Übersichtlichkeit" von Stammesgesellschaften auch in ihren Zeitvorstellungen ausdrückt. Diese Eignung zu Demonstrationszwecken und nicht das bisweilen gerügte Ausweichen auf „Exoten"[22] vor den problematischen modernen Industriegesellschaften ist also der eigentliche Grund für das Heranziehen von ethnologischem Forschungsmaterial.

Dale F. Eickelman weist darauf hin, daß geschlossene Gesellschaften, wie sie Durkheim letztlich annahm, in der Praxis nicht vorzufinden sind[23]. Stets sind Einflüsse aus anderen Gesellschaften vorhanden; dies können u.a. auch Einwirkungen der westlichen Kultur sein. In bezug auf die Zeitvorstellungen muß daher von diesen Einflüssen abstrahiert werden, wenn man die ursprünglichen Formen des Zeitbewußtseins erfassen will[24]. So sind Berichte von Feldforschern öfter Konstruktionen bzw. Rekonstruktionen eines Zustandes vor dem intensiven Kulturkontakt; das gilt dann auch für die beschriebenen Zeitvorstellungen, von denen lediglich angenommen werden kann, daß sie in der betreffenden Gesellschaft bestanden.

1.1.2.1. Die Zeitvorstellungen der Nuer: Widerspiegelung sozialer Aktivitäten und Strukturen im Zeitkonzept

In zwei Schritten soll mit Hilfe zweier ethnologischer Feldstudien, die für die Demonstration der zu präzisierenden Aspekte besonders geeignet sind, der soziale Charakter der Zeitvorstellungen herausgearbeitet werden. Der erste dieser Berichte stammt von E. E. Evans-Pritchard, und er behandelt die Nuer, einen seminomadischen Stamm im Süden des Sudan und im Norden Kenias[25].

E. E. Evans-Pritchard war ein soziologisch orientierter Ethnologe. Seine Studien[26] über die Zeitrechnung der Nuer waren bahnbrechend für die ethnologische Erforschung von Zeitvorstellungen; in vielen folgenden Arbeiten zur Zeitkonzeption wird er zitiert[27]. Seine soziologische Orientierung wird schon bei der Bestimmung des Begriffs der Zeitkonzeption deutlich. Evans-Pritchard charakterisiert die Zeitkonzepte der Nuer als „social notions, being man-made and referring to successions of events which are of sufficient interest to the community for them to be noted and related to each conceptually"[28]. Diese Definition der Nuer-Zeit läßt sich sogar zur allgemeinen Definition von sozialer Zeit

---

[22] Vgl. Philip Schlesinger, Newsmen and their time-machine, in: British Journal of Sociology 28 (1977), S. 337.

[23] Vgl. Dale F. Eickelman, Time in a Complex Society: A Moroccan Example, in: Ethnology 16 (1977), S. 39 f.

[24] Dieses Problem sah für seine Darstellung z.B. Beidelmann. Vgl. T. O. Beidelmann, Kaguru Time Reckoning: an Aspect of the Cosmology of an East African People, in: Southwestern Journal of Anthropology 19 (1963), S. 10.

[25] Vgl. Evans-Pritchard, S. 189–216.

[26] Neben dem in Fußn. 25 aufgeführten Aufsatz ist noch zu nennen: E. E. Evans-Pritchard, The Nuer, Oxford 1946 (zuerst 1940), bes. S. 94 ff.

[27] Vgl. dazu beispielsweise die zitierten Arbeiten von Beidelmann, S. 10, Eickelman, S. 40 sowie Ohnuki-Tierny, S. 291.

[28] Evans-Pritchard, Nuer Time-Reckoning, S. 189.

heranziehen: Die soziale Komponente bei der Auswahl von Wahrnehmungen, die Bedeutung dieser Wahrnehmungen im gesellschaftlichen Leben sowie die Bezüge dieser Wahrnehmungen zueinander sind sicherlich gewichtige Charakteristika in einer Begriffsbestimmung von sozialer Zeit.

Evans-Pritchard unterscheidet in der Zeitkonzeption der Nuer ökologische Zeit („‚oecological time'") und strukturelle Zeit („‚structural time'"[29]). Der Begriff „ökologische Zeit" läßt den sozialen Zusammenhang in den Hintergrund treten und setzt den Schwerpunkt auf den Bezug zur Umwelt allgemein. Treffender erscheint der Terminus „occupational time", den Evans-Pritchard selbst als Synonym für „ökologische Zeit" vorschlägt, läßt er doch deutlicher den sozialen Bezug erkennen. Da bei den Nuer eine Auffächerung der Tätigkeiten nach occupations im Sinne von Berufen kaum entwickelt ist, soll hier der Terminus „occupational time" mit „Tätigkeitszeit" übersetzt werden[30], denn diese Zeitart steht im Zusammenhang mit Aktivitäten, die der Beschaffung des Lebensnotwendigen, in erster Linie der Nahrung, gewidmet sind. In den Vorstellungen der Tätigkeitszeit werden kürzere Zeiträume erfaßt als in der strukturellen Zeit. Aber auch bei der Tätigkeitszeit muß noch einmal differenziert werden; Aktivitäten im Zusammenhang mit dem Gartenbau dienen zur Bestimmung längerer Zeiträume als Handlungen mit einem Bezug zur Viehzucht. Die Arbeit mit den Herden wird vor allem zur Benennung von Tageszeiten herangezogen. So spricht man am Morgen von der Zeit des Austriebs in das Gehege, von der Zeit des Melkens, des Butterns usw. Derartige Zeitbestimmungen werden häufig neben der Angabe des Sonnenstandes benutzt und allgemein verstanden. Am Beispiel dieser „Feineinteilung" der Nuer-Zeit läßt sich zeigen, daß die Menge und die Bedeutung der Aktivitäten sich in der Anzahl der zur Verfügung stehenden Zeitbezeichnungen widerspiegeln, und zwar auch in der Anzahl der Zeitbenennungen nach dem Stand der Sonne. Den vielerlei Tätigkeiten am Morgen entsprechen viele Zeitpunktnennungen nach dem Sonnenstand; so sind für die Zeit zwischen 4 bis 6 Uhr am Morgen allein sechs Zeitbezeichnungen nach dem Sonnenstand gebräuchlich, für die lange Zeit von 7 bis 18.15 Uhr aber lediglich sieben derartige Zeitpunktnamen.

Der längste Zeitraum, der der ökologischen Zeit zugeordnet werden kann, ist das Jahr, das die Nuer in zwei Teile gliedern, die sie *tot* und *mei* nennen und die sich nur annähernd mit den Phänomenen „Regen-" bzw. „Trockenzeit" decken. So beginnt das Halbjahr *mei* mit dem Nachlassen der Regenfälle. Der Wechsel von *tot* und *mei* bedeutet für die Nuer vor allem den Wechsel zwischen dem Leben in Dörfern und dem Aufenthalt in Lagern bei den weit von den Dörfern entfernten Weiden sowie einen Wechsel der Tätigkeiten. Wird in der Regenzeit auch Gartenbau betrieben, so bildet in der Trockenzeit neben Fischen und Jagen vor allem das Hüten der Herden die Hauptaktivität. Auch in den langen Perioden der Trockenzeit, in denen keine Vorgänge zu beobachten sind, die denen des Säens, Heranreifens und Erntens entsprechen, sind wieder

[29] Ebd.

[30] Der einer korrekten Übersetzung eher entsprechende Begriff „Beschäftigungszeit" ist in der deutschen Sprache schon durch einen Terminus des Sozialversicherungsrechts belegt.

weniger Differenzierungen in der Zeitangabe zu vermerken, zumal Feste, religiöse Zeremonien, Tänze und Kriegszüge in der Regenzeit durchgeführt werden. Und Differenzierungen werden auch nicht benötigt, da keine Beziehungen zwischen Ereignissen aufgewiesen werden müssen.

In der strukturellen Zeit werden nach Evans-Pritchard Aspekte des Gesellschaftsaufbaus reflektiert. Das Lebensalter – eine Zeitvorstellung, die auf dem sozial bedeutsamen Ereignis der Geburt basiert – ist in vielen Gesellschaften gleichzeitig soziales Differenzierungsmerkmal. Auch bei den Nuer sind die verschiedenen Lebensalter gesellschaftlich relevant. Jeder der Nuer gehört einer Altersgruppe („age-set“[31]) an, die ca. zehn bis zwölf Jahrgänge umfaßt und einen bestimmten Eigennamen trägt. Diese Altersgruppen bilden ein System von Zeitbenennungen für längere Zeiträume. Diese Strukturierung erlaubt es dem Nuer, sich in die Altersfolge einzureihen, zumal ihm ein Lebensalter in Jahren nicht bekannt ist. Für den zeitlichen Zusammenhang, in dem der einzelne innerhalb seiner Gesellschaft steht, ist weiter die väterliche Abstammungslinie von Bedeutung, die dem Individuum einen Platz in der Familie zuweist, die aber vor allem die Verwandtschaftszusammenhänge mit anderen Stammesangehörigen sichert und damit eine überaus wichtige Funktion für die Gesellschaft als Ganzes besitzt. In Teilen seiner Genealogie, die jedem Nuer bekannt ist, fällt strukturelle mit historischer Zeit zusammen, d.h. neben der Festlegung der Verwandtschaft durch die Abstammungslinie wird auch die Erinnerung an die Vorfahren lebendig erhalten. Weiter aber als vier bis sechs Generationen geht die Kenntnis der Abfolge nicht. Der weitere Stammbaum, der im Gründer des Clans gipfelt, ist Traditionsgut und damit Ausdruck lediglich struktureller Zeit, d.h. es werden Zusammenhänge in der Gesellschaft aufgezeigt, z.B. gemeinsame Abstammung von einem Clangründer, die auch dann noch soziale Bedeutung hat, wenn sie nicht mehr gesichert ist. Generalisierend kann man feststellen, daß Genealogien eine grundlegende Funktion für das Weltverständnis haben: Sie zeigen den Zusammenhang der Gesellschaft und wirken so auf die Regelung der Beziehungen zwischen ihren Mitgliedern[32]. Von dieser Funktion her ist auch die zunächst schwer verständliche Erscheinung zu erklären, die Bohannan von den Tiv in Nigeria berichtet. Die Tiv führten in ihrer Genealogie Adam als ersten Vorfahren ein[33]. Sie taten das nicht etwa, um eine größere Zeittiefe für die eigene Geschichte zu erreichen, sondern um den sozialen Zusammenhang mit den Europäern herzustellen.

[31] Z.B. Evans-Pritchard, Nuer Time-Reckoning, S. 210.

[32] Vgl. dazu auch Rüdiger Schott, Das Geschichtsbewußtsein schriftloser Völker, in: Archiv für Begriffsgeschichte 12 (1968), S. 166–205. Schott weist ferner auf die wichtige Funktion von Genealogien hin, Bestehendes zu legitimieren. Vgl. dazu ebd., S. 185.

[33] Vgl. Bohannan, S. 260. Ähnliches berichtet Middleton von den Lugbara in Uganda, die Figuren wie den ersten europäischen Distriktkommissar in die Genealogien und selbst in die Mythen einführten. Vgl. John Middleton The Lugbara of Uganda, New York 1965, S. 22.

1.1.2.2. Die Zeitvorstellungen der Maenge: Einbettung der Zeitvorstellungen in die Kultur

Evans-Pritchard hatte aufgezeigt, wie sich soziale Aktivitäten und die Gesellschaftsstruktur im Zeitkonzept deutlich abbilden. Der Ansatz von M. Panoff[34], der sich Evans-Pritchard verpflichtet weiß, führt uns einen wesentlichen Schritt in der Explikation sozialer Zeit weiter. Ca. dreißig Jahre nach Evans-Pritchards Feldstudien bei den Nuer untersuchte Panoff die Zeitvorstellungen der Maenge, einen ca. 5000 Personen umfassenden Stamm im Süden der zum Bismarck-Archipel gehörenden Insel New Britain. Er wies nach, daß sowohl die Gesellschaftsstruktur als auch die Zeitrechnung der Maenge von einer zentralen Grundvorstellung durchdrungen sind. Die Grundvorstellung, die Panoff immer wieder umschreibt, kann man als „Das Pflanzliche" charakterisieren. Sie rührt eindeutig von der Tatsache her, daß die Maenge vor allem Gartenbau betreiben. Und Analogien aus diesem Tätigkeitsbereich beherrschen auch die Zeitvorstellungen. Der Begriff „Monat" kann sowohl durch das Wort *ina* (Mond) als auch durch *vega matana* (Baumart) ausgedrückt werden. Und die Monate werden zwar auch entsprechend den Mondphasen bestimmt; aber primär werden sie nach der Blüte von Pflanzen eingeteilt. Das Pflanzenleben im tropischen Raum kann man als kontinuierlich und fließend bezeichnen: Ständig löst ohne Einschnitte neues Wachstum Absterbendes ab. Genauso kontinuierlich und fließend ist auch die Zeit, die durch die Monate der Maenge bezeichnet wird. Diese Eigenschaften kommen auch in der Vorstellung der Maenge zum Ausdruck, ein Monat „erzeuge" den nächsten. Aber sie werden vor allem am Pflanzenwuchs deutlich. Oft überlappt sich das Blühen der einzelnen Pflanzen, und es ist nicht eindeutig entscheidbar, welcher Monat zu zählen ist. Kompliziert wird die Bestimmung des Monats noch durch die fehlende Übereinstimmung in dem, was als Blüte bezeichnet werden kann: die ersten Blüten oder die Vollblüte der ganzen Pflanze. Die unterschiedliche Dauer der Blüte sorgt für unterschiedlich lange Monate. In diesem Nach- und Übereinander von Blütenfolgen gibt es keinen Fixpunkt, so daß im Fluß der Zeit keine Jahre gezählt werden. Eine längere Zeitdauer wird in erster Linie durch ein anderes mit dem Pflanzlichen zusammenhängendes Maß bestimmt, durch die Zahl der Gärten, die man seither neu bestellt hat. Die Analogie zum Pflanzlichen kommt ferner in den wenigen Benennungen für Tageszeiten zum Ausdruck: Am Morgen ist die Sonne noch nicht „reif", am Mittag ist sie es. Auch längere Zeitspannen werden durch pflanzliche Vergleichspunkte bestimmt. Das Menschenleben wird als Wachsen einer Pflanze vorgestellt, wobei die Männer mit Bäumen, die Frauen mit sekundärer Vegetation gleichgesetzt werden, die in brachen Gärten auftritt.

Die bisher dargestellten Zeitbestimmungen der Maenge gehören zu dem Komplex, den Evans-Pritchard als „ökologische Zeit" bezeichnet hatte. Die Zeitbestimmungen reflektieren Eigenarten der Umwelt. Allerdings determiniert die Umwelt die Zeitvorstellungen nicht zwingend in eine Richtung, sondern aus den Phänomenen der Natur werden nur bestimmte ausgewählt und zwar vor allem solche, die mit sozialen Aktivitäten – hier dem Gartenbau –

[34] Vgl. Panoff S. 153–166.

im Zusammenhang stehen. Und diese Selektion wirkt weiter. Die Unschärfe, wie sie in der Bestimmung der Blüte und damit in der Festlegung eines bestimmten Monats zutagetrat, zeigt sich auch in der gesellschaftlichen Struktur. Es existieren bei den Maenge Altersgruppen, die *lála* genannt werden. Diese *lálas* haben für die Zeit ihres Bestehens keine feste Mitgliederschaft. Werden zunächst Säuglinge beiderlei Geschlechts, z.B. alle Krabbelkinder, einer *lála* zugeordnet, so werden für spätere Lebensalter Angehörige mehrerer Altersjahrgänge zu einer Altersgruppe zusammengefaßt. Außerdem werden bei den Erwachsenen *lálas* für Frauen und *lálas* für Männer unterschieden. Das genealogische Wissen bei den Maenge ist wenig ausgeprägt; man kennt bestenfalls noch die Namen der Großeltern. Damit fehlt eine Komponente, die Evans-Pritchard bei den Nuer als Indikator für strukturelle Zeit gedient hatte. Panoff fand aber bei den Maenge Ansätze für eine bestimmte Art von, wie er es nennt, historischer Zeit („‚historical time'"[35]). Er entdeckt diese Ansätze in dem Wissen über das Nacheinander des Entstehens der Dörfer und, was noch bedeutsamer ist, im Wissen über die aufeinanderfolgende Entstehung von Subclans aus einem Clan, der als Baumstumpf vorgestellt wird. In diesem Strukturwissen ist auch eine weitere pflanzliche Analogie enthalten; das Spalten der Clans wird in Form eines Baumes gedacht, der neue Zweige bekommt. Und wenn Clans aussterben oder Dörfer durch Kriege zerstört werden, fügt sich das nahtlos in das Denkschema ein: Zweige verdorren, aber der Stamm und die Hauptäste wachsen weiter. Dieses Weiterwachsen weist auf das Progressive und Irreversible des Prozesses hin, die Panoff als Charakteristika einer historischen Zeitvorstellung auffaßt.

Es war der Ehrgeiz vieler Sozialwissenschaftler, besonders von Ethnologen, ein Grundprinzip für eine bestimmte Kultur zu finden, aus dem das soziale Handeln in der Gesellschaft weitgehend erklärt werden kann. Es soll nun nicht versucht werden, das „Pflanzliche" als Schlüssel für die Interpretation einer ganzen Kultur zu nehmen, aber Panoff ist es gelungen, damit doch ein wichtiges Thema der *Kultur* herauszuarbeiten. Der Zusammenhang des Pflanzlichen sowohl mit der Zeitrechnung als auch mit bestimmten Kulturzügen, den er aufzeigt, führt zu einer näheren Bestimmung des Phänomens der sozialen Zeit, die über die Feststellungen von Evans-Pritchard hinausgeht. Zeit reflektiert zwar typische soziale Aktivitäten einer Gesellschaft sowie deren Struktur, aber ihre sozialen Bezüge sind noch grundlegender und umfassender als die Verbindung mit Aktivitäten. Sie bestimmt in einer je nach Kultur verschiedenen Weise das Denken und Handeln; sie gehört – um aus Definitionen des Begriffs „Kultur" zu zitieren – zur „Gesamtheit der typischen Lebensformen einer Bevölkerung, einschließlich der sie tragenden Geistesverfassung"[36], sie ist „Orientierungsmuster, das Verhaltenssicherheit . . . gewährleisten soll"[37]; „patterns relative to

[35] Ebd., S. 164.

[36] W. E. Mühlmann, Kultur, in: Wilhelm Bernsdorf (Hrsg.), Wörterbuch der Soziologie, 2. neubearb. und erw. Ausgabe, Stuttgart 1969, S. 598.

[37] Ina Maria Greverus, Kulturbegriffe und ihre Implikationen, in: Kölner Zeitschrift für Soziologie und Sozialpsychologie 23 (1971), S. 298. Besonders deutlich wird diese Funktion bei struktureller Zeit im Sinne von Evans-Pritchard.

behavior and the products of human action"[38], und „Normen, Verhaltensregeln, die Sitten und Gebräuche, die alltäglichen Auffassungen, die durchschnittlichen Stimmungslagen für wesentliche Anlässe"[39] weisen in der Regel eine zeitliche Dimension auf. Kurz: Zeit ist wie die Gesellschaftsstruktur ein wichtiger Bestandteil der Gesamtkultur und tief in das Gewebe der Denkformen, Grundauffassungen und Verhaltensvorschriften einer Gesellschaft eingebettet[40].

Da Zeit ein Element von Kultur ist, ist sie nicht nur von der Gesamtkultur bestimmt, sondern sie prägt sie auch wie alle übrigen Elemente. Das ist auch der Sinn der Feststellung Georges Gurvitchs: „De plus, le ‚conditionnement du temps' n'est jamais pour nous unilatéral, mais reciproque, les cadres sociaux conditionnant le temps en étant eux-même conditionnés par lui"[41].

Neben diesem wichtigen Kriterium teilt Zeit weitere, wenngleich bei weitem nicht so bedeutende Spezifika mit den übrigen immateriellen Kulturgütern, so etwa das Charakteristikum, von einer Kultur in eine andere übertragen werden zu können, wie Hirschberg am Beispiel der Dekadenrechnung bei den Masai gezeigt hat, die als arabisch-persisches Kulturgut durch arabische und persische Händler sowie durch einwandernde arabische Häuptlingsfamilien zu den Masai gebracht wurde[42]. Bestimmte Arten der Zeitrechnung wurden, wie andere kulturelle Muster auch, in der Geschichte Besiegten von den Siegern aufgezwungen[43]. Kalenderänderungen wurden meist als Kulturverlust empfunden[44]. Oft behaupten sich aber eher „informelle" Zeitvorstellungen im Rahmen subkultureller Bewußtseinsinhalte sehr lange, selbst wenn die Personen, die in diesen Zeitvorstellungen denken und handeln, schon mehrere Jahrhunderte in einem Kulturraum mit gänzlich anderen Zeitkonzeptionen leben. Dies hat Helen Bagen-

---

[38] Talcott Parsons, Essays in Sociological Theory, Glencoe/Ill. 1949, S. 8, nach: A. L. Kroeber und Clyde Kluckhohn, Culture, New York 1963, S. 92.

[39] Helmut Schoeck, Soziologisches Wörterbuch, 11. Aufl., Freiburg/B. 1981, S. 209.

[40] Den Zusammenhang von Zeit und Kultur konstatierte 1937 schon Hallowell. Vgl. A. Irving Hallowell, Temporal Orientation in Western Civilization and in a Pre-literate Society, in: American Anthropologist (NF) 39 (1937), S. 647; er schreibt dort über das Individuum: „His temporal concepts are always culturally constituted." Diesen Zusammenhang betont auch von Brandt. Vgl. Ahasver von Brandt, Historische Grundlagen und Formen der Zeitrechnung, in: Studium Generale 19 (1966), S. 722.

[41] Georges Gurvitch, La vocation actuelle de la sociologie, Bd. 2, 2. neubearb. und erw. Aufl., Paris 1963 S. 327.

[42] Vgl. Walter Hirschberg, Die Zeitrechnung der Masai und verwandter Völker, in: Zeitschrift für Ethnologie 65 (1933), S. 242 ff. Für ihn ist dieses Phänomen „ein Beispiel, mit welcher Genauigkeit auf Grund kalendarischer Untersuchungen *kultur*historische Beziehungen nachgewiesen werden können." (Ebd. S. 243, Fußn. 1, Hervorhebung von mir, G. S.)

[43] Nilsson führt hier das babylonische Beispiel an. Vgl. Martin P. Nilsson, Primitive Time-Reckoning, Lund – London – Oxford – Paris – Leipzig 1920, S. 105.

[44] Von dieser Überlegung ging wohl einer der letzten Regierungschefs des 1979 gestürzten Schahs von Persien aus, der – so eine dpa-Meldung vom 27.8.78 – als wichtigste Maßnahme bei seiner Ernennung die Wiedereinführung der zwei Jahre zuvor abgeschafften islamischen Zeitrechnung verfügte. Diese Verfügung konnte zwar die Kampagnen, die zur Entmachtung des Schahs führten, nicht aufhalten, zeigt aber doch, welche Bedeutung der Zeitrechnung in einem Kultursystem zugerechnet werden kann.

stose Green am Beispiel von Neger-Subkulturen in den USA, Brasilien und der Karibik überzeugend belegt[45]. Die tiefe Verankerung von Zeitrechnungen in der Kultur macht ihre radikale Änderung sehr schwer, wie Versuche von allgemeinen Kalenderreformen zeigen[46]. Und wenn Personen sich von ihrer Kultur separieren – sei es freiwillig wie etwa im Falle von Landstreichern oder Exzentrikern oder sei es unfreiwillig durch psychische Erkrankungen – immer geben sie auch große Teile der zeitlichen Orientierung der Gesamtkultur auf. Der Landstreicher hat andere formale (z.B. was Pünktlichkeit betrifft) wie inhaltliche (z.B. den Tagesablauf betreffende) zeitliche Vorstellungen als der Durchschnittsbürger. Und der Patient mit Funktionspsychosen weiß oft nicht mehr die aktuelle Uhrzeit, den Wochentag, den Monat, das Jahr; ja selbst Tagesabschnitte und Jahreszeiten werden nicht mehr wahrgenommen[47].

1.2. Ansätze zur Übertragung der Ergebnisse auf moderne Gesellschaften

Gegenüber den Zeitangaben in den beiden ausgewählten Naturvolkgesellschaften, die so direkt Gesellschaft und Kultur reflektieren, wirken die in unserem Kulturraum dominierenden Zahlenangaben zunächst wenig aussagekräftig. Aber es wäre lohnend, einmal der Kennzeichnung unserer Kultur, in der Warenpreise, Geldwertbesitz, Körpergewicht nach Kilogramm, Körperproportionen nach Zentimetern, Nahrungsaufnahme nach Kalorien sowie Rekordzahlen aller Art eine wichtige Rolle spielen, in der das Prestige des Gastgebers bei einer Party durch die Zahl der Gäste bestimmt wird[48], in der, wie es speziell für die USA berichtet wird, es ein Ziel der Jugendlichen ist, möglichst „viele dates"[49] zu haben, als einer „Kultur der Zahl"[50] nachzugehen. Und weiter sind Zahlen, wie oben gezeigt wurde, auch nur Hülle für sozial und kulturell belangvolle Be-

---

[45] Vgl. Helen Bagenstose Green, Temporal Attitudes in Four Negro Subcultures, in: J. T. Fraser u.a. (Hrsg.), The Study of Time, Berlin – Heidelberg – New York 1972, S. 402–417

[46] So erwiesen sich die im Anschluß an die französische Revolution von 1789 sowie an die russische Revolution von 1917 durchgeführten Kalenderreformen als kurzlebig. Zur Kalenderreform der französischen Revolution vgl. Eviatar Zerubaval, The French Republican Calendar: A Case Study in the Sociology of Time, in: American Sociological Review 42 (1977), S. 868–877; zur sowjetischen Kalenderreform vgl. Goody, S. 34; ferner Wendorff, S. 533 f. sowie Wilbert E. Moore, Man, Time and Society, New York – London 1963, S. 122.

[47] Vgl. K.-F. Druschky und W. Kinzel, Orientierungsstörungen bei Funktionspsychosen, in: Fortschritte der Neurologie-Psychiatrie und ihrer Grenzgebiete 43 (1975), S. 619–630.

[48] Vgl. Grace und Fred M. Hechinger, Die Herrschaft der Teenager, Gütersloh 1965, S. 71.

[49] Hans Heinrich Muchow, Sexualreife und Sozialstruktur der Jugend, Reinbek 1959, S. 93.

[50] Vgl. dazu H. J. Krysmanski, Metrische Vorstellungen – Zur wissenssoziologischen Beschreibung modernen Bewußtseins, in: Soziale Welt 14 (1963), S. 297–310 sowie Henri Lefebvre, Das Alltagsleben in der modernen Welt, Frankfurt/M. 1972, S. 35.

züge. Unter dieser Hülle verbirgt sich eine Vielfalt von Zeitvorstellungen, die die in primitiven Gesellschaften um ein Vielfaches übertrifft. Nahezu jeder im abendländischen Kulturkreis wird die Jahresangabe 1939 mit dem Beginn des Zweiten Weltkriegs assoziieren. Daneben gibt es Familien, die in demselben Zeitraume, der durch die Zahl repräsentiert wird, einen weiteren, speziell für sie wichtigen Zeitpunkt, wie etwa Geburt oder Tod eines ihrer Familienmitglieder, in der Erinnerung einordnen. Vielleicht verbinden sie mit dieser Jahreszahl noch einen beruflichen Abschluß oder ein wichtiges kommunales Ereignis, z.B. die Ernennung einer Gemeinde zu einer Stadt. An diesem Beispiel wird deutlich, daß für jeden sozialen Bereich: Staat, Kommune, Berufsfeld, Familie, Bekanntenkreis usw. Zeiteinteilungen existieren und in unserem Bewußtsein koexistieren. Erreichen Verbindungen zu den vorgenannten Bereichen die Intensität von Rollen im Sinne von relativ festen Erwartungen an den Inhaber einer Position, so entspricht jeder Rolle ein Bündel von Zeitvorstellungen. Es enthält sowohl die Aufeinanderfolge von für den Rollenbereich wichtigen Ereignissen (z.B. im beruflichen Bereich: Lehrzeit, Abschlußprüfung, Betriebswechsel, Einnahme von Aufstiegspositionen usw.) als auch die periodisch sich wiederholenden Zeitpunkte und die Zeitmengen, die von einer bestimmten Rolle beansprucht werden. Jede Berufszeit – die Berufszeiten sollen weiter als Exempel für soziale Zeit in modernen Gesellschaften dienen – ist ferner dadurch differenziert, daß jedes Rollensegment seine eigene Zeitrechnung hat. Am Beispiel des Lehrerberufs läßt sich dies leicht demonstrieren: Was die Eltern betrifft, wird der Lehrer sich an den Elternsprechstunden oder Elternabenden orientieren; was die Schüler betrifft, sind Zeitpunkte wie nächste Unterrichtsstunde, nächste Klassenarbeit, Versetzung von Bedeutung; gegenüber seinen Vorgesetzten interessiert vor allem der Zeitpunkt der nächsten Überprüfung usw. Schon durch die Vielfalt der Berufe und durch die Komplexität der mit ihnen verbundenen Tätigkeiten, durch die zahlreichen Berufspositionen und ihre gegenseitige Verflechtung allein bildet sich in einer modernen Kultur eine unüberschaubare Menge von Zeitvorstellungen, die nur wenige gemeinsame Elemente besitzen, wie sie beispielsweise durch die Termine für neue Lohnabsprachen gesetzt sind. Daneben lebt der einzelne in zeitlichen Dimensionen der Freizeit, er erlebt die Zeiten seiner Kommune und nächsten Umgebung mit. Die Gesellschaft überspannen Zeitbestimmungen im staatlichen und gesamtgesellschaftlichen Bereich (Wahltermine, 5-Jahrespläne, nationale kulturelle Ereignisse wie Jubiläen suw.) sowie auf internationaler Ebene (z.B. Olympiaden, Kriege usw.). Alle diese Zeitvorstellungen sind dem einzelnen präsent, betreffen ihn in irgendeiner Form.

Diese an sich verwirrende Vielfalt läßt auch die Bedeutung der Uhr- und der Kalenderzeit deutlich hervortreten. Die abstrakten oder an astronomischen Phänomenen orientierten Zeitangaben sind die Brücke zwischen den verschiedenen Zeitvorstellungen; sie synchronisieren das soziale Leben, denn sie erlauben die Übersetzung einer Zeiteinteilung in eine andere[51]. Heute ist die Überschreitung nationaler Grenzen durch solche Übersetzungen die Norm, so daß der von

[51] Vgl. dazu auch Maurice Halbwachs, Das kollektive Gedächtnis, Stuttgart 1967, S. 101 und Gurvitch, S. 325 und 332.

Sorokin für die Uhrzeit geprägte Begriff „universal Esperanto“[52] angebracht erscheint. Wenn man auch hier wieder den Zusammenhang zwischen Kultur und Zeitbegriffen aufgreift, läßt sich feststellen: Soweit die Kommunikation mit diesen Zeitbegriffen funktioniert, sind damit auch gewisse übernationale Kulturelemente verbunden, die nie isoliert auftreten. Wenn beispielsweise im Handel mit Ländern der Dritten Welt von den dortigen Partnern ein Liefertermin ganz unbefangen als unverbindliches Datum betrachtet wird, wenn die dort beschäftigten Arbeiter nicht das in den Industrieländern übliche Zeitbewußtsein besitzen, wenn Absentismusraten von über 50% unter Fabrikarbeitern üblich sind[53], dann fehlen in der Regel auch andere wesentliche Elemente einer „Industriekultur“[54]. Uhr- und Kalenderzeiten sind somit in ihrer Bedeutung für das soziale Leben in modernen Gesellschaften nicht zu überschätzen. Sie sind wohl auch dort entstanden, wo einer Vielzahl von Berufen ebensoviele Berufszeiten entsprachen. Auf die besondere Bedeutung der Uhrzeit für das großstädtische Leben wies bereits Georg Simmel hin[55]. Neben den Erfordernissen des Ackerbaus, besonders bei Bewässerungswirtschaft, brachte auch schon die Einigung verschiedener Völkerschaften oder Stämme auf Kriegs- oder Jagdzüge, auf Märkte, Handelszüge, besonders häufig jedoch auf Kulttermine eine grobe Form des Kalenders hervor[56]. So sind Kalendersysteme von Hochkulturen wie denen der Griechen und der Inkas[57] entstanden, um das religiös-kultische Leben organisieren zu können. Lokale Zeiten, Zeiteinteilungen auf der Ebene von Siedlungen oder anderen, auch größeren Teilgebieten eines Kulturraums, mußten zugunsten einer umgreifenden Zeitvorstellung aufgegeben werden[58]. Um die kultischen Termine auch wirksam zu fixieren, wurden sie oft so

52 Pitirim A. Sorokin, Sociocultural Causality, Space, Time, New York 1964 (zuerst 1943), S. 225.

53 Moore gibt für indonesische Industriebetriebe Absentismusraten von 55—60% an. Vgl. dazu Wilbert E. Moore, Industrialization and Labour, Ithaka 1951, S. 114.

54 Vgl. dazu E. P. Thompson, Zeit, Arbeitsdisziplin und Industriekapitalismus, in: Rudolf Braun u.a. (Hrsg.), Gesellschaft in der industriellen Revolution, Köln 1973, S. 100 ff., Wilbert E. Moore, Industrialization and Labour, S. 46 f., 114 f., 310 sowie Wendorff, S. 633 ff.

55 Vgl. Georg Simmel, Die Großstädte und das Geistesleben, in: Ders., Brücke und Tür, hrsg. von Michael Landmann im Verein mit Margarete Susman, Stuttgart 1957, S. 230 f.

56 Vgl. dazu Pitirim A. Sorokin und Robert K. Merton, Social Time: A Methodological and Functional Analysis, in: The American Journal of Sociology 42 (1937), S. 627. Die Auffassung, daß der Ursprung des Kalenders in der Religion zu suchen sei, vertreten auch schon H. Hubert und M. Mauss. Vgl. H. Hubert und M. Mauss, Étude sommaire de la représentation du temps dans la religion et la magie, in: Mélanges d'histoire des religions, Paris 1909, S. 189—229. Demgegenüber behauptet Halbwachs, daß das Kalendersystem in „einer einheitlichen Gesellschaft“ (Halbwachs, S. 103) festgelegt und auch bei Trennung dieser Gesellschaften beibehalten worden sei. Diese Vorstellung einer einheitlichen Urgesellschaft ist zumindest ungewöhnlich und kaum zu belegen. Dagegen gibt es viele Belege für die Wanderung von Kalenderformen und Terminen.

57 Vgl. Sorokin und Merton, S. 627.

58 Vgl. ebd., S. 627 f. Myrtle Korenbaum zeigt in: Translator's Preface zu: Georges Gurvitch, The Spectrum of Social Time, Dordrecht 1964, S. XXIII f. die Schwierigkeiten bei der Vereinheitlichung von Lokalzeiten in modernen Industriegesellschaften am Beispiel der USA auf.

fest mit den im Rahmen dieser Feste vollzogenen Riten verbunden, daß die Gültigkeit der Riten von der Durchführung an dem festgesetzten Termin abhängig war. Ähnliches gilt für religiöse Feste, die zur Erinnerung an ein bestimmtes Ereignis gefeiert werden. Die „rechte" Feier kann nur an dem Datum stattfinden, von dem gilt, daß es das Datum des gefeierten Ereignisses ist. Die Zeitfestlegungen für bestimmte Gelegenheiten sind strikt zu unterscheiden von den Zeitbestimmungen in primitiven Gesellschaften, die die Routine des täglichen Lebens reflektieren und die sich sozusagen „von selbst" realisieren. Hier aber geht es um eindeutige, oft autoritativ festgelegte Zeitpunkte.

1.3. Problemstellungen

Die Entstehung von Kalender- und Uhrzeitsystemen ist weitgehend von naturwissenschaftlich-technischen Kenntnissen abhängig, wobei die Entwicklung eines Kalenders vor allem astronomisches Wissen, ein Uhrzeitsystem in erster Linie technisches Wissen zur Herstellung der Uhr voraussetzt[59]. Eine differenzierte Einteilung des Tages orientiert sich nicht mehr direkt an astronomischen Phänomenen, wie das bei der Jahresordnung möglich ist. Diese Schematisierung bedeutet in der Regel Einteilung in gleiche Teile, und hier liegt der Anfang einer Mathematisierung der Zeit. Vor allem die Uhrzeit ist an Prinzipien ausgerichtet, wie sie Newton postulierte, um eine für die Naturwissenschaften brauchbare Zeitkonzeption zu erhalten. Diese Prinzipien sind u.a. Gleichförmigkeit des Zeitflusses und Meßbarkeit[60]. Dieser naturwissenschaftliche Einfluß auf die Uhrzeit bewog mehrere Soziologen, die sich mit dem Phänomen „Zeit" auseinandersetzten, der Uhrzeit und manchmal auch der Kalenderzeit als einer Abfolge von gleichen Tagen, Jahren usw. den Charakter der sozialen Zeit abzusprechen. Die Ablehnung der Einbeziehung naturwissenschaftlich bestimmter Zeitformen in die soziologische Analyse hat aber für die Soziologie der Zeit gravierende Konsequenzen: Kalender- und Uhrzeit sind die „Schlüsselzeiten" in den Industriegesellschaften, und gerade diese Gesellschaften sind der bevorzugte Gegenstandsbereich der Soziologie. Im folgenden Kapitel soll zunächst die Quelle der Ablehnung der Uhr- und Kalenderzeit, die wir vornehmlich in der Philosophie Bergsons sehen, erörtert werden. Danach werden die Argumentationen der einzelnen Soziologen zu diesem Fragenkreis dargestellt, und detailliert wird auf die Bedeutung der Uhr- und Kalenderzeit für moderne Gesellschaften und die Beziehungen in ihnen eingegangen. Eine psychologistische Ausrichtung, die auch bei Bergson dominiert, bewog eine Reihe von Soziologen, der Geschwindigkeit des Ablaufs der Zeit im Bewußtsein, einem primär psychischen Phänomen, verschiedene Grade der Bedeutung für das soziale Leben zuzuschreiben, die im 3. Kapitel überprüft werden. Im letzten Kapitel schließlich werden grundlegende zeitliche Orientierungen erörtert; dort soll ein größerer Ausschnitt aus der Vielfalt zeitlicher Vorstellungen diskutiert werden,

---

[59] Zur Geschichte der Zeitmessung unter besonderer Berücksichtigung der Uhren vgl. Harrison J. Cowan, Time and Its Measurement, Cleveland – New York 1958.

[60] Zur Konzeption der Newtonschen absoluten Zeit vgl. auch den Exkurs 2.1.3.

der über den Rahmen des in diesem einleitenden Kapitel Behandelten hinausreicht. Leitender theoretischer Gedanke ist dabei, die Entwicklung des Zeitbewußtseins zu umreißen. Da die Zeit nicht unabhängig von Kultur gesehen werden kann, werden dabei Probleme der sozialen Evolution zwangsläufig mitbehandelt werden müssen.

2. Bergsons Philosophie und die Soziologie der Zeit

„Ich bin also gezwungen, mich in meinem Tun nach dem Lauf des Uhrzeigers zu richten oder nach dem von den anderen aufgenommenen Rhythmus – der meinem Hang, mit meiner Zeit zu geizen, keine Zeit zu verlieren, nicht Rechnung trägt –, da ich sonst einige der Chancen und Vorteile gefährden würde, die mir die Gesellschaft bietet. Aber das Unangenehmste ist vielleicht, daß ich mich ständig gezwungen fühle, das Leben und die Ereignisse, die es ausfüllen, unter dem Aspekt des Messens zu betrachten."

Maurice Halbwachs,
Das kollektive Gedächtnis, S. 79 f.

2.1. Zur Zeitphilosophie Bergsons

2.1.1. Ein geistesgeschichtlicher Rahmen

Die Geschichte der westlichen Philosophie ist zugleich eine Geschichte der Auseinandersetzung mit dem Phänomen der Zeit. Schon in den Anfängen des überlieferten Philosophierens finden wir die frappierende Formulierung des Heraklit über die Unwiederbringlichkeit des zeitlich Vergangenen: „In dieselben Flüsse steigen wir und steigen wir nicht, wir sind, und wir sind nicht"[1]. In der Blütezeit der griechischen Philosophie definiert Aristoteles Zeit als „Anzahl für die Bewegung hinsichtlich ihrer Phasenfolge" und als „das Zahlmoment an der Bewegung"[2] und bringt über den Bewegungsbegriff den für zahlreiche Reflexionen bedeutsamen Zusammenhang zwischen Raum und Zeit ins Spiel. Außerdem erweist sich Aristoteles' Zeitbegriff stark mathematisiert. In bezug auf die Zeitmessung ist dagegen eine astronomische Orientierung an der Bewegung der Himmelskörper feststellbar, die einen Interpreten zur Feststellung eines „celestial reductionism of time"[3] bei Aristoteles veranlaßte. Bei Plato ist die astronomische Orientierung noch stärker und erfaßt auch den Zeitbegriff: Zeit wurde als Abbild der Ewigkeit zusammen mit der Himmelsordnung geschaffen. Damit Zeit möglich wurde, entstanden die sieben die Erde umgebenden Plane-

[1] Hermann Diels, Die Fragmente der Vorsokratiker, Hamburg 1957, S. 26. Zur Zeitphilosophie der Vorsokratiker vgl. Cornelius Benjamin, Ideas of Time in the History of Philosophy, in: J. T. Fraser (Hrsg.), The Voices of Time, New York 1966, S. 8 ff.

[2] Aristoteles, Werke, Bd. 11: Physikvorlesung, übersetzt von Hans Wagner, Ost-Berlin 1967, S. 113.

[3] Vgl. P. E. Ariotti, The Concept of Time in Western Antiquity, in: J. T. Fraser und N. Lawrence (Hrsg.), The Study of Time II, Berlin – Heidelberg – New York 1975, S. 76.

ten, und Zeit erscheint als Tag und Nacht, Monat und Jahr[4]. Zeit ist damit im ersten Höhepunkt des abendländischen Denkens ganz eng mit der Naturbetrachtung und den Keimen naturwissenschaftlichen Denkens verbunden. Im Ausklang der Antike legt Augustinus einen umfangreichen Beitrag zur Problematik der Zeit vor. Für Augustinus zählt nur die Gegenwart[5]; Vergangenheit und Zukunft sind lediglich als Erinnerung bzw. Erwartung existent[6]. Zeit manifestiert sich im Erleben des Ich, und allein durch das Erleben geschieht Zeitmessung. ,,In dir, mein Geist, messe ich meine Zeiten . . . Den Eindruck, den die vorübergehenden Dinge in dir hervorbringen und der bleibt, wenn sie vorübergegangen sind, ihn, den gegenwärtigen, messe ich, nicht was vorübergegangen ist und ihn hervorgebracht hat. Ja, den messe ich, wenn ich die Zeiten messe. Also ist er es, den wir die Zeiten nennen, oder aber ich kann die Zeiten nicht messen"[7]. Mit dieser Auffassung begründet Augustinus eine auch in unseren Tagen noch wirkende Denkrichtung, in der die Erlebnis- oder – wie wir heute zu sagen pflegen – die subjektive Zeit einen absoluten Primat erhält[8].

Exemplarisch für die zahlreichen Denker der Neuzeit (z.B. Schelling, von Baader, Hegel, Leibniz), die Zeit je auf ihre Weise in das Raster der Wirklichkeit einordneten, sollen hier nur Kants Vorstellungen angeführt werden, die auch heute noch häufig als Bezugspunkt beim Philosophieren über Zeit herangezogen werden. Kant greift den Zusammenhang von Zeit und Raum wieder auf und sieht beide als gleichartige Kategorien. Zeit und Raum besitzen keine eigenen Wirklichkeiten, sie sind nicht selbst Dinge, sondern Formen der sinnlichen Anschauung, d.h., sie lassen uns die Dinge erkennen, aber lediglich so, wie sie uns erscheinen, und nicht, wie sie sind. Ende des 19. und Anfang des 20. Jahrhunderts sind gleich drei wichtige und weitreichende Ansätze zu einer Philosophie der Zeit zu nennen: Henri Bergsons ,,Essai sur les données immédiates de la conscience" (1889), Martin Heideggers ,,Sein und Zeit" (1927) und Edmund Husserls ,,Vorlesungen zur Phänomenologie des inneren Zeitbewußtseins" (1928).

Diese drei Ansätze stimmen in einem Punkt überein. Sie gehen von einer Zweiteilung der Zeit aus. Bergson unterscheidet Zeit des Bewußtseins und Zeit der Außenwelt, Heidegger eigentliche und vulgäre Zeit, Husserl phänomenologische und doxische Zeit[9]. Husserls Ansätze dienten zwar schon 1932 Alfred

[4] Vgl. Plato, Sämtliche Werke, Bd. 5, nach der Übersetzung von Friedrich Schleiermacher und Hieronymus Müller, hrsg. von Walter F. Otto u.a., Hamburg 1959, S. 160 f. (Timaios 37c–38e)

[5] Vgl. Aurelius Augustinus, Werke, Bd. 1: Bekenntnisse, übersetzt von Wilhelm Thimme, Zürich 1950, S. 318.

[6] Vgl. ebd., S. 328 f.

[7] Ebd., S. 327.

[8] Die Auffassung, daß Augustinus der Begründer eines neuen Denkens über Zeit sei, vertreten auch Davis und Hendricks. Vgl. C. Davis und Jon Hendricks, Concepts of Time and Temporal Construction among the Aged, with Implications for Research, in: Jaber F. Gubrium (Hrsg.), Times, Roles and Self in Old Age, New York 1976, S. 16 und 19.

[9] Zur Zweiteilung der Zeit bei Heidegger und Husserl sowie bei anderen modernen deutschsprachigen Philosophen vgl. Wilhelm Peerpet, Was ist Zeit?, in: Studium Generale 8 (1955), S. 532.

Schütz in „Der sinnhafte Aufbau der sozialen Welt“ zur Grundlegung einer soziologischen Analyse, in der der Dimension „Zeit“ ein hoher Stellenwert zukommt; doch das blieb für lange Zeit ein Einzelfall. Seit einigen Jahren jedoch greifen Soziologen, vor allem Vertreter des sog. symbolischen Interaktionismus sowie die sog. Ethnomethodologen zunehmend seine Schriften auf. Auch Niklas Luhmanns Analysen der zeitlichen Dimensionen zeigen Bezüge zu Husserl[10]. Martin Heideggers „Sein und Zeit“ beeinflußte tiefgehend das Philosophieren über Zeit, fand aber in der Soziologie der Zeit kaum Beachtung[11]. Am folgenreichsten jedoch waren die Arbeiten Bergsons[12]. Selbst Wyndham Lewis, der als einflußreicher Kulturkritiker in den 20er und 30er Jahren Bergson und seine Ideen auf das heftigste bekämpfte, stellt fest: „Bergsons doctrine of time is the creative source of the time-philosophy. It is he more than any other single figure that is responsible for the main intellectual characteristics of the world we live in, and the implicit debt for almost all contemporary philosophy to him is immense“[13]. Gut belegt ist der Einfluß Bergsons auf André Gide, Paul Claudel, Gertrude Stein und den Kreis um Stefan George sowie auf Georges Sorel, Arnold J. Toynbee und William James. Für andere Autoren ist eine solche Einwirkung nicht direkt nachweisbar, angesichts der von ihnen behandelten Thematik und der überragenden Stellung der Zeitphilosophie Bergsons in der Epoche jedoch naheliegend. Besonders Bergsons Unterscheidung zwischen Zeit der Außenwelt und Zeit der Innenwelt, die vor allem als Dichotomie von objektiver und subjektiver Zeit weiterwirkte, hatte weitreichende Folgen für das Geistesleben des 20. Jahrhunderts. Ohne Bergsons Vorstellung von der Zeit des inneren Erlebens als eines Bewußtseinsstroms wären literarische Meisterwerke wie James Joyce' „Ulysses“[14], Marcel Prousts „Auf der Suche nach der verlorenen

[10] Darauf weist auch Bergmann hin. Vgl. Werner Bergmann, Die Zeitstrukturen sozialer Systeme, Berlin 1981, S. 64 f.

[11] In den unter 2.2.3.2. und 2.2.6. behandelten Schriften von Sorokin und Gurvitch, in denen verschiedene philosophische Aspekte ausführlich diskutiert werden, wird Heidegger dreimal lediglich erwähnt; ein wesentlicher Einfluß auf Schütz' Analysen ist nicht feststellbar.

[12] Neben Henri Bergson, Essai sur les données immédiates de la conscience, Paris 1889 sind vor allem zu nennen: Henri Bergson, Matière et mémoire, Paris 1896 und Henri Bergson, L'évolution créatrice, Paris 1907. Ich zitiere im folgenden aus den Übersetzungen: Henri Bergson, Zeit und Freiheit, Meisenheim 1949; Henri Bergson, Materie und Gedächtnis Jena 1908 und Henri Bergson, Schöpferische Entwicklung, Jena 1912.

[13] Wyndham Lewis, Time and Western Man, London 1927, S. 166. Daß die Angriffe Lewis' gegen Bergson selbst dessen Person tangieren, sei durch folgende Stelle dokumentiert: „But Bergson, of course, is the perfect philosophic ruffian, of the darkest and most forbidding description: and he pulls every emotional lever on which he can lay his hands.“ (Ebd., S. 174)

[14] Vgl. dazu die Einführung C. Giedion-Welckers zu: James Joyce, Ulysses, 6. Aufl., Zürich 1956. Giedion-Welcker schreibt: „Wir erleben den Zeitverlauf an den äußeren Aktivitäten ebenso wie an den inneren Reaktionen und Stimmungen der Menschen, die in diesen Zeiträumen an unseren Augen und Ohren vorbeiziehen. Fortwährend wird das sich abwickelnde Raum-Zeit-Geschehen erweitert durch das brodelnde Leben ihrer Innenwelt, an dem wir durch ihr ungehemmt, oft inkohärent ausströmendes Denken (innerer Monolog) teilnehmen . . . Die genau gemessene Stunden-Dauer öffnet sich zur Einbeziehung vieler Zeiten, da Gegenwart ständig von den Tiefen der Erinnerung, den Wünschen und Planungen, die in die Zukunft reichen, durchsetzt wird.“ (Ebd., S. 817)

Zeit"[15] und Rilkes „Die Aufzeichnungen des Malte Laurids Brigge" nicht *so* entstanden; auch Thomas Manns Exkurs „Über den Zeitsinn" steht deutlich in dieser Tradition[16]. Das Übereinanderblenden von Ereignissen im Bewußtsein, wie es dem Bild des Bewußtseinsstroms entspricht, in dem verschiedene Empfindungen sowie Elemente gegenwärtigen, vergangenen sowie fiktiven Erlebens sich vermengen, findet seinen Ausdruck im modernen Drama[17], und die Gattung „Hörspiel" hätte ohne das Manipulieren mit zeitlichen Dimensionen nie die literarische Bedeutung erlangt, die sie heute besitzt[18].

Auch die meisten Ansätze einer Soziologie der Zeit sind unverkennbar von Vorstellungen beeinflußt, wie sie Bergson vertrat. Mehrere Soziologen berufen sich ausdrücklich auf Bergson; bei anderen Autoren bleibt er ungenannt, obwohl bei ihnen Gedankengänge vorzufinden sind, wie sie Bergson entwickelte. Daher sollen im folgenden wichtige Züge der Zeitphilosophie Bergsons dargestellt werden, um die Einflüsse der Bergsonschen Vorstellungen und hinsichtlich wichtiger Aspekte ähnlicher Entwürfe (vor allem Husserls) kenntlich machen zu können, die sich dann als Quellen von Schwächen in den soziologischen Ansätzen herausstellen werden.

2.1.2. Zeitkonzeptionen bei Bergson

Bergsons Philosophieren ist eine der vielen Gegenbewegungen gegen den im 19. Jahrhundert weitverbreiteten Materialismus und die Dominanz der Naturwissenschaften, deren Vertreter in der Regel das Prädikat „wissenschaftlich" lediglich für die in ihrem Bereich üblichen Vorgehensweisen und die damit erzielten Ergebnisse gelten ließen. In seiner „Kritik der naturwissenschaftlichen Weltansicht"[19] ist Bergson vergleichbar mit Wilhelm Dilthey und Heinrich Rickert, die versuchten, den Geisteswissenschaften, insbesondere den Geschichtswissenschaften, einen eigenen Bereich neben den Naturwissenschaften zu sichern. Diese Übereinstimmung mit seinen deutschen Zeitgenossen besteht aber nicht in der Ausgestaltung des Gegenentwurfs, obwohl das Denken Bergsons wie das Diltheys[20] und Rickerts von Antinomien bestimmt ist. Die grundsätz-

[15] Vgl. dazu Erwin Laaths, Geschichte der Weltliteratur, Bd. II, München – Zürich 1963 (TB-Ausgabe; Originalausgabe 1953), S. 320 sowie Lewis, S. 106.

[16] Vgl. Thomas Mann, Der Zauberberg, Frankfurt/M. – Berlin 1954, S. 146–151.

[17] Vgl. Willy Hochkeppel, Die Veränderung des Zeitbewußtseins im modernen Theater, phil. Diss. München 1957, S. 19, 22, 24 ff. (mit namentlicher Nennung Bergsons), 42, 60.

[18] Als eines von zahlreichen möglichen Beispielen sei genannt: Peter Hirche, Die seltsamste Liebesgeschichte der Welt, in: Heinz Schwitzke (Hrsg.), Sprich, damit ich dich höre, München 1960, S. 131–150.

[19] Wilhelm Windelband, Lehrbuch der Geschichte der Philosophie, 8. Aufl., Tübingen 1919, S. 535.

[20] Aber auch in bezug auf die Differenzierung der Zeit in qualitative und quantitative Zeit scheint Dilthey eine ähnliche Position wie Bergson vertreten zu haben. Vgl. dazu Karl Mannheim, Das Problem der Generationen, in: Ders., Wissenssoziologie, eingeleitet und hrsg. von Kurt H. Wolff, Berlin – Neuwied 1964, S. 516.

liche Antinomie in Bergsons Philosophieren, unter die sich alle übrigen einreihen lassen, ist die von Außen- und Innenwelt, von Materie und Bewußtsein. Die Ratio erfaßt die Außenwelt, der Instinkt den Bereich des inneren Erlebens. Dem ersten der beiden Bereiche entspricht die Charakterisierung Extensität, dem zweiten die der Intensität. Die Extensität besitzt die Attribute: teilbar, ausgedehnt und meßbar, die Intensität als Inbegriff der Mannigfaltigkeit von Empfindungen dagegen: unteilbar, unausgedehnt und nicht meßbar. Die Vorgänge im Bereich der Materie vollziehen sich mit Notwendigkeit, wie durch die Kausalanalyse nachzuweisen ist. Die Vorgänge im Bewußtsein dagegen sind durch Freiheit charakterisiert. Bergson führt dazu aus: „Für den Physiker bringt dieselbe Ursache stets dieselbe Wirkung hervor; für einen Psychologen, der sich durch scheinbare Analogien nicht beirren läßt, bringt eine tiefe innere Ursache ihre Wirkung ein einziges Mal hervor und niemals wieder“[21].

Bergson kennt, entsprechend der grundlegenden Antinomie von Materie und Bewußtsein, zwei Zeitbegriffe. Der erste Zeitbegriff, der der Außenwelt, entspricht dem der Naturwissenschaften: Diese Zeit ist in beliebig kleine Teile zerlegbar. Sie werden als homogen betrachtet, so daß man oft statt von „Zeit der Naturwissenschaften“ von „homogener Zeit“ spricht. Die homogene Zeit ist meßbar. Das Charakteristikum, in dem diese Eigenschaften zusammengefaßt werden können, ist die Quantität. Die homogene Zeit teilt die genannten Attribute mit dem Raum, der in der traditionellen Philosophie wie in den Naturwissenschaften vielfach mit ihr in Verbindung gebracht wird. Diese Zeit erreicht nur ein „Oberflächen-Ich“[22]. Zu ihr im Gegensatz steht die Zeit des inneren Erlebens, die Zeit des Bewußtseins; ihr ist das „tiefere Ich“, das „innere Ich“[23] zugeordnet. Sie ist charakterisiert durch Intensität, sie ist reine Qualität. Sie wird nicht gemessen, sondern gefühlt. Sie ist unteilbar, ohne Ausdehnung. Bergson nennt diese Zeitform „durée“, Dauer. „Die ganz reine Dauer ist die Form, die die Sukzession unserer Bewußtseinsvorgänge annimmt, wenn unser Ich sich dem Leben überläßt, wenn es sich dessen enthält, zwischen den gegenwärtigen und den vorhergehenden Zuständen eine Scheidung zu vollziehen“[24]. Während die Zeit der Außenwelt Aufeinanderfolge von gleichartigen Zeit„punkten“ ist, ist Dauer Gegenwärtigkeit, die „zugleich in meine Vergangenheit und meine Zukunft eingreift“[25].

Im Strom des Bewußtseins[26] wird man keinen Zustand finden, der einem anderen völlig gleicht. Immer liegen andere Empfindungen und andere Konstellationen von Empfindungen vor. Zudem resultiert aus der Fortdauer der Ver-

---

[21] Henri Bergson, Zeit und Freiheit, S. 166.

[22] Ebd., S. 105.

[23] Ebd.

[24] Ebd., S. 85.

[25] Henri Bergson, Materie und Gedächtnis, S. 139. Der dem Zitat folgende Text lautet: „In meine Vergangenheit vorerst, denn ‚der Augenblick, in dem ich spreche, ist schon weit von mir entfernt‘, alsdann in meine Zukunft, denn es ist die Zukunft, in welche der jetzige Augenblick hinstrebt, es ist die Zukunft, auf die ich gerichtet bin.“

[26] Die Metaphern „strömen“ und „fließen“ kommen vor allem in Bergsons Schrift „Schöpferische Entwicklung“ sehr häufig vor.

gangenheit „die Unmöglichkeit für das Bewußtsein, denselben Zustand zweimal durchzumachen"[27]. In dieser Eigenart des Bewußtseins, stets neue, niemals wiederkehrende Zustände anzunehmen, liegt der Beginn der Argumentationskette, die im Begriff der menschlichen Freiheit ihren Abschluß findet. Die Angabe einer bestimmten Determination setzt die Zusammenziehung der Zeit voraus, durch die es möglich wird, Voraussagen zu treffen. Diese Operation führt der Astronom aus, der eine Sonnenfinsternis voraussagt; er zieht die lediglich quantitative und dadurch überschaubare Zeit zusammen und stellt die Prognose. Die Vielfalt, die im Bewußtsein herrscht, läßt sich so nicht reduzieren, denn „diese Dauer kann man nur erleben, in dem Maße, als sie abläuft"[28]. Man müßte also, wollte man sie erfassen, diese individuelle Dauer nacherleben; aber dann bliebe keine Möglichkeit mehr, vorauszusagen. So erweist sich der aus der Naturwissenschaft kommende Kausalitätsbegriff für die Innenwelt als unbrauchbar. Das Ich fühlt sich in seinen Handlungen, die aus ihm hervorgehen, frei, und der Sachverhalt der Unvorhersehbarkeit von Handlungen bestätigt die Wahrheit, die in diesem Gefühl enthalten ist. Bergson steht mit der Annahme von der menschlichen Freiheit in einer langen Tradition, die in der Freiheit ein zentrales Humanum sieht, das den Menschen aus seiner Umwelt heraushebt und ihn daher über alle anderen Erscheinungen in der Welt stellt. Aus dem Zusammenhang, den Bergson zwischen Freiheit und Dauer sieht, läßt sich folgern, daß der Dauer ebenso eine höhere Qualität gegenüber der homogenen Zeit zugemessen wird[29] wie der Freiheit gegenüber der Notwendigkeit.

2.1.3. Exkurs: Naturwissenschaftliche Zeitkonzeptionen und Newtons absolute Zeit

Im letzten Abschnitt wurde von naturwissenschaftlicher Zeit gehandelt, als gäbe es nur ein einziges Konzept dieser Zeit. Doch den verschiedenen Naturwissenschaften entsprechen auch verschiedene Zeitkonzeptionen; in einigen von ihnen fehlt das für naturwissenschaftliche Zeit als charakteristisch angegebene Merkmal „gleichförmig". Aus der Vielzahl solcher Ansätze sollen hier nur zwei exemplarisch genannt werden. In der biologischen Evolutionstheorie werden „Entwicklungssprünge" angenommen, die mit der Vorstellung eines einförmigen Fließens der Zeit nicht vereinbar sind. Und in der Physiologie wurde festgestellt, daß Wunden einer bestimmten Größe um so eher verheilten, je jünger der Verwundete war[30]. Die Zeiten des Organismus sind also nicht gleichförmig, sondern die physiologische Uhr des Kindes läuft schneller als die des Erwachsenen. Die Merkmale der Zeit der Außenwelt bei Bergson entsprechen einer ganz bestimmten naturwissenschaftlichen Zeitkonzeption, der physikalisch-mathematischen Zeit, wie sie vor allem Newton entwickelte[31]. Im Mittelpunkt von

[27] Henri Bergson, Schöpferische Entwicklung, S. 12.

[28] Henri Bergson, Zeit und Freiheit, S. 164.

[29] Vgl. Friedrich Kümmel, Über den Begriff der Zeit, Tübingen 1962, S. 20.

[30] Vgl. Pitirim A. Sorokin, Sociocultural Causality, Space, Time, New York 1964 (zuerst 1943), S. 163 f.

[31] Zum Verhältnis von Mathematik und Physik bei Newton vgl. Herbert Osieka, Der Raum- und Zeitbegriff bei Newton, phil. Diss. Breslau 1934, S. 30 ff.

Newtons Konzeption steht die von ihm sog. absolute Zeit. Newton definiert: „Die *absolute, wahre* und *mathematische Zeit* verfließt an sich und vermöge ihrer Natur gleichförmig und ohne Beziehung auf irgendeinen äußern Gegenstand“[32]. Eng mit dem Merkmal „gleichförmig“ ist das Merkmal „homogen“ verbunden, welches besagt, „daß kein Zeitpunkt vor einem anderen physikalisch bevorzugt ist“[33]. Als Merkmal der physikalisch-mathematischen Zeit gilt auch die unendliche Teilbarkeit. Auch wenn diese sich nicht explizit aus seinen Schriften belegen läßt[34], so behauptet Newton sie doch für den Raum[35], und bei den vielen Analogien, die er zwischen Raum und Zeit sieht, kann man sie als bei Newton angelegt postulieren. Newtons Definition der absoluten Zeit entsprach den Anforderungen seiner Physik, besonders des von ihm entwickelten Trägheitsgesetzes[36]. Und seine Vorstellung von einer absoluten Zeit ist auch heute noch für bestimmte Bereiche der Physik „eine brauchbare und bequeme Annahme“[37].

Für Zwecke konkreter Messungen ist die absolute Zeit aufgrund der angenommenen Unabhängigkeit von äußeren Gegenständen ungeeignet. Hier muß die an astronomischen Phänomenen orientierte „relative Zeit“ herangezogen werden, die Newton folgendermaßen bestimmt: „Die *relative, scheinbare* und *gewöhnliche Zeit* ist ein fühlbares und äußerliches, entweder genaues oder ungleiches Maß der Dauer, dessen man sich gewöhnlich statt der wahren Zeit bedient, wie Stunde, Tag, Monat, Jahr“[38]. Zwar ist für Newton auch die absolute Zeit metrisch[39] und d.h. quantitative Zeit, in der Praxis ist aber Quantifizierung erst mit Hilfe der relativen Zeit möglich. In der relativen Zeit wird auch die Brücke zur Uhr- und Kalenderzeit geschlagen.

Newtons Konzeption der absoluten Zeit implizierte auch, daß die Zeit an allen Orten den gleichen Verlauf nimmt[40]. Dadurch ist die Vergleichbarkeit von Zeiten gewährleistet. Dieses in sich so einheitliche, im engeren Wortsinn einfache Konzept von Zeit wurde durch die Entwicklung der Relativitätstheorie und die Untersuchungen im Bereich der Quantenmechanik weitgehend überholt. Sehr deutlich wird das am Beispiel der speziellen Relativitätstheorie. Die spezielle Relativitätstheorie bestreitet die Gleichzeitigkeit an verschiedenen Orten für kosmische Entfernungen. Sie bezieht die Lichtgeschwindigkeit in ihr Kalkül

[32] Isaac Newton, Mathematische Principien der Naturlehre, hrsg. von J. Ph. Wolfers, Leipzig 1932 (zuerst 1872), S. 25 (Hervorhebung von Newton; Rechtschreibung wurde von mir den heutigen Formen angepaßt).

[33] Ernst Richard Neumann, Vorlesungen zur Einführung in die Relativitätstheorie, Jena 1922, S. 10 f., nach: Osieka, S. 46.

[34] In Osiekas sorgfältiger Darstellung war kein derartiger Hinweis zu finden.

[35] Vgl. Osieka, S. 62.

[36] Vgl. ebd., S. 45, 48 sowie Werner Gent, Das Problem der Zeit, Frankfurt/M. 1934, S. 13.

[37] Friedrich Hund, Die Zeit in der Begriffswelt des Physikers, in: Studium Generale 8 (1955), S. 469.

[38] Newton, S. 25 (Zu Hervorhebung und Rechtschreibung vgl. Fußn. 32).

[39] Vgl. Peter Mittelstaedt, Der Zeitbegriff in der Physik, Mannheim – Wien – Zürich 1976 S. 15.

[40] Vgl. dazu Osieka, S. 45.

ein, und so werden „die Zeitmessungen abhängig von dem Bewegungszustande der Beobachter“[41]. Und die Folge ist: „Jeder derselben hat zunächst seine eigene Zeit“[42]. In der Physik sind damit, wie in Bergsons Vorstellung von der Zeit des Bewußtseins, unendlich viele verschiedene Zeiten möglich. Bergson, zu dessen Lebzeiten schon die wichtigsten Schriften Einsteins veröffentlicht waren, weigerte sich beharrlich, diese Änderungen zur Kenntnis zu nehmen[43], hätten sie doch gezeigt, daß es mehr Brücken zwischen der Zeit der Außenwelt und der Zeit des Bewußtseins gibt, als er zugestehen wollte.

Zusammenfassend kann festgestellt werden, daß die Charakterisierung der Zeit der Außenwelt bei Bergson Newtons Vorstellungen von der Zeit, besonders von der absoluten Zeit, entspricht. Die Annahmen Newtons, selbst wenn sie in der Physik nur mehr partiell anerkannt sind, bilden eine streng konstruierte Konzeption, die in ihrer Einheitlichkeit gut die Funktion eines Idealtypus übernehmen kann, an dem man tatsächlich auftretende Zeitphänomene messen kann. Daß zudem Merkmale der absoluten Zeit mit denen der Uhrzeit – denn Uhrzeit verläuft theoretisch gleichförmig, ist homogen und theoretisch unendlich teilbar – zusammenfallen, gibt Bergsons Gegenüberstellung eine gewisse Berechtigung. Für Zwecke der vorliegenden Schrift gilt prinzipiell: Wann immer von quantitativer Zeit, Uhrzeit, homogener Zeit, mathematisch-physikalischer Zeit usw. die Rede ist, so ist damit die Zeit gemeint, die Merkmale der Zeit, vor allem der absoluten Zeit, aufweist, wie sie Newton expliziert hat[44].

2.1.4. Bergson und seine Stellung zur Welt des Sozialen

Friedrich Kümmel charakterisiert den Bergsonschen Begriff der Dauer als „eine eigene und *eigenständige* Wirklichkeit jenseits der räumlich-zeitlichen Welt“[45]. Diese Charakterisierung führt zu der Frage, ob im konkreten Leben, das stete Auseinandersetzung mit der Umwelt ist, Dauer überhaupt auftritt und mit welcher Häufigkeit sie vorkommt. Bergson selbst bringt ein Beispiel von Dauer im Alltag: Höre ich Töne und bringe sie miteinander in Verbindung, so habe ich einen qualitativen Eindruck, der sich etwa zu dem Wohlklang einer Melodie formt. Im Bewußtsein verbinden sich beim Hören vielerlei Empfindun-

---

[41] Gent, S. 49 (Bei Gent Hervorhebung).

[42] Ebd. Das „zunächst“ bezieht sich auf die Situation vor der Herstellung der Gleichzeitigkeit durch die Lorentz-Transformation. Vgl. ebd. Zur Demonstration der Abhängigkeit des Beobachters von seiner Bewegungsgeschwindigkeit vgl. das von Einstein verwendete Beispiel der Zwillingsbrüder, dargestellt bei Hund, S. 473. Zur zeitlichen Dimension in der Quantenlogik vgl. auch A. M. Klaus Müller, Die präparierte Zeit, 2. Aufl., Stuttgart 1973, S. 311 ff.

[43] Vgl. Jean Piaget, Die Bildung des Zeitbegriffs beim Kinde, Zürich 1955, S. 396, Fußn. 14.

[44] Der Verfasser übernimmt damit eine weitgehend übliche Sprachregelung. Eine der seltenen Abweichungen findet sich bei Schöps. Sie zählt z.B. die jahreszeitlichen Veränderungen zur physikalischen Zeit. Vgl. Martina Schöps, Zeit und Gesellschaft, Stuttgart 1980, S. 63.

[45] Kümmel, S. 15 (Bei Kümmel Hervorhebung).

gen, die eine untrennbare Qualität bilden und somit Dauer konstituieren. Zähle ich dagegen die Töne, z.B. die Schwingungen einer Uhr, habe ich den Schritt in die homogene Zeit getan; die Sukzession von quantitativ bestimmten Teilen dominiert, und es wird weitmöglichst von Qualitäten hin auf das Zählbare abstrahiert[46]. Es bleibt aber zu betonen, was Kümmel in seiner Charakterisierung der Dauer deutlich machen wollte: Dauer vollzieht sich allein im Bewußtsein, und es bedürfte eigentlich nicht, wie im Beispiel angeführt, eines Anstoßes von außen, um Dauer zu erleben. Im Gegenteil: Die Außenwelt bringt immer die Tendenz mit sich, Dauer in homogene Zeit umzuformen, weil die Räumlichkeit dann in die Zeitvorstellung eindringt und die Zeit zu einem „Phantom des Raumes" wird, „das das reflektierte Bewußtsein im Banne hält"[47]. Reine Dauer, das gesteht Bergson zu, ist ein selten vorkommendes Phänomen. Sie kommt im Traume vor, wo das Messen gänzlich verschwindet. Es „macht dafür einem verworrenen Instinkte Platz, der, wie alle Instinkte, grobe Irrtümer begehen, zuweilen aber mit außerordentlicher Sicherheit verfahren kann"[48]. Man findet Dauer ferner in den Tiefenschichten des Bewußtseins. „Die Einbildungskraft des Träumenden, die von der äußeren Welt isoliert ist, reproduziert in bloßen Bildern und parodiert auf ihre Weise die Arbeit, die in den tieferen Regionen des geistigen Lebens unablässig in der Form von Vorstellungen vor sich geht"[49].

Für die große Mehrzahl der Fachsoziologen waren weder die Welt der Traumvorstellungen noch die Tiefenschichten des Bewußtseins Gegenstand ihrer Wissenschaft gewesen, so daß der Bezug zwischen Bergsonscher Zeitphilosophie und Soziologie der Zeit keineswegs naheliegend erscheint. Ja, es läßt sich sogar zeigen, daß Bergsons Ansatz von der Dauer als der „eigentlichen" Zeit, der gegenüber der homogenen Zeit lediglich die Dignität eines „symbolischen Bildes der wirklichen Dauer"[50] zukommt, den Intentionen jeder Soziologie diametral entgegensteht. Das Gesellschaftliche gehört für Bergson zur Außenwelt, die die falsche Vorstellung von Raum in das Zeitbewußtsein dringen läßt. Die Vielfalt der Empfindungen und ihre Konstellation ist in einer konkreten Dauer einmalig, sie ist per se individuell. Dauer ist ein so individueller Zustand, daß die Sprache, die Bergson zu Recht primär als Medium in der gesellschaftlichen Sphäre betrachtet, sie nicht erfassen kann. Sprache ist um so weniger in der Lage, Dauer zum Ausdruck zu verhelfen, als gerade sie die zeitlichen mit räumlichen Vorstellungen imprägniert; Begriffe wie Zeit„punkt", Zeit„raum", Zeit„spanne", Zeit„horizont" sind Beispiele genug. Die Sprache als „das brutale Wort . . . vernichtet oder verdeckt wenigstens die zarten und flüchtigen Eindrücke unseres individuellen Bewußtseins"[51]. Aber der Einfluß der Gesellschaft auf die Zeitvorstellung verläuft nicht nur über das Medium der Sprache, sondern ist viel direkter. Denn die am Raum orientierte Zeitvorstellung stellt „den

---

46 Vgl. Bergson, Zeit und Freiheit, S. 74 f.

47 Ebd., S. 84.

48 Ebd., S. 106.

49 Ebd., S. 114; vgl. auch ebd., S. 137.

50 Ebd., S. 104.

51 Ebd., S. 110.

unpersönlichen Niederschlag der Eindrücke" dar, „die in einem gegebenen Falle von der gesamten Gesellschaft empfunden worden waren"[52]. Sie ist sozusagen der Nenner, auf den man sich einigen kann und einigen muß, um gesellschaftlich agieren zu können. Die von Bergson bedauerte Dominanz der räumlichen Zeitvorstellung gegenüber der Dauer rührt also letztlich „daher, daß unser äußeres und sozusagen soziales Leben für uns eine größere praktische Bedeutung besitzt als unsere innere und individuelle Existenz"[53]. Der Mensch, der im Zustand der reinen Dauer leben würde, wäre ein von der Gesellschaft völlig Abgeschlossenes, den selbst von der Leibnizschen Monade noch unterscheiden würde, daß sein Bewußtsein eben nicht mehr im Einklang mit der Außenwelt stünde und sie nicht mehr spiegeln würde. Bergsons Ideal wäre Kaspar Hauser, der, von der Außenwelt getrennt, seine Vorstellungen leben würde[54].

Angesichts von Bergsons Stellung zum Phänomen „Gesellschaft" ist es überraschend, daß sich einige vielzitierte Soziologen und Ethnologen auf seine Philosophie beziehen und der sozialen Zeit nur Zeitvorstellungen zuordnen, die in wichtigen Punkten mit der durée Bergsons übereinstimmen und/oder naturwissenschaftlich orientierten Zeitkonzeptionen, insbesondere der Uhrzeit, lediglich eine untergeordnete Bedeutung im sozialen Leben zumessen. Ein Berührungspunkt, der zwischen einem Begriff wie dem der Dauer im Sinne Bergsons und der sozialen Zeit gesehen wird, liegt vor allem im Merkmal der Heterogenität. Der Strom des Bewußtseins enthält eine Vielzahl von Empfindungen, die sich ändern und vermengen; und die soziale Zeit ist mit vielen Elementen der Kultur verschmolzen und tritt daher in zahlreichen Gestalten auf, die keineswegs stets die Merkmale „homogen", „unendlich teilbar" usw. aufweisen. Diese zweifellos vorhandene Homologie verleitete Sozialwissenschaftler dazu, Uhrzeit und Kalenderzeit, ja schon jeden Anklang an physikalische oder astronomische Zeit aus der Kategorie „soziale Zeit" auszuschließen. Einige bekannte Soziologen und Ethnologen legten sich also auf einen Gegensatz zwischen naturwissenschaftlich orientierter Zeit einerseits und sozialer Zeit andererseits fest. Dabei wäre der wirklich gravierende Unterschied zwischen Dauer und sozialer Zeit, d.h. zwischen extrem individueller und sozialer Zeit anzusetzen.

Bevor diese Vorwürfe anhand von bedeutenden Beiträgen zur Soziologie der Zeit im Detail überprüft werden, soll auf die vereinzelt geäußerte Auffassung eingegangen werden, gerade die homogene Zeit, insbesondere die Uhrzeit würde vorwiegend oder allein in der Soziologie thematisiert. Diese Auffassung ist die These, die einer amerikanischen Dissertation von Richard Jon Martin zugrunde liegt. Nach Martin dominiert kontinuierliche, uniforme Zeit in der Soziologie. Er verweist in der Explikation seiner These weniger auf einzelne Soziologen, sondern bezieht sich in erster Linie auf empirizistisch und szientifisch orientierte Soziologie allgemein[55]. Diese Auffassung ist keineswegs haltbar, wenn man

[52] Ebd., S. 111.

[53] Ebd., S. 108.

[54] Diese Abgeschlossenheit konstatieren auch Halbwachs und Minkowski. Vgl. Maurice Halbwachs, Das kollektive Gedächtnis, Stuttgart 1967, S. 87 sowie E. Minkowski, Zum Problem der erlebten Zeit, in: Studium Generale 8 (1955), S. 602.

[55] Vgl. Richard Jon Martin, Time and Textures of Social Thought, phil. Diss. University of Massachusetts 1977, S. 7, 11 f., 17.

einen ausdrücklich thematisierten Zeitbegriff im Blick hat. Sie ließe sich eventuell auf einen impliziten Zeitbegriff beziehen. Dies scheint auch Bergmann zu meinen, wenn er annimmt, daß im Rahmen einer „positivistischen Soziologie" Zeit lediglich „in Form von bloßen Verhaltenssequenzen und von meßbarer Uhrzeit"[56] berücksichtigt werde. Martins Arbeit hat vor allem kulturkritische Implikationen. Er hält die Uhrzeit für ein verwerfliches Symbol der modernen utilitaristischen Ausrichtung. „Depending upon the significance of the idea of clock time or unilinear time in his work, the intellectual may become primarily an ‚articulator of symbols' or an ‚articulator of myths' as distinct from a ‚seeker of truth'. The social theorist who assumes the notion of clock time and organizes his thought around such a symbol becomes the ‚articulator' of the chief presupposition of modernity: that time represents that dimension in which man progressively increases his control over the material conditions of existence"[57]. In der vorliegenden Arbeit sind die zeitlichen Dimensionen in modernen Gesellschaften ein zentrales Thema, und in diesem Fall würde man eine Mythe formulieren, wenn man das Gewicht der Uhrzeit herabmindern oder negieren würde.

2.2. Der Einfluß Bergsons auf verschiedene Ansätze einer Soziologie der Zeit

2.2.1. H. Hubert und M. Mauss (1909); Émile Durkheim und Marcel Mauss (1901/1902); Émile Durkheim (1912)

2.2.1.1. H. Hubert und M. Mauss (1909)

In Paris, wo Bergson zu dieser Zeit lehrte und eine der beherrschenden Figuren des geistigen Lebens war, legten H. Hubert und M. Mauss mit „Étude sommaire de la représentation du temps dans la religion et la magie"[58] die erste wichtige Abhandlung zur Zeitproblematik aus soziologischer und ethnologischer Sicht vor. Der Einfluß Bergsons auf die Arbeit ist deutlich.

Die Untersuchung von Hubert und Mauss ist auch dem Durkheim-Postulat, Soziales durch Soziales und nur durch Soziales zu erklären, verpflichtet. Entsprechend dieser Auffassung betonen sie die soziale Komponente in Religion und Magie. Die zeitliche Dimension des Religiösen drückt nach Hubert und Mauss der Kalender aus. Er ist nach Ansicht der Autoren religiösen Ursprungs und stellt eine Ordnung der Feste dar. Seine Aufgabe besteht nicht darin, Zeit zu messen, sondern ihr einen Rhythmus zu geben. Die Gegenüberstellung von

---

[56] Bergmann, S. 12.

[57] Martin, S. 64.

[58] H. Hubert und M. Mauss, Étude sommaire de la répresentation du temps dans la religion et la magie, in: Mélanges d'histoire des religions, Paris 1909, S. 189–229.

Rhythmus und Messung ist ein erster Bezug zu zwei Zentralkategorien Bergsons: Qualität und Quantität[59]. Die folgende Aussagenreihe über die durch die Religion und Magie bestimmten Zeiten mutet in Sprache und Inhalt vollends wie eine Anwendung in einem Lehrbuch der Zeitphilosophie Bergsons an. Die Reihe beginnt mit der allgemeinen Aussage über die Zeit in der Religion und in der Magie: „. . . *les parties successives du temps ne sont pas homogènes,* que les parties qui nous paraissent égales en grandeur ne sont pas nécessairement égales, ni même équivalentes; *sont homogènes et équivalentes les parties considerées comme semblables* en raison de leur place dans le calendrier. D'oú il suit que la notion du temps n'est pas ici celle d'une quantité pure . . ."[60]. Von diesem allgemeinen Satz werden folgende spezifische Aussagen abgeleitet: „1. Les dates critiques interrompent la continuité du temps"[61]. Kritische Daten, wie zum Beispiel Jahresanfänge oder periodische Wechsel der Herrscher, sind durch Qualitäten charakterisiert, die sie von der restlichen Zeit des Jahres abheben. Diese Qualitäten kommen vor allem in Riten zum Ausdruck. Es ist nach Hubert und Mauss nicht nur absurd, eine Homogenität zwischen den herausgehobenen Zeiten und den übrigen Tagen anzunehmen; in den Augen der Gläubigen wäre eine solche Annahme auch ein Sakrileg oder die Verletzung eines Tabus. „2. Les intervalles compris entre deux dates critiques associées sont, chacun pour soi, continus et insecables"[62]. Die Unteilbarkeit längerer Zeitstrecken, die im Widerspruch zu der Vorstellung von einer theoretisch unendlichen Teilbarkeit der homogenen Zeit steht, wird wieder durch Riten erreicht, die am Anfang und am Ende der Periode stehen und deren Einheit festlegen. „3. Les dates critiques sont équivalentes aux intervalles qu'elles limitent"[63]. Die Aussage verdeutlicht besonders prägnant, daß, an der Uhr- und Kalenderzeit gemessen, ungleich lange Zeiten als gleichlang gewertet werden. Mit dieser Feststellung Huberts und Mauss' wird aber die Aussage des ersten Satzes über die unterschiedlichen Qualitäten verschiedener Zeiten auf den ersten Blick relativiert. Doch zumindest ein gewisser Vorrang der kritischen Daten bleibt erhalten. So ist ein Ritus, der zu Beginn einer Periode durchgeführt wird, in der gesamten Periode wirksam. Phänomene, die am Anfang eines Zeitraums beobachtet werden, bestimmen den folgenden Zeitverlauf und können so als Prognose genutzt werden. Das der moralischen Ordnung entsprechende Verhalten während des Ritus rechtfertigt die Verstöße während der übrigen Zeit. „4. Les parties semblables sont équivalentes"[64]. Die Ähnlichkeit, von der in diesem Satz die Rede ist, wird vor allem auf Zeitabschnitte bezogen, die im Kalender die gleiche Position einnehmen. Ihnen werden identische Qualitäten zugeschrieben. In den Märchen, wo an bestimmten Jahrestagen eines Fluchs der Zauber für einen Tag aufgehoben ist, und vor allem in der Astrologie finden wir Belege für dieses Prinzip. Bedeutsame Anwendungsfälle des Satzes sind Feste, die genau an dem Tag gefeiert wer-

---

[59] Zur Gegenüberstellung von Rhythmus und Zeitmessung vgl. auch ebd., S. 219.

[60] Ebd., S. 197 (Hervorhebung von Hubert und Mauss).

[61] Ebd., S. 198 (Bei Hubert und Mauss Hervorhebung).

[62] Ebd., S. 199 (Bei Hubert und Mauss Hervorhebung).

[63] Ebd., S. 202 (Bei Hubert und Mauss Hervorhebung).

[64] Ebd., S. 204 (Bei Hubert und Mauss Hervorhebung).

den müssen, an dem das Ereignis, dessen gedacht wird, stattfand. Wie sehr die Äquivalenz von der Rekonstruktion des „richtigen“ Datums abhängig gemacht wird, zeigt der Streit um das Osterfest in der frühen Kirche, der die Religionsgemeinschaft auch während der Zeit äußerster Verfolgungen durch den römischen Staat innerlich erschütterte. „5. Des durées quantitativement inégales sont égalisées et des durées égales inégalisées“[65]. In den Mythen gibt es zahlreiche Beispiele dafür, daß ungleich langen, aber qualitativ gleichwertigen Zeiträumen konventionelle Zeitangaben wie sieben Tage oder neun Jahre zugeordnet werden. Durch dieses Verfahren werden die Qualitäten der Abschnitte in den Vordergrund gerückt, und die quantitativen Aspekte der Angaben dienen fast ausschließlich der Gewichtung, in diesem Falle der Gleichgewichtung, der Qualitäten.

Erst eine weitgehende Ausschöpfung der mit der Kalenderzeit und vor allem mit der Uhrzeit gegebenen Möglichkeiten führte zur Popularisierung einer Zeitvorstellung, die weitgehend durch die Merkmale „homogen“, „quantitativ“ und „unendlich teilbar“ charakterisiert werden kann. Diese Popularisierung setzte in großem Maßstab erst mit der Industrialisierung ein. Religion und Magie aber sind ältestes Kulturgut; die von ihnen geprägten Zeitvorstellungen reichen in Epochen lange vor der Erfindung der Schrift zurück und tragen so sicherlich Züge, die Hubert und Mauss in einer im großen und ganzen angemessenen Anwendung der Bergsonschen Kategorien herausstellten, wobei sie diese Kategorien eher heuristisch nutzten. Denn trotz des aufgewiesenen starken Einflusses ist eine gewisse Distanz zur Philosophie Bergsons festzustellen. Die Autoren betonen die unterschiedlichen Standpunkte bezüglich des Ortes der Entstehung qualitativer Zeit[66]. Weiterhin bezeichnen sie mit dem Begriff der durée, den Bergson für das innere Zeiterleben reserviert hatte, quantitative Aspekte der Zeit, nämlich die Länge eines Zeitraums. Vor allem aber erkennen sie durchaus an, daß das moderne Alltagsleben von quantitativen Zeitvorstellungen geprägt wird, von denen sich die Vorstellungen der Zeit in Religion und Magie kontrastiv abheben und die sie – im Gegensatz zu den abwertenden Äußerungen Bergsons – als „normale“[67] bezeichnen. Zwar sehen Hubert und Mauss keine Möglichkeit der Synthese der Zeit in religiösen Grundvorstellungen, vor allem in Mythen, und der quantitativen Zeitvorstellungen des Alltags[68]. Aber schon die Zeiten, die sich durch religiöses Tun ergeben, und die ihnen entsprechenden astronomischen Zeitbestimmungen werden als Äquivalent betrachtet[69]. Sie legen in diesem Zusammenhang auch eine interessante Hypothese zur Entstehung der quantitativen Zeit vor: „La multiplication des points qualifiés, la différenciation progressive des parties énumérables, la confusion même de qualités, qui nous avons déjà décrite, devait conduire à l'analyse des synthèse premières. En somme, le travail d'abstraction, d'où est sortie la notion du temps objectif, quantitatif et abstrait, est peut-être la suite de celui qui a détaché des choses le

[65] Ebd., S. 207 (Bei Hubert und Mauss Hervorhebung).

[66] Vgl. ebd., S. 210 ff., bes. S. 213.

[67] Vgl. z.B. ebd., S. 190, 196.

[68] Vgl. ebd., S. 195 f.

[69] Vgl. ebd., S. 211.

temps qualitatif et à demi concret"[70]. Diese Hypothese von Hubert und Mauss bleibt auch in den folgenden Analysen zur Soziologie der Zeit unwidersprochen. Sie wird lediglich ergänzt, vor allem dahingehend, daß die Zeitvielfalt von der Rollenvielfalt abhängt und daß die Fortschritte in der Zeitmessung eine technische Voraussetzung für eine weitgehende Durchsetzung der quantitativen Zeit darstellten.

In einer zusammenfassenden Wertung kann festgestellt werden, daß Hubert und Mauss mit ihrer Analyse dem thematisierten Gegenstand, der Zeit in Religion und Magie, gerecht wurden. Positiv hervorgehoben werden muß aber auch, daß sie der Versuchung widerstanden, in einer Ausweitung ihrer Ergebnisse die Vorstellungen von Zeit in Religion und Magie mit der sozialen Zeit oder gar mit Zeit schlechthin zu identifizieren.

2.2.1.2. Émile Durkheim und Marcel Mauss (1901/1902) sowie Émile Durkheim (1912)

Émile Durkheim verweist in seinem 1912 veröffentlichten Buch „Les formes élémentaires de la vie religieuse"[71] auf die Arbeit von Hubert und Mauss und übernimmt die dort entwickelten Auffassungen über das Entstehen und die Funktion des Kalenders[72]. Diese Übereinstimmung entspricht der Zusammenarbeit Durkheims mit den beiden Autoren, vor allem aber mit Mauss. Schon 1901/1902 hatten Durkheim und Mauss gemeinsam einen längeren Aufsatz mit dem Titel „De quelques formes primitives de classification"[73] veröffentlicht, in dem sie auch über Zeiteinteilungen gehandelt hatten. Ihre dort vorgelegten Überlegungen führen zu dem Schluß, daß die primitiven Klassifikationsformen einen sozialen Ursprung besitzen und von den Formen der jeweiligen Gesellschaft abhängig sind. Auch die Zeit wird in einen sozialen Bezug gestellt: „Déjà nous avons eu l'occasion d'indiquer, chemin faisant, comment même des idées aussi abstraites que celles de temps et d'espace sont, à chaque moment de leur histoire, en rapport étroit avec l'organisation sociale correspondante"[74]. In „Les formes élémentaires de la vie religieuse" setzt sich Durkheim intensiver als in dem mit Mauss veröffentlichten Aufsatz mit dem Phänomen der Zeit auseinander, und in der durchgehenden Betonung der sozialen Dimension von Zeit unterscheidet sich diese Schrift von der Abhandlung Huberts und Mauss'.

Zeit gehört — so stellt Durkheim in „Les formes élémentaires de la vie religieuse" fest — wie Raum, Klasse, Zahl, Grund usw. zu den Kategorien des Begreifens („categories de l'entendement"[75]), zu den soliden Rahmen unseres

[70] Ebd., S. 229; vgl. ferner ebd., S. 202.

[71] Émile Durkheim, Les formes élémentaires de la vie religieuse, Paris 1912; ich zitiere im folgenden aus: Emile Durkheim, Les formes élémentaires de la vie religieuse, 4. Aufl., Paris 1960.

[72] Vgl. ebd., S. 15.

[73] Vgl. Émile Durkheim und Marcel Mauss, De quelques formes primitives de classification, in: L'Année sociologique 6 (1901/1902), bes. S. 55 ff.

[74] Ebd., S. 72.

[75] Durkheim, S. 12.

Denkens („les cadres solides qui enserrent la pensée“[76]). Der Ursprung dieser Kategorien wird in der Religion gesehen, und sie teilen mit der Religion den zutiefst sozialen Charakter. Mehrfach betont Durkheim diesen sozialen Charakter für die Zeit speziell. „C'est comme un tableau illimité où toute la durée est étalée sous le regard de l'esprit et où tous les événements possibles peuvent être situés par rapport à des points de repères fixes et determinés. Ce n'est pas *mon temps* qui est ainsi organisé, c'est le temps tel qu'il est objectivement pensé par tous les hommes d'une même civilisation“[77]. Und an anderer Stelle bemerkt er, indem er eine doppelte Verbundenheit der Kategorien des Begreifens mit der Gesellschaft feststellt: „Non seulement c'est la societé qui les a instituées, mais ce sont des aspects différents de l'être social qui leur servent de contenu: ... c'est le rhythme de la vie sociale qui est la base de la categorie de temps ...“[78]. Zu diesen beiden Zitaten ist zweierlei anzumerken. Es ist dieses nachdrückliche Insistieren auf dem sozialen Charakter der Zeit, der Goodys Bemerkung rechtfertigt, Durkheims Ausführungen in „Les formes élémentaires de la vie religieuse“ stellten die Basis für die moderne sozialwissenschaftliche Diskussion über Zeit dar[79], obwohl dies, streng genommen, unrichtig ist, wenn man Huberts und Mauss' oder eventuell auch Durkheims und Mauss' Abhandlung in die Betrachtung einbezieht. Weiter geht aus dem ersten der beiden Zitate hervor, daß sich Durkheim gegen die von Bergson betonte Bedeutung der individuellen Zeit wendet. Es ist gerade nicht „meine Zeit“, die mir die Einordnung aller Ereignisse ermöglicht, sondern eine sozial konstituierte Zeit. Durkheim ist an der Fragestellung, ob soziale Zeit als nur qualitativ oder als auch quantitativ, ob sie als heterogen oder unter bestimmten Gesichtspunkten auch als homogen charakterisiert werden kann, nicht interessiert. Aber auf jeden Fall schließt seiner Meinung nach sozial konstituierte Zeit auch astronomisch bestimmte Zeit ein und damit Zeit der Außenwelt im Sinne Bergsons, der die Merkmale „unendlich teilbar“, „quantitativ“, „homogen“ zukommen können. Dies belegt eindeutig die Aufforderung Durkheims: „Qu'on essaie, par exemple, de se représenter ce que serait la notion du temps, abstraction faite des procédés par lesquels nous le divisons, le mesurons, l'exprimons au moyen de signes objectifs, un temps qui ne serait pas une succession d'années, de mois, de semaines, de jours, d'heures!“[80]. Der Hinweis Durkheims auf den Vorgang des Messens dürfte vollends jeden Verdacht des Rückgriffs auf die Bergsonsche Konzeption entkräften[81].

---

[76] Ebd., S. 13.

[77] Ebd., S. 14.

[78] Ebd., S. 628.

[79] Vgl. Jack Goody, Time: Social Organization, in: David L. Sills (Hrsg.), International Encyclopedia of the Social Sciences, Bd. 16, o.O. 1968, S. 30 f.

[80] Durkheim, S. 14.

[81] Weitere Stellen, die sich gegen Bergsons Konzeption der Zeit richten, finden sich ebd., S. 630 sowohl im Text als auch in Fußn. 1.

2.2.2. Alfred Schütz (1932) sowie Alfred Schütz und Thomas Luckmann (1975)

Alfred Schütz' Schrift „Der sinnhafte Aufbau der sozialen Welt" trägt den Untertitel „Eine Einleitung in die verstehende Soziologie"[82]. Die beiden Termini „sinnhaft" und „verstehend" sind gleichzeitig zentrale Begriffe bei Max Weber; und Max Webers Soziologie ist auch Ausgangspunkt und Gegenstand von Alfred Schütz' Abhandlung. Im Vorwort heißt es: „Das vorliegende Buch geht auf eine vieljährige intensive Beschäftigung mit den wissenschaftstheoretischen Schriften Max Webers zurück. Im Verlauf dieser Studien hatte sich in mir die Überzeugung gefestigt, daß Max Webers Fragestellung zwar den Ansatzpunkt jeder echten Theorie der Sozialwissenschaften endgültig bestimmt hat, daß aber seine Analysen noch nicht bis in jene Tiefenschicht geführt sind, von der allein aus viele wichtige, aus dem Verfahren der Geisteswissenschaften selbst erwachsende Aufgaben bewältigt werden können"[83]. Schütz will die Analysen Webers vorantreiben, indem er z.B. Grundbegriffe der Soziologie Webers wie „Sinn", „Handeln", „Motiv", „Idealtypus" weiter differenziert. Die Differenzierung wird vor allem nach zeitlichen Kategorien vorgenommen. So zeigt er, daß „Handeln" zukunftsbezogen, „Handlung" dagegen vergangenheitsbezogen ist. Die „Motive" untergliedert er in „Um-zu-Motive" und „Weil-Motive", deren Unterscheidungskriterium wiederum die Ausrichtung auf Zukunft bzw. Vergangenheit ist. Begriffe, die er in Anlehnung an den Husserlschen Terminus „Lebenswelt" neu einführt, sind „Umwelt" und „Mitwelt". Umwelt sind unmittelbar vom ego erfahrene Situationen, ist direkter Bezug. Mitwelt ist vermittelt, vergleichsweise anonym. Den im wesentlichen auf die Gegenwart bezogenen Mitwelt und Umwelt korrespondieren in der Vergangenheit die „Vorwelt", in der Zukunft die „Folgewelt".

Schütz' Buch unterscheidet sich von den meisten in diesem Kapitel vorgestellten Schriften: Sein eigentliches Thema ist nicht die Zeit, sondern eine soziologische Theorie, die mit Hilfe zeitphilosophischer Kategorien fundiert werden soll. Bei der zeitlichen Dimensionierung setzt Schützt heuristisch die phänomenologische Analyse Edmund Husserls sowie Gedankengänge von Bergson ein, wobei er die Konzeptionen von Husserl und Bergson als miteinander kompatibel betrachtet. Damit muß er auch die bevorzugten Zeitvorstellungen der beiden Autoren übernehmen. Deutlich wird das bereits bei dem ersten Problem, das er untersucht: „Schon eine oberflächliche Analyse zeigt nämlich, daß das *Sinnproblem* ein *Zeitproblem* ist, allerdings nicht ein solches der physikalischen Raumzeit, die teilbar und meßbar ist, oder der historischen Zeit, die immer ein von äußeren Begebenheiten erfüllter Ablauf bleibt, wohl aber ein solches des ‚inneren Zeitbewußtseins', des Bewußtseins der je eigenen Dauer, in dem sich für den Erlebenden der Sinn seiner Erlebnisse konstituiert"[84]. Mit dieser Übernahme des Bergsonschen Begriffs der Dauer, der mit Husserls Begriff

---

[82] Alfred Schütz, Der sinnhafte Aufbau der sozialen Welt, Wien 1932. Ich zitiere im folgenden aus: Alfred Schütz, Der sinnhafte Aufbau der sozialen Welt, 2. unveränderte Aufl., Wien 1960.

[83] Ebd., S. III.

des inneren Zeitbewußtseins gleichgesetzt wird[85], verbindet Schütz keine Polemik gegen die objektiv meßbare Zeit. Das geschichtliche Geschehen spielt – hier greift er auf eine kleine Schrift Simmels über die historische Zeit zurück – sich für ihn in der objektiven Zeit ab[86]. Erlebnis und Sinngebung etwa sind dagegen Vorgänge, die im Individuum vollzogen werden müssen; dem Erlebnis entspricht die zeitliche Dimension „Dauer", und die Sinngebung vollzieht sich in jener „Spannung zwischen dem Erleben in der Dauer und dem Reflektieren auf das Erlebte, kurz zwischen Leben und Denken"[87]. Obwohl dem Gegensatz „zwischen Leben und Denken" im Sinne Bergsons der Gegensatz zwischen „durée" und quantitativer Zeit entsprechen würde, vermeidet Schütz bei der Analyse der Begriffe und Vorgänge, die im Zusammenhang mit dem Individuum stehen, jeden Hinweis auf die quantitative Zeit. Es finden sich dagegen „Generalklauseln", in denen die Analysen, die das Individuum betreffen, prinzipiell mit dem Begriff „Dauer" verknüpft werden[88]. Wenn man konzediert, daß Dauer – wenn sie auftritt – nur vom einzelnen ganz individuell durchlebt werden kann, dann gelangen wir zu einem Punkt, von dem aus die Übernahme des Bezugsrahmens von Bergson und Husserl gerechtfertigt werden kann. Die Zentrierung auf das Individuum, die Schütz im Anschluß an Bergson und Husserl vollzieht, korrespondiert mit einer entsprechenden Orientierung bei Max Weber. Denn es läßt sich belegen, daß Max Weber in seiner Soziologie vom *Individuum* ausgeht. Gegenstand der Soziologie ist für Weber soziales Handeln, welches zwar definitionsgemäß auf andere bezogen ist, die mit ihm einen subjektiven Sinn verbinden[89]. Deutlich wird diese individualistische Komponente bei Weber in dem folgenden Zitat aus dem Aufsatz „Über einige Kategorien der verstehenden Soziologie". Es heißt von der verstehenden Soziologie: „Aus dem gleichen Grunde ist aber für diese Betrachtungsweise der Einzelne auch nach oben zu die Grenze und der einzige Träger sinnhaften Sichverhaltens . . . Begriffe wie ‚Stadt', ‚Genossenschaft', ‚Feudalismus' und ähnliche bezeichnen für die Soziologie, allgemein gesagt, Kategorien für bestimmte Arten menschlichen Zusammenhandelns, und es ist also ihre Aufgabe, sie auf ‚verständliches Handeln', und das heißt ausnahmslos: auf Handeln der beteiligten Einzelmenschen, zu reduzieren"[90].

---

[84] Der Begriff der Dauer wird bei Husserl in einem anderen Sinne verwendet als bei Bergson. Vgl. dazu ebd., S. 44, Fußn. 2. Ich folge Schütz und verwende den Begriff der Dauer im Sinne Bergsons.

[85] Vgl. z.B. ebd., S. 34 und 73.

[86] Vgl. ebd., S. 245.

[87] Vgl. ebd., S. 73.

[88] Vgl. ebd., S. 10 und 248.

[89] Hier wird auf die bekannten Definitionen von „Soziologie", „Handeln" und „Soziales Handeln" Bezug genommen, die am Anfang des ersten Bandes von „Wirtschaft und Gesellschaft" stehen. Vgl. Max Weber, Wirtschaft und Gesellschaft, besorgt von Johannes Winckelmann, 5. rev. Aufl., Tübingen 1972, S. 1.

[90] Max Weber, Über einige Kategorien der verstehenden Soziologie, in: Ders., Gesammelte Aufsätze zur Wissenschaftslehre, hrsg. von Johannes Winckelmann, 3. erw. u. verb. Aufl., Tübingen 1968, S. 439.

Die Bezugnahme auf die Konzeptionen von Bergson und Husserl hätte spätestens an der Stelle abbrechen müssen, an der Schütz neben dem ego auch ein alter in die Analyse einbezieht. Schütz geht im Vorsatz auch davon aus. „Indem wir den Übergang von der Analyse des einsamen Ich zur Untersuchung der sozialen Welt vollziehen, verlassen wir die streng phänomenologische Betrachtungsweise, deren wir uns bei der Analyse des Sinnphänomens im einsamen Seelenleben bedienten, und nehmen die *Existenz* der Sozialwelt in naiv natürlicher Weltanschauung so hin, wie wir es im täglichen Leben unter Menschen lebend, aber auch Sozialwissenschaften treibend, zu tun gewohnt sind“[91]. Aber im Gange der weiteren Untersuchungen wird der Vorsatz nur teilweise eingelöst. Verbindend zwischen alter und ego wirkt die Gleichzeitigkeit der beiden „Dauern“ im Sinne Bergsons. Dies ist die von Schütz sog. „Generalthesis des alter ego“[92]. Eine weitere Prämisse besagt, „daß jede Erfahrung vom Fremdseelischen auf der Erfahrung meiner je eigenen Erlebnisse von diesem alter ego fundiert ist“[93]. Damit bleibt auch bei der Analyse der ego-alter-Beziehung der Fokus weitgehend beim Individuum. Nur in wenigen Passagen, wie z.B. in den Ausführungen über die sog. Wirkensbeziehung[94], kommt die Gegenseitigkeit der Beziehungen zum Tragen. Und Schütz bezeichnet, wenn er in einem Ausblick auf künftig noch vertieft zu behandelnde Probleme zu sprechen kommt, die „Konstitution des Du“[95] als zusätzlicher Erörterungen bedürftig. In weiten Passagen hat man jedoch den Eindruck, das Individuum sei in sich abgeschlossen. Die häufig kritisierte[96] Reduktion des Sozialen auf das Bewußtsein des ego zeigt sich auch, wenn er es vorzieht, „statt von sozialem Handeln oder sozialem Verhalten von *intentional auf ein alter ego bezogenen* Bewußtseinserlebnissen auszugehen“[97]. Der stete Rekurs auf das Individuum erleichtert das Verbleiben im phänomenologischen Bezugsrahmen, wie er von Husserl übernommen wird. Kernstück des methodischen Vorgehens von Husserl ist die phänomenologische Reduktion. Über sie führt Ludwig Landgrebe aus: „Die phänomenologische Reduktion ist Reduktion auf das jeweils eigene ‚ich bin‘

[91] Schütz, S. 106 (Hervorhebung von Schütz).

[92] Ebd., S. 115 (Bei Schütz Hervorhebung).

[93] Ebd., S. 116 (Bei Schütz Hervorhebung).

[94] Vgl. bes. ebd., S. 177.

[95] Ebd., S. 285 (Bei Schütz Hervorhebung).

[96] Vgl. dazu Jürgen Habermas, Zur Logik der Sozialwissenschaften, Frankfurt/M. 1970, S. 214 f.; Bernhard Waldenfels, Verstehen und Verständigung. Zur Sozialphilosophie von A. Schütz, in: Walter M. Sprondel und Richard Grathoff (Hrsg.), Alfred Schütz und die Idee des Alltags in den Sozialwissenschaften, Stuttgart 1979, S. 1–12, bes. S. 1–5 sowie Ilja Srubar, Die Theorie der Typenbildung bei Alfred Schütz. Ihre Bedeutung und ihre Grenzen, in: Walter M. Sprondel und Richard Grathoff (Hrsg.), Alfred Schütz und die Idee des Alltags in den Sozialwissenschaften, Stuttgart 1979, S. 43–64. In diesem Beitrag kritisiert Srubar auch, daß die „übersubjektive Zeit“ (S. 52) von Schütz zu wenig berücksichtigt wird. Und er schlägt eine Ergänzung der Zeitstruktur durch die von ihm in Anlehnung an marxistische Vorstellungen sog. produzierte Zeit „als übersubjektive, objektivierende Komponente“ (S. 54) vor. In bezug auf die genannten Komponentenattribute laufen Srubars Überlegungen mit Intentionen der vorliegenden Arbeit parallel.

[97] Schütz, S. 162 (Hervorhebung von Schütz).

und das, was in diesem Ich-bin als einem Bewußtsein Bewußtes ist"[98]. Dieses „,ich bin'" bleibt immer die Mitte der Analyse Schütz', in der das innere Zeitbewußtsein im Sinne Husserls bzw. die durée Bergsons absolut dominieren und die übrigen Zeitformen in den Hintergrund treten.

Alfred Schütz wollte den Ertrag seiner methodologischen Überlegungen aus 25 Jahren, die seiner ersten Arbeit folgten, in einer weiteren Schrift zusammenfassen. Sein früher Tod im Jahre 1959 vereitelte die Vollendung dieses Vorhabens. Sein Schüler Thomas Luckmann bearbeitete und ergänzte den vorliegenden Entwurf von Schütz und gab ihn unter dem Titel „Strukturen der Lebenswelt" 1975 heraus. Die hier interessierenden zeitlichen Aspekte werden auch in dieser Schrift wieder ausführlich behandelt. Im Unterschied zu dem Frühwerk werden hier mehr Zeitformen thematisiert. „Die Struktur der lebensweltlichen Zeit baut sich auf in Überschneidungen der subjektiven Zeit des Bewußtseinsstroms, der inneren Dauer, mit der Rhythmik des Körpers wie der ‚biologischen Zeit' überhaupt, mit den Jahreszeiten wie der Welt-Zeit überhaupt und dem Kalender, der ‚sozialen Zeit'. Wir leben in all diesen Dimensionen zugleich"[99]. Die Gleichsetzung der sozialen Zeit[100] mit dem Kalender geht über die in der vorliegenden Schrift vertretene These hinaus, daß Uhr- und Kalenderzeit wichtige Bestandteile der sozialen Zeit sind. Neu eingeführt wird auch der schon von Husserl gebrauchte[101] Begriff der „Weltzeit", der den zeitlichen Ablauf des Weltgeschehens bezeichnet, in dem der einzelne als ein endlich Existierender steht. Zwar gibt es Stellen in dem Werk, in denen eine gewisse Präferenz der subjektiven Zeit zum Ausdruck zu kommen scheint[102]; zudem werden die Welten der Phantasie und des Traumes, die den Rückzug auf das innere Zeitbewußtsein erlauben, eingehend behandelt[103]. Aber durchgehend wird die Auffassung vertreten, daß im Alltag die subjektive Zeit nicht ohne Tribut an die anderen Formen der Zeit gelebt werden kann. Dem entspricht auch eine Analyse der „Lebenswelt", die nicht strikt auf das Individuum rekurriert, wie das in „Der sinnhafte Aufbau der sozialen Welt" der Fall war.

---

[98] Ludwig Landgrebe, Philosophie der Gegenwart, Frankfurt/M. 1958, S. 65 f.

[99] Alfred Schütz und Thomas Luckmann, Strukturen der Lebenswelt, Neuwied und Darmstadt 1975, S. 63.

[100] Neben diesem Begriff der sozialen Zeit kennen Schütz und Luckmann noch den der „sozialen Standardzeit, die im Schnittpunkt der inneren Zeit mit der Welt-Zeit ihren Ursprung hat und der allgemeinen Zeitstruktur der intersubjektiven Lebenswelt als Grundlage dient" (Ebd., S. 46).

[101] Vgl. dazu Edmund Husserl, Cartesianische Meditationen und Pariser Vorträge, hrsg. und eingel. von S. Strasser, Den Haag 1950, S. 156. Den Hinweis verdanke ich Bergmann. Vgl. Bergmann, S. 27.

[102] Vgl. z.B. Schütz und Luckmann, S. 116 und 134.

[103] Vgl. ebd., S. 47–52, S. 62.

2.2.3. Pitirim A. Sorokin und Robert K. Merton (1937) sowie Pitirim A. Sorokin (1943)

2.2.3.1. Pitirim A. Sorokin und Robert K. Merton (1937)

Pitirim A. Sorokin und Robert K. Merton veröffentlichten 1937 in „The American Journal of Sociology" eine Studie zum Thema „Social Time", die in vielen soziologischen Abhandlungen über Zeit zitiert wird. Die Zusammenfassung des Artikels beginnt bezeichnenderweise mit einem Satz, der die Frontstellung gegen einen naturwissenschaftlich orientierten Zeitbegriff schon andeutet: „The category of astronomical time is only one of several concepts of time"[104]. Diese relativierende Feststellung betrachten die Autoren als eine Art Voraussetzung ihres Vorhabens, eine für die Soziologie spezifische Zeitvorstellung zu entwickeln: die von ihnen sog. soziale Zeit, die nicht einfach mit der astronomischen Zeit gleichzusetzen ist. Die Soziologie schließt sich nach Auffassung von Sorokin und Merton mit der Ausarbeitung einer solchen Zeitkonzeption anderen Wissenschaften an, die für ihre Zwecke die Übernahme eines naturwissenschaftlichen, auf den Newtonschen Vorstellungen beruhenden Zeitbegriffs abgelehnt hätten. Die Autoren verweisen auf die Psychologie und die Wirtschaftswissenschaften mit ihren eigenständigen Zeitkonzepten. Sie beziehen sich auch auf die Philosophie und nennen dabei ausdrücklich Bergson und zitieren ihn. In ihrem Bemühen, bei möglichst vielen Philosophen eine nicht naturwissenschaftlich fundierte Zeitvorstellung nachzuweisen, charakterisieren sie selbst den Zeitbegriff des Aristoteles als „non-material, completely subjective"[105], was unhaltbar ist[106].

Soziale Zeit manifestiert sich nach Sorokin und Merton in sog. sozialen Phänomenen („social phenomena"[107]), unter denen konkrete Zeiträume oder Ereignisse verstanden werden. Beispiele sind: „‚for a semester', ‚for a working day', ‚for the duration of Lent'"[108] oder „‚when President Hoover came into office'"[109]. Solche Angaben seien für den Soziologen ausschlaggebend; und so sei beispielsweise das Datum des zuletzt genannten Ereignisses, der März 1929, völlig unwichtig gegenüber etwa dem Faktum, daß zu derselben Zeit zweitausend Postamtsvorsteher ausgetauscht wurden. Nun ist zwar, wenn wir im Feld der Argumentation von Sorokin und Merton bleiben, der März 1929 zugegebenermaßen noch kein soziales Phänomen im Sinne der genannten Beispiele. Aber die Autoren übersehen, daß in kalendarischen Daten soziale Phänomene verschiedenster Art zusammengefaßt sind und daß dadurch diese Phänomene im Gedächtnis als ein Zusammenhang gespeichert und, sobald das Datum wieder

---

104 Pitirim A. Sorokin und Robert K. Merton, Social Time: A Methodological and Functional Analysis, in: The American Journal of Sociology 42 (1937), S. 615.

105 Ebd., S. 616.

106 Vgl. dazu die Definition der Zeit bei Aristoteles in Abschnitt 2.1.1. sowie deren Diskussion durch Perpeet, S. 540 ff.

107 Sorokin und Merton, S. 618.

108 Ebd., S. 619.

109 Ebd., S. 618.

bewußt wird, in diesem Zusammenhang als Erinnerung präsent werden. Am Beispiel des Jahres 1939 wurde dies bereits demonstriert[110]. Kalendarische Daten können so zur Erweiterung des Umfangs erfaßter sozialer Phänomene und zur Zusammenhangsbildung zwischen den Phänomenen beitragen. Dazu ermöglicht die Kenntnis von kalendarischen Daten die sichere Einordnung von sozialen Phänomenen in ein Nacheinander, die auf keine andere Weise auch nur annähernd adäquat erreichbar ist.

In ihren Darlegungen heben die Autoren durchgehend die Unterschiede der sozialen Zeit gegenüber der astronomischen Zeit hervor: Soziale Zeit ist im Gegensatz zur astronomischen nicht einförmig, nicht homogen sowie nicht rein quantitativ. Sie ist durchsetzt von Zeiten mit besonderer Qualität wie Feiertagen, Markttagen, sog. glücklichen und unglücklichen Tagen. Astronomische Zeit ist ferner leer, sie hat keine Markierungen, sie kennt nicht einmal Anfang und Ende. Im Bereich der sozialen Zeit sind Anfänge von Zeitrechnungen auch in keinem Falle durch naturwissenschaftliche Fakten, sondern stets durch kulturell bedeutsame Ereignisse bestimmt: durch das angenommene Datum der Stadtgründung bei den Römern, durch den Beginn der Regierungszeit eines Herrschers (bei den Ägyptern und Armeniern) und in unserem Kulturkreis durch den einmal errechneten Zeitpunkt der Geburt des Religionsstifters. Ferner ist soziale Zeit nicht kontinuierlich. Den Autoren geht es bei der Hervorhebung dieses Merkmals um den Gegensatz zwischen der Kontinuität in den astronomischen Verläufen wie den Mondphasen und der Erdbewegung um die Sonne einerseits und der Ungleichförmigkeit in den Einteilungen der sozialen Zeit andererseits. Das Diskontinuierliche der sozialen Zeit belegen sie wieder durch das Faktum sog. kritischer Daten, wie zum Beispiel der unglücklichen Tage, vor allem aber durch das pars-pro-toto-Prinzip in den Zeitbenennungen, auf das Nilsson schon 1920 ausführlich eingegangen war. Sie definieren dieses Prinzip als „the counting not of units as a whole, but of a concrete phenomenon occurring but once within this units"[111]. Ein Beispiel für das pars-pro-toto-Prinzip ist in der deutschen Sprache der Begriff „Tag". Dieses Wort, das ursprünglich die Zeit der Sonnenhelle im Gegensatz zur Nacht bezeichnete, wird für die Einheit von 24 Stunden gebraucht, die „Tag" und „Nacht" einschließt. Tag wird für das Ganze gebraucht, weil Nacht eine Zeit ohne nennenswerte Aktivitäten ist[112]. In dieser Hervorhebung der Zeit der Sonnenhelle zeigt sich nach Sorokin und Merton deutlich das Diskontinuierliche der sozialen Zeit.

Nach dem Aufweis der divergenten Merkmale von astronomischer und sozialer Zeit wollen sie die weitgehende Unabhängigkeit der Einteilungen sozialer Zeit von astronomischen Phänomenen dokumentieren. So weisen sie darauf hin, daß die Woche keineswegs immer einer Vierteilung der Mondphase entsprechen muß; in den verschiedenen Kulturen werden Wochen von drei, vier, fünf, aber auch von acht und zehn Tagen registriert. Wochen, hier stimmen die Au-

---

[110] Vgl. Kapitel 1.2.

[111] Sorokin und Merton, S. 624.

[112] Vgl. dazu Martin P. Nilsson, Primitive Time-Reckoning, Lund – London – Oxford – Paris – Leipzig 1920, S. 11, 17.

toren mit der umfangreichen Analyse von Nilsson überein, markierten ursprünglich die Zeit zwischen zwei Markttagen. Nicht ganz so überzeugend wirkt die Argumentation der Autoren, die Einteilung in Monate sei weitgehend von den Mondphasen unabhängig. Belegt wird dies lediglich durch eine Bemerkung Theodor Mommsens über den römischen Kalender, in dem „praktisch" („practically"[113]) der Mondlauf nicht berücksichtigt worden sei. Das Diktum „The equality of months is conventional, not astronomical"[114] ist ein Beispiel für einen überzogenen Versuch, jegliche Form der Zeit, die sozial belangvoll ist, streng von einer naturwissenschaftlich orientierten Zeit zu trennen[115].

Sorokin und Merton demonstrieren ihren Begriff von sozialer Zeit, wie aus den angeführten Beispielen deutlich wurde, anhand von Zeugnissen aus der Geschichte der Schriftkulturen sowie von Beobachtungen des Alltags ihrer eigenen Gesellschaft, vor allem aber anhand von umfangreichem ethnographischem Material. Dieser „Rückzug" in die Welt der sog. Primitiven ist symptomatisch, denn nur er bietet die Möglichkeit, die Bedeutung der astronomischen Zeit, der Zeit, die von den Charakteristika „einförmig", „quantitativ", „kontinuierlich" geprägt ist, herabzumindern, obwohl diese Zeitform in modernen Gesellschaften vielfach Denken und Handeln bestimmt. Die Probleme, die die Art der Verwendung des ethnographischen Materials durch Sorokin und Merton aufwirft, werden im Rahmen einer generellen Diskussion des Stellenwerts, der astronomischer Zeit in Erörterungen der Zeitvorstellungen von Naturvolkgesellschaften häufig zugesprochen wird, noch behandelt werden.

Der Veröffentlichung des Beitrags von Sorokin und Merton in „The American Journal of Sociology" folgten zwei Stellungnahmen zu dem Artikel in derselben Zeitschrift. Beide weisen auf Übereinstimmungen zwischen naturwissenschaftlicher und sozialer Zeit hin, die Merton und Sorokin bestritten hatten. Der Ethnologe Georges Devereux verweigert der absoluten Zeit Newtons, deren Merkmale Sorokin und Merton zur Kennzeichnung der astronomischen Zeit herangezogen hatten, die Charakterisierung „physikalisch" und nennt sie „metaphysisch" („metaphysical"[116]), da sie in ihrer strengsten Version unabhängig von jedem Ereignis sei. Physikalische Zeit sei dagegen als operationale Zeit wie die soziale Zeit an Ereignisse gebunden. Ferner sei die Definition von Gleichheiten, z.B. von zwei Sekunden oder zwei Tagen, rein hypothetisch, wie dies auch der Fall bei zwei sozialen Ereignissen sei. Ähnlich argumentiert Devereux

113 Theodor Mommsen, History of Rome, Bd. I, New York 1885, S. 279, nach: Sorokin und Merton, S. 625.

114 Sorokin und Merton, S. 625.

115 Daß dieser Versuch ein Sorokins Werk durchziehendes Bemühen ist, zeigt eine Stelle aus der Schrift „Society, Culture, and Personality", in der behauptet wird, daß Stunden, Minuten und Sekunden unabhängig von astronomischer Zeit seien. Vgl. Pitirim A. Sorokin, Society, Culture, and Personality, New York 1962 (zuerst 1947), S. 683. In bezug auf die Sekunde trifft neuerdings Sorokins Behauptung zu. Denn seit 1965 wird die Sekunde nach einer bestimmten Anzahl von Schwingungen des Cäsiumatoms bestimmt. Vgl. dazu Friedrich L. Boschke, Und 1000 Jahre sind wie ein Tag, München 1979, S. 171.

116 George Devereux, Social Time, A Methodological and Functional Analysis, in: The American Journal of Sociology 43 (1938), S. 967.

auch bezüglich der Signifikanz von Ereignissen und der Synchronität von Systemen. Der Anthropologe M. F. Ashley-Montagu, der ebenfalls zu Sorokins und Mertons Beitrag Stellung nahm, faßt Devereux' Zuschrift folgendermaßen zusammen: „... that it is not really possible to postulate a fundamental difference between physical and social time"[117].

Ashley-Montagu kommt eher den Intentionen von Sorokin und Merton bezüglich ihrer Einschätzung der astronomischen Zeit entgegen, wenn er darauf aufmerksam macht, daß auch innerhalb der Naturwissenschaften die astronomische Zeit oft ein Maßstab sei, der Befunde verfälsche. Es gäbe Mädchen, die, am astronomischen Kriterium des Sonnenlaufs gemessen, zehn Jahre alt seien, deren physiologisches Alter aber achtzehn Jahre betrage. Es sei nicht möglich, mit Hilfe der astronomischen Zeit Geschwindigkeiten in der Veränderung, wie beispielsweise in der physiologischen Entwicklung, zu erfassen, denn die astronomische Zeit sei durch gleichmäßigen Zeitfluß bestimmt. Daher müßten Phasen, die durch Veränderung zustandekommen, unabhängig von ihrer Dauer nach der Uhr- und Kalenderzeit dann als Ganzes und Gleiches behandelt werden. Dieses Vorgehen sei sowohl bei physiologischen Phasen als auch bei geschichtlichen Epochen angemessen.

In einer Antwort auf die Zuschrift von Devereux erklärt sich Sorokin mit dessen Darlegungen zu Übereinstimmungen zwischen sozialer Zeit und verschiedenen naturwissenschaftlichen Zeiten weitgehend einverstanden. Den Grund für diese Übereinstimmungen sieht er zunächst darin, daß es sich in allen Fällen um empirische Zeit handele, d.h. Zeit, die an sinnenhaft erfaßbaren Prozessen gemessen wird. Der Begriff „sensate", den Sorokin in diesem Zusammenhang verwendet, hat einen bestimmten Stellenwert in seiner Geschichtsphilosophie und bezeichnet ein umfassendes Charakteristikum der Moderne, die nach Sorokin u.a. durch Sinnenhaftigkeit, Empirismus und Materialismus gekennzeichnet ist. So sind auch die naturwissenschaftlichen Zeiten letztlich durch diesen Grundzug des gegenwärtigen sozialen Lebens bestimmt. „In the same society and culture all these sensate times – physical, chemical, biological, and social – are greatly conditioned by the given sociocultural milieu and, in a sense, are all but a variety of social time"[118]. Bei allen Übereinstimmungen zwischen sozialer und naturwissenschaftlicher Zeit stellen sich nach Sorokins Auffassung dem Soziologen aber doch spezielle Probleme, denen Naturwissenschaftler normalerweise nicht nachgehen. So gehöre es zum Aufgabenkreis des Soziologen, detailliert zu untersuchen, warum in einzelnen Gesellschaften ganz spezielle empirische Prozesse zur Zeitmessung herangezogen werden, die in anderen Gesellschaften völlig unberücksichtigt bleiben. Weiterhin sei zu erforschen, warum in bestimmten Perioden Zeitkonzeptionen dominieren, die Devereux als „metaphysisch" bezeichnet hatte und die Sorokin mit dem Attribut „ideational and idealistic"[119] versieht. Die Begriffe „ideational" und „idealistic" verweisen wie-

[117] M. F. Ashley-Montagu, Social Time: A Methodological and Functional Analysis, in: The American Journal of Sociology 44 (1938/39), S. 282.

[118] Pitirim A. Sorokin, Rejoinder, in: The American Journal of Sociology 43 (1938), S. 969.

[119] Ebd.

der auf die Geschichtsphilosophie Sorokins, in der von aufeinanderfolgenden Zyklen ausgegangen wird, die jeweils eine ideationelle (ideational), eine idealistische (idealistic) und eine sensuelle (sensate) Periode umfassen. An anderer Stelle[120] führt Sorokin aus, daß in der ideationellen Periode zeitlose Werte und Wahrheiten dominieren; typisch für das idealistische Zeitalter sind Annäherungen an solche absoluten Wahrheiten, während sensuelle Epochen nur noch kulturgebundene und flüchtige Erscheinungen („passing butterflies"[121]) kennen. Sorokin nennt in seiner Entgegnung auf Devereux als drittes und schwerwiegendstes Forschungsproblem, wie die zeitlosen Werte und Wahrheiten sowie die Annäherungen an die zeitlosen Werte und Wahrheiten, die alle soziokulturelle Phänomene seien, in einem System sozialer Zeit verortet werden könnten. Denn sie seien mit sensueller Zeit nicht zu erfassen. Sorokin geht in diesem Zusammenhang nicht auf Lösungsmöglichkeiten für dieses Problem ein[122], sondern er möchte es nur als einen genuin soziologischen Fragenkreis herausstellen, der die Naturwissenschaften nicht tangiert. Hier sollte ihm allerdings in mehrfacher Hinsicht widersprochen werden. Vor der Diskussion der zeitlichen Zuordnung von „zeitlosen" Werten und Wahrheiten müßte zunächst entschieden werden, ob überhaupt solche Werte und Wahrheiten existieren. Kulturrelativistische Überlegungen etwa lassen im 20. Jahrhundert am Vorhandensein von zeitlos geltenden Werten zweifeln, und zumindest hinsichtlich wissenschaftlicher Wahrheiten ist heute deren Überholen und nicht deren Fortschreibung das allgemein akzeptierte Ziel des Forschens. Aber selbst wenn man den Erwägungen Sorokins Bedeutung beimißt, so muß man sie eher in den Rahmen einer allgemeinen Philosophie der Wissenschaften stellen als in den der Soziologie. Weiterhin ist nachzufragen, ob zumindest die Gültigkeit von Wahrheiten, ihr Überdauern und damit ihre Einordnung in ein zeitliches Schema nicht auch Probleme sind, die die Naturwissenschaften beschäftigen müssen; und zur Zeit Sorokins werden gerade die Physiker angesichts der damals erscheinenden Publikationen zur Relativitätstheorie von Fragen des Bestandes von Wahrheiten mehr bewegt worden sein als Sozialwissenschaftler. Hier gelangen wir wieder zu der stärkeren Konvergenz von Sozial- und Naturwissenschaften, die von Devereux und Ashley-Montagu postuliert worden war.

2.2.3.2. Pitirim A. Sorokin (1943)

In seinem Buch „Sociocultural Causality, Space, Time"[123] nimmt Sorokin 1943 die Thematik seines mit Merton verfaßten Aufsatzes wieder auf. Kapitel 4 des Buches, das die Überschrift „Sociocultural Time" trägt, stellt in weiten Teilen eine Vertiefung der sechs Jahre zuvor entwickelten Ansätze dar. Von den

[120] Vgl. Pitirim A. Sorokin, Sociocultural Causality, Space, Time, S. 215 ff.

[121] Ebd., S. 216.

[122] Vgl. zu Lösungsvorschlägen Sorokins ebd., S. 215 ff. Dort konstruiert er aus Zeitvorstellungen in der mittelalterlichen Philosophie für die drei Arten der Werte und Wahrheiten drei Ebenen der Zeit: aeternitas, aevum und tempus.

[123] Zu den bibliographischen Angaben vgl. Fußn. 30. Ich zitiere im folgenden aus der Ausgabe von 1964.

neu vorgetragenen Gesichtspunkten sind zunächst zwei für unseren Zusammenhang von Bedeutung.

Als erstes zeigt Sorokin die Vielzahl der naturwissenschaftlichen Zeitsysteme auf; er berücksichtigt sowohl die neuen Zeitkonzeptionen, die mit der Entwicklung der Relativitätstheorie und der Quantenmechanik entstanden sind, als auch die für einzelne Disziplinen (wie Astronomie, Geologie, Biologie) spezifische Zeit. Allerdings ist diese Erweiterung für die nachfolgenden Darlegungen belanglos. Dann nämlich setzt er andere Zeitsysteme, vor allem aber die soziokulturelle Zeit, wieder allein in Gegensatz zur Zeit der klassischen Mechanik, die durch die Merkmale „continous, infinitely divisible, uniformly flowing, purely quantitative . . ."[124] gekennzeichnet ist. Wann immer bei ihm von „mathematical time", „purely quantitative time" die Rede ist, so ist damit nicht die Zeitkonzeption der modernen Naturwissenschaften gemeint, sondern die auf der Basis der Newtonschen Konzeption beruhende Zeit der klassischen Mechanik. Sorokin erkennt die Bedeutung etwa der Uhrzeit für das soziale Leben durchaus an. Aber da sie in wesentlichen Charakteristika mit der Zeit der klassischen Mechanik zusammenfällt, ist sie für ihn nicht soziokulturelle Zeit; soziokulturelle Zeit ist für ihn stets dadurch gekennzeichnet, daß sie nicht gleichförmig fließt, daß sie nicht unendlich teilbar ist, daß sie durch und durch qualitativ ist usw. Andererseits kann er den starken Trend zur Quantifizierung und Mathematisierung der Zeit nicht bestreiten. Er beschreibt den Zusammenhang zwischen diesem Trend und dem entsprechenden kulturellen Kontext, der durch fortschreitendes naturwissenschaftliches Denken charakterisiert ist, sowie den entsprechenden sozialen Bedürfnissen, wie sie zuerst in den Städten und bei gemeinsamen Vorhaben von mehreren Völkerschaften entstanden. Er sieht ferner die Funktion der quantitativen Zeit als des schon einmal genannten „universal Esperanto"[125], in das sich weltweit ganz verschiedene Formen sozialer Zeit übersetzen lassen. Trotz dieser eindeutig sozialen Implikationen versteht es Sorokin, die Zuordnung der quantitativen Zeit zur soziokulturellen Zeit abzuwerten, auch wenn dies den Konsequenzen aus seinen Darlegungen zuwiderläuft. In manchen Formulierungen wird dieses zwanghaft wirkende Bemühen deutlich erkennbar, so z.B. wenn er feststellt, „that in our modern society, side by side with quantitative time (which itself is in a degree a social convention) there exists a fullblooded sociocultural time as a convention, with all its ‚earmarks': it is qualitative, it is not infinitely divisible . . ."[126].

Die Trennung in eine quantitative Zeit und in eine Zeit, die er soziokulturell nennt, scheint Sorokin schon deswegen als notwendig zu erachten, weil er eine ständig stärker werdende Dominanz der quantitativen Zeit befürchtet. Nur im Zusammenhang mit derartigen Befürchtungen ist ein längerer Abschnitt zu verstehen, in dem aufgezählt wird, „why purely quantitative time cannot entirely (!) replace qualitative sociocultural time"[127]. Durch rein quantitative Zeit-

[124] Ebd., S. 159.

[125] Ebd., S. 225.

[126] Ebd., S. 197.

[127] Ebd. (Ausrufungszeichen von mir, G. S.).

angaben lassen sich nach Sorokin viele Zeitbeziehungen kaum adäquat wiedergeben (z.B. Plazierung eines Ereignisses an einem Zeitpunkt wie Weihnachten, Semesterbeginn usw.), werden Zeiten all ihrer Qualitäten wie „‚happy' and ‚unhappy', ‚Sabbath' and ‚weekday' ..., ‚time of harvest' and ‚time of sowing'"[128] beraubt, werden soziale Gestalten, die eine Einheit bilden, zerteilt (z.B. Lebensalter wie Jugend, Ereignisse wie Feste und ähnliches), werden die kreativen Potenzen der Zeit verdeckt, wie sie sich etwa im Ablauf von Wirtschaftsprozessen äußern, werden ungleiche Zeiten (z.B. erlebnisarme und erlebnisreiche Zeiten) gleichgemacht, läßt sich die Dauer der Geltung von Bedeutungen (z.B. von „zeitlosen" Werten) nicht festlegen, werden zufällige Gleichzeitigkeiten als Zusammenhang fehlinterpretiert.

Wenn im Zusammenhang mit dem Überhandnehmen quantitativer Zeitangaben von „Befürchtungen" Sorokins die Rede war, so ist das angebracht, denn es geht Sorokin um mehr als die akademische Frage, ob quantitative Zeit soziokulturelle Zeit ist oder nicht. Seine oft mit recht gekünstelt wirkenden Beispielen[129] belegte Ablehnung quantitativer Zeitvorstellungen ist nur ein Symptom seiner weitergehenden Besorgnis, die Soziologie könne zu sehr in den Einflußbereich der Naturwissenschaften geraten; und die Soziologie der Zeit ist für ihn nur eines unter vielen Feldern, in denen diese Gefahr droht. Der Bezugsrahmen, der außer für „Zeit" auch noch an den Kategorien „Kausalität" und „Raum" exemplifiziert wird, wird im ersten Kapitel der Schrift deutlich: Sorokin sieht das Eindringen eines naturwissenschaftlich orientierten Behaviorismus, bei dem Wut-Verhalten („‚rage-behavior'") sich auf „‚stiffening of the whole body, screaming, temporary cessation of breathing, reddening of face, changing to blueness of face'"[130] reduziert, sowie eines Physikalismus, für den Sätze wie „‚an increase of kinetic energy of an individual is equivalent to a decrease of his potential energy'"[131] typisch sind, in die Soziologie. Sorokins eigentliches Anliegen besteht eben darin, die Grenze zwischen Natur- und Sozialwissenschaften festzulegen. Bei durchaus vorhandener Homologie in den methodologischen Grundprinzipien[132] beider Wissenschaftsbereiche darf der wesentliche Unterschied nicht vernachlässigt werden, der darin besteht, daß die für die Soziologie zentrale Komponente „Bedeutung" („meaning"[133]) für die Naturwissenschaften irrelevant ist. Die Übernahme genuin naturwissenschaftlicher Methoden in der Soziologie endet nach Sorokin „in the complete destruction of the identity of sociocultural phenomena as such"[134]. So zeigt sich, daß es letztlich nicht der Schatten Bergsons ist, der Sorokin zur Ablehnung der quantitativen Zeit als soziokultureller Zeit drängt. Bergson wird als Vertreter einer psychologischen Auffassung der Zeit von Sorokin ausführlich zitiert[135] und als

128 Ebd., S. 200.

129 Vgl. dazu beispielsweise die Angabe hoher Zahlen ebd., S. 198 f.

130 Ebd., S. 28 f.

131 Ebd., S. 29.

132 Vgl. die Aufstellung ebd., S. 34.

133 Ebd., z.B. S. 27.

134 Ebd.

135 Vgl. ebd., S. 164 f. Auf S. 200 f., Fußn. 92 weist Sorokin ferner auf eine gewisse

Gegner der Quantifizierung in Anspruch genommen. Aber die Gegenüberstellung: quantitative versus soziokulturelle Zeit ist bei Sorokin letztlich eine Reaktion auf die Erscheinung, der Bergson schon entgegenwirken wollte und die bis in unsere Tage überdauert hat, nämlich einer tendenziellen Dominanz der Naturwissenschaften, die sich in dem Anspruch äußert, nur naturwissenschaftliche Vorgehensweisen als wissenschaftlich gelten zu lassen.

2.2.4. Maurice Halbwachs (1950)

Etwa zur selben Zeit wie Sorokin entwickelte der französische Soziologe Maurice Halbwachs seine Ansätze einer Soziologie der Zeit, die im Rahmen der Schrift „La Mémoire Collective“[136] postum veröffentlicht wurden. Auch bei Halbwachs findet sich eine Stelle, wo er die grundsätzliche Verschiedenheit einer Spielart der naturwissenschaftlichen Zeit, nämlich der von ihm sog. physikalischen Zeit, und der sozialen Zeit aufweisen möchte. Soziale oder – diesen Begriff verwendet er häufiger – „kollektive“ Zeit ist nach Halbwachs an bestimmten Erscheinungen, z.B. sozialen Aktivitäten, festgemacht. Diese Phänomene sind zentraler Bestandteil der sozialen Zeit, sie sind sozusagen Gegenstand der Übereinkunft in der Gesellschaft darüber, was als soziale Zeit anzunehmen ist. Soziale Zeit ist in diesem Sinne nie beliebig. In der Physik ist Zeit aber insofern beliebig, als physikalische Gesetze nicht an einen Zeitpunkt oder Zeitraum in der tatsächlich ablaufenden Zeit fixiert sind. Die Bewegungen etwa, die der Physiker mißt, versetzt er „in eine völlig leere Zeit“[137] hinein. Das ist seiner Meinung nach für die Mitglieder einer Gesellschaft irrelevant. So ist, wie Halbwachs feststellt, eine „unbestimmte, allem, was man in sie hineinverlegt, gegenüber gleichgültige Zeit . . . ihrem Gedächtnis in keiner Weise behilflich“[138]. Diese Trennung einer naturwissenschaftlichen Zeit von sozialer Zeit kann mit der Konzentration auf das Phänomen „Gedächtnis“ erklärt werden.

Eine derartige Argumentation, wie sie eben diskutiert wurde, bleibt ein Ausnahmefall in den Darlegungen von Halbwachs. Aus ihr kann auch keinesfalls abgeleitet werden, daß Halbwachs' Arbeit den Vorurteilen verhaftet ist, wie sie aus Bergsons Dichotomie von Zeit der Außenwelt und Zeit des Bewußtseins

---

Übereinstimmung mit Bergson bezüglich Zeitrhythmen hin. Bezeichnenderweise in der Sorokin-Festschrift meint Georges Gurvitch, daß es Sorokin in „Sociocultural Causality, Space, Time“ möglich gewesen sei, „to give a more concrete and more exact application *of Bergson's concept of social time*“ (Georges Gurvitch, Social Structure and the Multiplicity of Times, in: Edward A. Tiryakan (Hrsg.), Sociological Theory, Values, and Sociocultural Change, Essays in Honor of Pitirim A. Sorokin, New York – Evanston 1963, S. 184, Fußn. 1; Hervorhebung von mir, G. S.).

[136] Maurice Halbwachs, La Mémoire Collective, Paris 1950. Die Schrift, an der Halbwachs bis zu seiner Ermordung im Jahre 1945 gearbeitet haben soll, blieb unvollendet. Ich zitiere im folgenden aus der deutschen Ausgabe (vgl. Fußn. 54).

[137] Halbwachs, S. 93.

[138] Ebd., S. 93. Eine ähnliche Auffassung vertreten auch Gurvitch und Gent. Vgl. Georges Gurvitch, La vocation actuelle de la sociologie, Bd. 2, 2. neubearb. und erw. Aufl., Paris 1963, S. 336 sowie Gent, S. 47.

erwachsen können. Das ist auf den ersten Blick um so verwunderlicher, als Halbwachs noch Schüler von Bergson war, der ihn, wie er selbst sagt, in „unauslöschlicher Art“[139] beeindruckte. Halbwachs geht übrigens sehr viel detaillierter als etwa Hubert und Mauss oder Sorokin auf die Zeitphilosophie Bergsons ein. Daß aber diese Auseinandersetzung mit Bergson durch kritische Distanz gekennzeichnet ist, dürfte vor allem dem noch stärkeren Einfluß Durkheims zuzuschreiben sein, dessen Soziologismus dem oben dargelegten Individualismus bei Bergson diametral gegenübersteht. Durkheim hatte das kollektive Bewußtsein „zu einer fast metaphysisch anmutenden Substanz“[140] hochstilisiert, und analog verfährt auch Halbwachs[141]. Denn auch der Zentralbegriff in Halbwachs' Schrift, das kollektive Gedächtnis, stellt eine Art Substanz dar. So ist das kollektive Gedächtnis, wie es jede Gruppe besitzt, für Halbwachs der eigentliche Träger der Erinnerungen. Und wenn Individuen sich erinnern, partizipieren sie an einem der kollektiven Gedächtnisse, denn jeder einzelne kann auf Inhalte so vieler kollektiver Gedächtnisse zurückgreifen, wie er Gruppen angehört. Und dementsprechend ist das Vergessen einer Episode in der Vergangenheit auf das „Erlöschen eines breiteren kollektiven Gedächtnisses“[142] zurückzuführen, ein Vorgang, der immer dann eintritt, wenn wir „die Verbindung zu jenen Menschen verlieren, die uns zu jener Zeit umgeben“[143]. Da Erinnerung nach Halbwachs nur durch Rückgriff auf ein kollektives Gedächtnis möglich ist, bleibt kein Raum mehr für die Vorstellung einer individuellen Erinnerung. „Die Folge der Erinnerungen, selbst der allerpersönlichsten, erklärt sich immer aus den Veränderungen, die in unseren Beziehungen zu den verschiedenen kollektiven Milieus entstehen ...“[144].

Bei derart soziologistischen Auffassungen mußte Halbwachs natürlich in wesentlichen Punkten die Zeitphilosophie Bergsons ablehnen. Schon die Annahme eines kollektiven Gedächtnisses ist, worauf Halbwachs ausdrücklich hinweist[145], mit Bergsons Vorstellung, die Vergangenheit sei vollständig im individuellen Gedächtnis aufgespeichert, unvereinbar. Noch deutlicher wird der Gegensatz zu Bergson in dem Kapitel, das der Darstellung des speziell zeitlichen Aspekts vorbehalten ist. Halbwachs definiert Zeitfolge als „eine notwendige Ordnung ... derzufolge sich die Phänomene der materiellen Natur und des Organismus aneinanderreihen“[146]. Diese Definition nennt die Außenwelt als Bezugspunkt, während bei Bergson die Dauer allein ein Phänomen des Bewußtseins ist. Vollends unübersehbar wird dann der Gegensatz, wenn Halbwachs sich mit der Auffassung Durkheims identifiziert, „daß ein isoliertes Individuum im Extrem-

---

[139] Mme. Halbwachs, Einleitung zu: Maurice Halbwachs, Das Gedächtnis und seine sozialen Bedingungen, Berlin – Neuwied 1966, S. 11.

[140] Heinz Maus, Geleitwort zu: Halbwachs, Das kollektive Gedächtnis, S. VI.

[141] Daher scheint es wenig plausibel, wenn Maus behauptet, daß es „zu den Verdiensten von Halbwachs zählt, diesen Begriff entmythologisiert zu haben“ (ebd.).

[142] Halbwachs, Das kollektive Gedächtnis, S. 12.

[143] Ebd., S. 10.

[144] Ebd., S. 32.

[145] Vgl. ebd., S. 64.

[146] Ebd., S. 78.

fall kein Gefühl für das Verstreichen der Zeit haben könnte . . ."[147]. Zeit und Längen von Zeitdauern sind demnach Ergebnisse gesellschaftlicher Einigungsprozesse.

In einer gründlichen Auseinandersetzung mit Details der Bergsonschen Zeitphilosophie glaubt Halbwachs nachweisen zu können, daß bei der Annahme eines strikt individuellen Bewußtseins sowie seiner Vorstellung als eines Bewußtseinsstroms, dessen Elemente in engem Zusammenhang stehen, keine Übereinstimmung in den Zeitvorstellungen zwischen den Individuen zustandekommen kann. Es kann keine Überschneidung in den konkreten Bewußtseinsinhalten eintreten, die Voraussetzung für das Erleben einer gemeinsamen Zeit ist, zumal jeder Bewußtseinszustand nach Bergson mit den vorangehenden und folgenden eng verbunden ist und in dieser Verbindung sich noch zusätzlich von den Zuständen im Bewußtsein anderer unterscheidet, so daß ein Einklang zu bestimmten Zeitpunkten vollends unmöglich wird. Die Tatsache, daß es gemeinsame Zeitvorstellungen gibt, verlangt nach Halbwachs die Annahme kollektiver Zeiten, deren Quelle in den einzelnen Gruppen selbst liegt. Das individuelle Bewußtsein ist nur der „Treffpunkt der kollektiven Zeiten"[148]. Aber trotz dieses reichlich soziologistischen Aufweises der Zeit als eines sozialen Phänomens verfällt Halbwachs nicht der Täuschung, der andere Soziologen unterlagen, nämlich den Stellenwert der astronomischen Zeit für die Bestimmung der Zeit im sozialen Leben möglichst gering zu veranschlagen und lediglich soziale Aktivitäten und Beziehungen als Anhaltspunkte der Zeitrechnung zuzulassen. Die kollektive Vorstellung von der Zeit „stimmt zweifellos mit den großen astronomischen und erdphysikalischen Vorgängen überein"[149]. Daher ist es ihm auch möglich, Gesichtspunkte, die soziale Zeit mit der naturwissenschaftlichen verbinden, zu berücksichtigen und auf ihre soziale Bedeutung hinzuweisen. So stellt er das Messen der Zeit, zu dem wir nach seiner Meinung dauernd gezwungen sind, als mit unangenehmen Gefühlen verbunden hin: sei es, daß wir dabei über die Zeit nachdenken, die uns noch bis zum Tode bleibt, oder daß wir mit „leeren", nicht verplanten Zeiträumen nichts anzufangen wissen. Auch in diesen subjektiven Aspekten bleibt Zeit für ihn primär soziale Zeit, denn es ist die Gesellschaft, die „uns nötigt, unser Leben unaufhörlich auf unsere Zeit zu messen . . ."[150].

2.2.5. R. M. MacIver (1962)

Im Alter von 80 Jahren veröffentlichte R. M. MacIver ein schmales Bändchen mit dem Titel „The Challenge of the Passing Years"[151], das der Auseinandersetzung mit dem Phänomen „Zeit" gewidmet ist. Obwohl MacIver zu den namhaften Soziologen des 20. Jahrhunderts gerechnet werden kann – er wurde

147 Ebd.

148 Ebd., S. 124.

149 Ebd., S. 78.

150 Ebd. S. 80.

151 R. M. MacIver, The Challenge of the Passing Years, New York 1962.

vor allem durch Arbeiten auf dem Gebiete der politischen Soziologie, aber auch durch Beiträge zur Methodologie bekannt – ist die Schrift nicht aus dem Blickwinkel der Soziologie verfaßt. Sie ist eine sehr persönlich gefärbte Auseinandersetzung mit der Thematik „Zeit", worauf auch der Untertitel „My Encounter with Time" hinweist; und wenn man den Wissenschaftszweig benennen sollte, an dem die Darstellung primär orientiert ist, müßte man die Psychologie angeben. Denn MacIver befaßt sich vor allem mit der Zeit, wie sie vom individuellen Bewußtsein erfaßt wird. Das wird schon bei der grundlegenden Charakterisierung von Zeit deutlich, die er in erster Linie als ein Medium des Wandels sieht. „Time is the dimension of the universe that allows change to happen. It is always the fact of change, change of some sort, that makes us conscious of time. And most of all it is the fact of change in ourselves"[152]. Entsprechend betont er die subjektiv erlebte Zeit, die er an mehreren Stellen von der Uhrzeit, der bei ihm sog. gemessenen Zeit („time as measured"[153]) abhebt. „We are prone to believe that clock measures real time, whereas it directly measures only the equal stages in a process of uniform motion. But the conscious assessment of the lapse of time will be longer or shorter according to our condition. It is then *really* longer or shorter for us"[154]. Die verschiedene Wertung der Zeitformen, die in diesem Zitat anklingt, kommt noch deutlicher im Vorwort des Buches zum Ausdruck: „Time as measured is the enemy of time as lived . . ."[155].

MacIver kann, wie Sorokin auch, den Stellenwert gemessener Zeit im Leben moderner Gesellschaften nicht leugnen: Jeder ist gezwungen, die ihm verfügbare Zeit einzuteilen. Er findet diesen Vorrang des Quantitativen vor dem Qualitativen – so interpretiert er die weitreichende Bedeutung, die gemessene Zeit heute besitzt – auch in der Kunst, der Politik und der Wissenschaft verwirklicht, und er bestätigt so die in der vorliegenden Schrift als prinzipiell konstatierte Einbettung der herrschenden Zeitvorstellungen in die Gesamtkultur. Er sieht den Vorrang des Quantitativen in den geometrischen Formen, die in den Werken moderner bildender Kunst vorkommen, er sieht ihn in den menschenverachtenden Kalkulationen von Strategen, die mit Millionen von Toten und Überlebenden nach einem Nuklearkrieg rechnen, und er sieht ihn im Trend der Sozialwissenschaften zur Quantifizierung. Er bezeichnet diesen Trend als unfruchtbar und nimmt damit die Argumentation aus seinen wissenschaftstheoretischen Arbeiten, vor allem aus „Social Causation"[156], wieder auf. Die Beispiele aus den Bereichen Politik und Wissenschaft zeigen aber auch wieder deutlich die negative Wertung, die er mit der gemessenen Zeit verbindet. Er hebt hervor, daß viele unserer Ängste und Sorgen sich als grundlos erweisen würden, wenn wir der gelebten vor der gemessenen Zeit den Vorzug geben würden. „It is the unlived hours, the balked hours, the hours of unwilling toil or of frustrated energy, the minutes of which drag on. When instead we are in love with what

[152] Ebd., S. 2.

[153] Ebd., z.B. S. 120 f.

[154] Ebd., S. 46 (Hervorhebung von MacIver).

[155] Ebd., S. XXIV.

[156] Vgl. R. M. MacIver, Social Causation, 2. Aufl., New York – Evanston – London 1964 (zuerst 1942), bes. S. 48–56.

life offers or promises, we ride on the wave of organic time, letting it carry forward as it will"[157]. Unübersehbar liegt hier wieder der Schatten Bergsons über der Szene; denn gerade in diesem letzten Zitat mit seiner Betonung der Irrationalität und dem Appell, sich dem Leben zu überlassen – die Assoziation mit dem Überlassen an die Kräfte des élan vital drängt sich förmlich auf – werden die Parallelen zu Bergsons Standpunkt überdeutlich. So ist Bergson auch in MacIvers Schrift mit seinem Gedankengut präsent, auch wenn er nur bei der Definition von Begriffen wie durée namentlich genannt wird. Zerubavels Interpretation, nach der MacIvers Schrift „a sociological application of his (Bergsons, G. S.) idea of the subjective sense of internal duration"[158] darstellt, deutet in dieselbe Richtung.

2.2.6. Georges Gurvitch (1963)

Eine äußerst anspruchsvolle Aufgabe nahm der russisch-französische Soziologe Georges Gurvitch mit der Abhandlung „La multiplicité des temps sociaux", die in die 2. Auflage von Band 2 seiner Schrift „La vocation actuelle de la sociologie"[159] eingefügt ist, in Angriff: Er entwickelte eine Typologie sozialer Zeit, bei der Geschwindigkeit und Rhythmus als typenkonstituierende Kriterien dienten, und er zeigte das Auftreten dieser Typen in verschiedenen Erscheinungsformen (von Rollen, Symbolen und Werten bis zu Klassen und globalen Gesellschaften) des Sozialen auf. Auf diese Typen und die bei ihrer Zuordnung auftretenden Probleme soll an anderer Stelle in dieser Arbeit noch einmal ausführlich eingegangen werden[160]. Gurvitch betont, daß er seine Konzeption ohne Rückgriff auf philosophische Reflexionen über Zeit entwickeln will. Er verbindet diese Feststellung mit Angriffen auf die Arbeiten von Durkheim, Mauss, Lévy-Bruhl, Halbwachs und Sorokin, in denen seiner Meinung nach der philosophische Einfluß eine umfassende Behandlung des Themas „Soziale Zeit" verhindert hat. Doch entgegen seiner Beteuerung, die philosophische Komponente außer acht lassen zu wollen, setzt er sich detailliert mit der Zeitphilosophie Bergsons auseinander. Obwohl die Heterogenität der sozialen Zeit im Zentrum seines Interesses steht, lehnt Gurvitch Bergsons Zeitphilosophie weitgehend ab. Er wirft Bergson (wie Husserl) „idealistischen Subjektivismus" („subjectivisme idéaliste"[161]) vor. Bergson sei nicht zu einer Theorie der Vielfalt von Zeiten vorgedrungen, obwohl er, z. B. durch die Feststellung verschiedener Dichten der Dauer oder verschiedener Rhythmen der Zeit, Voraussetzungen für eine solche Theorie geschaffen habe. Er hält Bergson weiter vor, die verräumlichte Zeit, die diskontinuierliche Zeit im Sinne von getrennten Zeitabschnitten sowie die Zeit der Wissenschaften einschließlich ihrer quantitativen Aspekte außer Betracht

[157] MacIver, The Challenge of the Passing Years, S. 124.

[158] Eviatar Zerubavel, The Sociotemporal Structure of the Hospital: A Study in the Sociology of Time, phil. Diss. University of Pennsylvania 1976, S. 33, Fußn. *.

[159] Zu den bibliographischen Angaben vgl. Fußn. 138.

[160] Vgl. Abschnitt 3.3.1.

[161] Vgl. Gurvitch, La vocation actuelle de la sociologie, S. 329.

gelassen sowie sich in seinen verschiedenen Werken entweder allein auf die Gegenwart oder die Vergangenheit oder die Zukunft bezogen zu haben. Er faßt seine Vorwürfe in dem einen Argument zusammen, Bergson habe es an einem dialektischen Denkschema gefehlt; denn: „. . . rien n'exige plus l'application de la dialectique que le problème du *temps*"[162]. Damit kommen wir der Formel näher, die Gurvitch für sein methodisches Konzept gebraucht: Dialektischer Hyper-Empirismus („hyper-empirisme dialectique"[163]). In seinen Untersuchungen der Wirklichkeit sollen Ergänzung, gegenseitiges Einschließen, Doppelsinn, Polarität und Reziprozität der Perspektiven zum Tragen kommen. Das Dialektische der Methode zeigt sich u.a. auch darin, daß in der Theorie fast alle Ansätze, und zwar auch solche, die man als konträr ansehen muß, zusammengefaßt werden sollen. Dies ist tatsächlich ein Kontrapunkt zu Bergsons eindeutiger, wenn auch einseitiger Konzeption. In der Praxis besteht dann diese Methode vor allem darin, verschiedene, oft gegensätzliche Zeittypen bestimmten sozialen Phänomenen ohne hinreichende Begründung zuzuordnen. So wird seine Verwendung des Begriffs „Dialektik" zu einem der zahlreichen Beispiele dafür, wie der vieldeutige Terminus „Dialektik" zur Rechtfertigung von unklaren Vorstellungen und kaum überprüfbaren Vorgehensweisen eingesetzt werden kann[164].

Unter dem Einfluß der skizzierten Vorstellungen steht auch Gurvitchs Definition des Begriffs „Zeit". „Pour préciser ce que nous comprenons sous le terme *temps*, nous dirons que, dans l'optique où nous nous plaçons, il suffit de le décrire tantôt comme une *coordination*, tantôt comme un *décalage des mouvements, coordination* et *décalage qui durent dans la succession et se succèdent dans la durée*"[165]. Gurvitch kommentiert diese Definition: „Nous retenons d'Aristote que le temps est lié au mouvement; de ses opposants, que le temps possède un élément qualitatif et n'est pas toujours mesurable, à plus forte raison quantifiable"[166]. Bezüglich der Frage, ob Zeit quantitativ oder qualitativ sei, vertritt Gurvitch also ein Sowohl-als-auch. Das entspricht wieder seinem Ansatz und entfernt ihn endgültig von Bergsons Konzeption. Soziale Zeit definiert Gurvitch folgendermaßen: „Le *temps social* est le temps de coordination et de décalage des mouvements des *phénomènes* sociaux totaux, que ces phénomènes sociaux totaux soient globaux, groupaux ou microsociaux et qu'ils s'expriment ou non dans des structures sociales"[167]. Den Begriff „phénomènes sociaux totaux" hat Gurvitch von Marcel Mauss übernommen. Damit soll eine holistische, dynamische und strikt soziologische Sicht von Phänomenen betont werden. Aus dieser Definition ist nicht ersichtlich, ob quantitative

[162] Ebd., S. 334 (Hervorhebung von Gurvitch).

[163] Ebd., S. 335.

[164] Vgl. dazu Ernst Topitsch, Sprachlogische Probleme der sozialwissenschaftlichen Theoriebildung, in: Ders. (Hrsg.), Logik der Sozialwissenschaften, 4. Aufl., Köln – Berlin 1967, bes. S. 30–33.

[165] Gurvitch, La vocation actuelle de la sociologie, S. 329 (Hervorhebung von Gurvitch).

[166] Ebd., S. 330.

[167] Ebd., S. 338 f. (Hervorhebung von Gurvitch).

Zeit als eine Form sozialer Zeit betrachtet wird. Sie erscheint auch nicht unter den Typen sozialer Zeit, die an Bewegungsdimensionen orientiert sind. Innerhalb seiner konkreten Analysen von Klassen[168] und Gesellschaften[169] wird quantitative Zeit jedoch als sozial relevante Zeit berücksichtigt, obwohl im Maß ihrer Berücksichtigung ihre weitreichende Bedeutung nicht zum Ausdruck kommt.

2.2.7. Wilbert E. Moore (1963)

Wilbert E. Moores Buch „Man, Time and Society" unterscheidet sich von den übrigen in diesem Kapitel behandelten Schriften. Es ist ein sehr locker geschriebener Text, den Moore mit Hilfe finanzieller Unterstützung durch eine Lebensversicherungsgesellschaft während eines Sommers verfaßte. Ihm geht die Gedankenschwere der anderen Schriften ab, die vornehmlich aus der Diskussion der philosophischen Dimension in der Zeitproblematik herrührt. Die Frage der Definition des Begriffs „Zeit", die meist mit Rückgriffen auf die Vielfalt philosophischer Traditionen verbunden wird, handelt Moore in noch nicht einmal fünf Zeilen ab: „The essence of time is rhythm and recurrence, according to A. N. Whitehead." Die Definition dieses naturwissenschaftlich orientierten Philosophen relativiert er durch die Aussage eines Physikers: „The *sense* of time, however, might not occur from purely repetitive cycles. Richard Schlegel argues that *change* therefore is also an essential component of temporal conceptions"[170]. Hier ist auf keinen Fall ein Einfluß von Bergson oder anderen Philosophen mit ähnlichen Ansichten zu erkennen. Die Vorstellung von Wiederkehr ist etwa mit dem vorwärtsdrängenden Strom des Bewußtseins, in dem gleiche Zustände nicht vorfindbar sind, unvereinbar.

Der eigentliche Gegenstand von Moores Schrift ist die zeitliche Dimension auf den verschiedenen sozialen Ebenen. Ein Schema für seine Darstellung leitet er aus der Definition Whiteheads ab. Schlüsselbegriffe sind dabei einerseits „Synchronisierung", „Folge" und „Geschwindigkeit" („synchronization", „sequence", „rate"), die anhand sozialer Aktivitäten konkretisiert werden sollen, andererseits der Terminus „timing"[171], der eine Art Oberbegriff für diese drei Dimensionen darstellt, weil er jede Art zeitlicher Ordnung von Aktivitäten bezeichnet. Mit Hilfe dieser Begriffe stellt Moore zeitliche Ordnungen in Arbeitszeit und Freizeit, im individuellen Leben, in der Familie, in der Verwaltung, in freiwilligen Organisationen, in der Großstadt, in der Wirtschaft, im Staat und, dies natürlich fast ausschließlich spekulativ, im Universum dar. Diese Darstellungen sind sehr wirklichkeitsnahe; manche Kapitel bestehen fast nur aus aneinandergereihten Beispielen, die einen guten Einblick in das amerikanische Alltagsleben vermitteln, aber bisweilen auch reichlich trivial erscheinen[172].

---

[168] Vgl. ebd., S. 393.

[169] Vgl. ebd., S. 411 und 417.

[170] Wilbert E. Moore, Man, Time and Society, New York – London 1965, S. 6 (Hervorhebung von Moore).

[171] Ebd., S. 8 (Bei Moore Hervorhebung aller vier Begriffe).

[172] Vgl. dazu beispielsweise ebd., S. 79 ff. den Abschnitt „Phasing of Family Cycles".

In seinen nahe am Detail bleibenden Beschreibungen sozialer Wirklichkeit berücksichtigt Moore auch die Uhr- und Kalenderzeit. Dennoch ordnet er die Uhr- und Kalenderzeit nicht der sozialen Zeit zu. Hier ist der Einfluß von Sorokin und Merton unverkennbar, deren 1937 publizierter Aufsatz über soziale Zeit ebenso wie Sorokins Buch „Sociocultural Causality, Space, Time" in den Literaturangaben aufgeführt werden. Der Begriff der sozialen Zeit kommt bei Moore nur an wenigen Stellen vor. In der Einführung erwähnt er den Begriff, indem er ihn durch ein Beispiel („completion of certain kinds of contests"[173]) charakterisiert. Daß Moore aber über das genannte Beispiel hinaus soziale Zeit generell auf konkrete Ereignisse einschränkt, darauf läßt eine Bemerkung schließen, in der die soziale Zeit mit der Kategorie „Geschwindigkeit" in Verbindung gebracht wird[174]. Die Vorstellung einer Geschwindigkeit der Zeit ist aber beispielsweise für die Uhrzeit, die durch gleichmäßigen Fluß gekennzeichnet ist, unhaltbar. Die Übernahme des Begriffs der sozialen Zeit von Sorokin und Merton bringt Widersprüche in die Analyse Moores. Denn der seiner Definition entsprechenden *sozialen* Zeit kommt keine überragende Bedeutung in seinen Beschreibungen der zeitlichen Dimension des *sozialen* Lebens zu. Moore spricht in seiner Darstellung fast durchgehend nur von „time", ohne eine einschränkende Erweiterung hinzuzufügen. Und für Zeit in diesem weiten Sinne sind seiner Ansicht nach durchaus naturwissenschaftliche Sichtweisen relevant, die auch für die Uhr- und Kalenderzeit bestimmend sind. So stellt er im Rahmen der Erörterung wichtiger zeitlicher Einheiten fest: „Perhaps the most nearly universal, and in a sense most ‚natural', temporal unit combines physiology and astronomy: the physiological need for sleep and the earth's rotation to produce day and night"[175]. Den wichtigen Stellenwert der Uhr- und Kalenderzeit stellt er gerade in seinen detaillierten Untersuchungen zur Synchronität von Handlungen in verschiedenen Lebensbereichen immer wieder heraus, und selbst die psychologische Zeit, die er durch Interesse oder Langeweile des Individuums definiert, ist für ihn „disciplined by conventional or objective time"[176].

Moore berücksichtigt in seinen Darstellungen sporadisch die Zeitvorstellungen sog. primitiver Gesellschaften. Er hat für diesen Zweck sogar „Human Relations Area Files", eine umfassende Sammlung ethnographischer Materialien, herangezogen. Aber sein eigentliches Interesse gilt der modernen amerikanischen Gesellschaft. Eine gewisse Fixierung auf diese moderne Industriegesellschaft führt ihn zu einer gravierenden Fehleinschätzung; sie betrifft eine Charakterisierung des Umgangs mit der Zeit. Denn Moore nimmt eine generelle Knappheit der Zeit an: „Over a long period, it is man's mortality, that makes of time the ultimate scarcity. Accumulation and storage are, in the strict sense, impossible, although certain kinds of time claims may be credited: for example, when an employee is permitted to accumulate sick leave or paid vacations. Time lost is never truly regained, although the effects of loss may be compen-

---

173 Ebd., S. 7.

174 Vgl. ebd., S. 146.

175 Ebd., S. 6.

176 Ebd., S. 7.

sated by greater intensity of use"[177]. Der Tod entbehrt zwar fast nie der Aura des existentiell Anrührenden. Aber dennoch muß er nicht mit Zeitknappheit in Verbindung gebracht werden. Gilt der Satz „Being finite, temporal units are also likely to involve scarcity relative to the wide potentiality of time-consuming wants and activities"[178]. wirklich universal? Sind es nicht gerade die Gesellschaften, in denen soziale Zeit im eingeschränkten Sinne, wie er von Sorokin und Merton vertreten wird, bestimmend ist, in denen Knappheit der Zeit keine konstante Wahrnehmung ist? Die folgenden Ausführungen Luhmanns differenzieren treffend die Pauschalaussage von Moore: „In einfachen Gesellschaften, in denen jeder im Prinzip alles miterlebt oder doch miterleben könnte, gibt es keine extreme Diskrepanz zwischen der Erwartung objektiven Geschehens und eigenen Erlebens. Das objektiv Mögliche ist im subjektiven Zeithorizont unterzubringen; es bleibt zugänglich. Die Abstimmung von Zeithorizont und Erwartungsstruktur ist in diesen Gesellschaften relativ leicht zu lösen, und daher wird ihre Zeit nicht knapp. ... Das Handeln hat typisch einen relativen festen Platz in der Zeitordnung, so wie es auch sachlich und sozial an die Familie gebunden und kaum disponibel ist, sondern in traditional geprägter Form abläuft"[179]. So zeigt die Behandlung der Frage von Zeitknappheit bei Moore, daß die ausschließliche Berücksichtigung moderner Gesellschaften zu voreiligen Generalisierungen über die sozial relevante Zeit führen kann.

2.2.8. Niklas Luhmann (1966–1977)

Wie kaum ein anderer deutschsprachiger Soziologe – Alfred Schütz mit seiner Schrift „Der sinnhafte Aufbau der sozialen Welt" vielleicht ausgenommen – hat Niklas Luhmann die zeitliche Dimension in seiner Konzeption berücksichtigt. Fast in allen seinen zahlreichen soziologischen Schriften kommt Zeit zur Sprache. Im Rahmen seiner Analyse, besonders in bezug auf von ihm sog. Generalisierungen, kennt er drei Hinsichten, die gleichrangig behandelt werden müssen: die sachliche, die soziale und die zeitliche Ebene[180]. Diese Ebenen

177 Ebd. S. 6.

178 Ebd., S. 7. Auf S. 17 ff. und 21 f. stellt Moore zwar Unterschiede von Zeitzwängen in „primitiven" und industriellen Gesellschaften dar, aber auch hier bleibt sein Ethnozentrismus deutlich erkennbar. So stellt er u.a. fest: „Time scarcity in some absolute sense may be greatest where man's relations with his environment are extremely insecure as the ordinary state of affairs. Thus many nonliterate or ‚primitive' groups have poorly developed techniques for providing sustenance and for the preservation of individual lives." (Ebd., S. 17)

179 Niklas Luhmann, Die Knappheit der Zeit und die Vordringlichkeit des Befristeten, in: Ders., Politische Planung, Opladen 1971, S. 149. Auch Stephen R. Marks und H. Nowotny halten die Knappheit der Zeit nicht für ein universales Phänomen. Vgl. dazu Stephen R. Marks, Multiple Roles and Role Strain: Some Notes on Human Energy, Time and Commitment, in: American Sociological Review 42 (1977), S. 928 sowie H. Nowotny, Time Structuring and Time-Measurement: On the Interrelation Between Timekeepers and Social Time, in: J. T. Fraser und N. Lawrence (Hrsg.), The Study of Time II, Berlin – Heidelberg – New York 1975, S. 325–342. Eine explizite Kritik an dieser Auffassung Moores findet sich bei Bergmann. Vgl. Bergmann, S. 166.

180 Vgl. dazu beispielsweise Niklas Luhmann, Wirtschaft als soziales System, in: Ders.,

werden analytisch getrennt, obwohl sie in einem Zusammenhang stehen. So kann z.B. durch Tradition[181] oder Normen[182] die Zeitdimension die Sozialdimension entlasten. Für wichtige Formen sozialen Handelns sieht Luhmann einen Vorrang des zeitlichen Faktors vor dem sozialen und dem sachlichen. Das trifft beispielsweise für Helfen zu, denn: „Immer ist wechselseitige Hilfe unter Menschen verknüpft mit dem Problem des zeitlichen Ausgleichs von Bedürfnissen und Kapazitäten"[183]. Und für wirtschaftliches Handeln, dem in modernen Gesellschaften oft eine Art Primat unter den Formen sozialen Handelns zugesprochen wird, gilt dies nach Luhmann ebenfalls, da Wirtschaft durch ihre Ausrichtung auf die Zukunft bestimmt wird, „durch Eröffnung, Erschließung und Pazifizierung einer Zukunft dieser Gegenwart einen Spielraum für Dispositionen und damit auch für Rationalität erschließt"[184].

Trotz dieses ständigen Bezugs auf zeitliche Dimensionen im Rahmen seiner vornehmlich funktionalistischen Analyse wird das Phänomen „Zeit" oft nur in Randbemerkungen thematisiert. Eine der Ausnahmen ist ein längerer Abschnitt in der Schrift „Vertrauen" (1968). Dort legt er sich auf eine Definition von Zeit fest. „Allem menschlichen Zeiterleben liegt als in der Reflexion erreichbarer letzter Befund ein Erleben von Dauer trotz Wechsels von Impressionen zugrunde. Dieser Befund bietet, was immer er sein mag, der Interpretation zwei entgegengesetzte Ansatzpunkte: die Dauer und der Wechsel"[185]. In diesem Zitat scheint der Einfluß Bergsons durchzuschimmern, der in der Erlebnishaftigkeit der Zeit besteht. Und dieser Einfluß wird auch in einer dazugehörigen Fußnote deutlich, die noch zusätzlich in zweifacher Hinsicht von Belang ist. Die Fußnote lautet: „*Bergson* und *Husserl* nennen diesen Befund schon Zeit"[186]. Sie nennt mit Husserl die weitere wichtige Figur in den Erwägungen Luhmanns zur Zeitproblematik, und sie belegt, daß durch Dauer und Wechsel Zeit noch nicht endgültig bestimmt ist. Luhmann fährt im Text fort: „Aus diesem Befund wird durch einen Prozeß intersubjektiver Konstitution die ‚objektive Zeit' gebildet als ein für alle Menschen gleiches Kontinuum von Zeitpunkten, in dem etwas dauern oder wechseln kann, das aber selbst gegen diesen Unterschied

Soziologische Aufklärung, 4. Aufl., Opladen 1974, S. 214 f.; Niklas Luhmann, Soziologie als Theorie sozialer Systeme, in: Ders., Soziologische Aufklärung, 4. Aufl., Opladen 1974, S. 121 f.; Niklas Luhmann, Einfache Sozialsysteme, in: Ders., Soziologische Aufklärung 2, Opladen 1975, S. 27; Niklas Luhmann, Die Knappheit der Zeit und die Vordringlichkeit des Befristeten, S. 144 f.

181 Vgl. Niklas Luhmann, Reflexive Mechanismen, in: Ders., Soziologische Aufklärung, 4. Aufl., Opladen 1974, S. 92 (Der Aufsatz erschien erstmals 1966 als Beitrag in einer Zeitschrift (Soziale Welt 17 (1966), S. 1—23) und ist damit die früheste in diesem Abschnitt berücksichtigte Arbeit. Auch andere genannte Aufsätze in den Sammelbänden „Soziologische Aufklärung", „Soziologische Aufklärung 2" sowie „Politische Planung" sind Wiederabdrucke).

182 Vgl. Niklas Luhmann, Vertrauen, Stuttgart 1968, S. 64, Fußn. 3.

183 Niklas Luhmann, Formen des Helfens im Wandel sozialer Bedingungen, in: Ders., Soziologische Aufklärung 2, Opladen 1975, S. 135.

184 Luhmann, Wirtschaft als soziales System, S. 206.

185 Luhmann, Vertrauen, S. 7 f.

186 Ebd., S. 8, Fußn. 2 (Hervorhebung von Luhmann).

neutral ist. Die Paradoxie dieses Unterschiedes wird also gleichsam durch den Zeitbegriff unterlaufen, aber sie bleibt erhalten als Gegensatz zweier einander ausschließender Weisen der Identifikation in der Zeit"[187]. Die Wendung „Prozeß intersubjektiver Konstitution", mit der Luhmann das Entstehen der objektiven Zeit charakterisiert, zeigt den Eindruck der Theorie des symbolischen Interaktionismus, die wichtige Impulse aus der Philosophie Husserls aufgenommen hat, und muß als eine in diesem Ansatz gängige Formel betrachtet werden. Zentral für unseren Gedankengang ist aber, daß Luhmann wie Bergson vom Erleben ausgeht, dann jedoch die individuellen Erlebnisse gleichsam kollektiviert und so zu „objektiver", d.h. gesellschaftlich relevanter Zeit gelangt, die er, im Gegensatz zu Bergson, als „eigentliche" Zeit betrachtet. Aber im Werk Luhmanns sind auch Stellen zu finden, in denen Zeit als lediglich im Erlebnis fundiert dargestellt wird und in denen soziale Prozesse nicht mehr berücksichtigt werden. So schreibt er in seiner Studie „Legitimation durch Verfahren" (1969): „Man kann das Verhältnis von System und Zeit, also auch von Verfahren und Zeit, nicht zureichend begreifen, wenn man einen objektiven, alle Zeitpunkte aufreihenden und egalisierenden Zeitbegriff voraussetzt. Man muß vom stets gegenwärtigen Zeiterleben ausgehen . . ."[188].

Dem Problem, ein für die Analyse moderner Gesellschaften brauchbares Zeitkonzept zu finden, ist Luhmanns Aufsatz „The Future Cannot Begin: Temporal Structures in Modern Society" (1976) gewidmet. Dort versucht er eine Synthese verschiedener Ansätze. Er unterscheidet dabei Chronologie („chronology") und Zeit („time"[189]), die beide zusammen seine Zeitkonzeption bilden. Die Chronologie ist ohne Zweifel ein eindimensionales Schema; Zeit scheint die Möglichkeit vielfältiger Ausformung in sich zu bergen: „Accordingly, we may have several times and one integrating chronology"[190]. Doch beschränkt sich auch sein Begriff der Zeit auf eine Dimension; „. . . I propose to define time as the interpretation of reality with regard to the difference between past and future"[191]. Die verschiedenen Formen der Zeit sind also auf hinsichtlich Länge und Durchgliederung unterschiedliche Ausprägungen von Vergangenheit und Zukunft beschränkt. Ein besonderes Gewicht kommt nach Luhmann innerhalb der Zeit der Gegenwart als Bezugspunkt für Vergangenheit und Zukunft zu. Zentrale These („central thesis") seiner Ausführungen soll sein: „that the *relevance* of time . . . depends upon the capacity to mediate relations between past and future in a present", und er fügt hinzu: „All temporal structures relate to a present"[192]. Diese Betonung der Gegenwart ist ein Einfluß von George Herbert Meads „Philosophy of the Present"[193]. Mead gab der Gegen-

[187] Ebd., S. 8.

[188] Niklas Luhmann, Legitimation durch Verfahren, Neuwied – Berlin 1969, S. 232.

[189] Niklas Luhmann, The Future Cannot Begin: Temporal Structures in Modern Society, in: Social Research 43 (1976), S. 135.

[190] Ebd.

[191] Ebd.

[192] Ebd., S. 137 (Hervorhebung von Luhmann).

[193] George Herbert Mead, The Philosophy of the Present, hrsg. von Arthur E. Murphy, London 1932.

wart eine Präferenz vor Vergangenheit und Zukunft. Der Grund der Präferenz ist bei Mead ein erkenntnistheoretischer; Gegenwart ist für Mead die Zeit, in der allein Realität existiert. Nicht Gegenwart als Zeit des Erlebens und Fühlens ist für ihn zentral, wie das bei Bergson der Fall war. Von Bergsons „Irrationalismus"[194] distanziert sich Mead ausdrücklich.

Es lassen sich bei Luhmann gewisse Diskrepanzen in der Verwendung des Zeitbegriffs feststellen. Wir sahen dies in den einander widersprechenden Ausführungen zur Fundierung der Zeit. Luhmann bedient sich verschiedener, miteinander nicht kompatibler Zeitbegriffe. Er prüft sozusagen die vorhandenen Zeitkonzeptionen auf ihre Brauchbarkeit für die soziologische Analyse durch[195]. Dies zeigt sich auch in der Frage der Vielfalt sozialer Zeit. In: „The Future Cannot Begin: Temporal Structures in Modern Society" wurde diese Vielfalt auf die Dimension: Vergangenheit – Gegenwart – Zukunft beschränkt. In „Funktion der Religion" (1977) etwa diskutiert er zusätzlich Linearität und Zyklik[196]. Der Vorwurf, der vor allem Sorokin traf, nämlich die Bedeutung der homogenen, naturwissenschaftlich bestimmten Zeit durchgehend herabgemindert zu haben, darf Luhmann nicht gemacht werden. Er entwickelt sogar einige sehr wichtige Implikationen neuzeitlicher Zeitvorstellungen, die zuvor nicht berücksichtigt worden waren. In seiner Schrift „Zweckbegriff und Systemrationalität" (1968) konstatiert er für die Moderne eine Leere der Zeit; die Zeit hat sich nicht nur von den Zwecken gelöst, mit der sie in primitiven Gesellschaften verbunden war. Sie hat sich auch von den Werten gelöst. Es gibt keinen Kairos mehr, und Zeit verliert so die Fähigkeit, bestimmte Arten der Komplexität zu reduzieren. Aber durch ihre Distanz zu allen Zwecken und Werten gewinnt die Zeit eine neue Fähigkeit, sie wird „zur endlos-zwecklosen Notwendigkeit, Unbestimmtes zu bestimmen"[197]. Luhmann verfolgt diesen Gedanken leider nicht, sondern führt diese Überlegungen in systemtheoretische Erörterungen über. Aber er ließe sich dergestalt konkretisieren, daß leere Zeitvorstellungen ein Raster für all das Neuartige, das Überraschende, die Ergebnisse von Wandlungsvorgängen, Erfindungen, Entdeckungen, wissenschaftlichen Revolutionen usw. abgibt. Luhmann greift die Thematik „eines relativ kontextfreien Zeithorizontes"[198] an anderer Stelle wieder auf und stellt sie in den Zusammenhang mit der zunehmenden Differenzierung der modernen Gesellschaften. Diese differenzierten Gesellschaften haben jede ihre eigene Systemgeschichte, sind jedoch auch zur Kommunikation mit den anderen Gesellschaften gezwungen, was deren Systemgeschichte zu einem notwendigen Thema macht. Die

---

194 George Herbert Mead, Henri Bergson, in: Ders., Sozialpsychologie, eingel. und hrsg. von Anselm Strauss, Neuwied – Berlin 1969, S. 391.

195 Vgl. dazu auch Niklas Luhmann, Weltzeit und Systemgeschichte, in: Ders., Soziologische Aufklärung 2, Opladen 1975, S. 109. Dort entwickelt er einen auf seine Art systemtheoretischer Analyse hin zugeschnittenen Begriff des Zeitbewußtseins. Er kommentiert diese Definition: „Diese sehr abstrakte Ableitung des Zeitbegriffs läßt sehr verschiedenartige Formen des Zeitbegriffs offen, die, wie wir wissen, mit Gesellschaftsstrukturen variieren." (Ebd.)

196 Vgl. Niklas Luhmann, Funktion der Religion, Frankfurt/M. 1977, S. 165.

197 Niklas Luhmann, Zweckbegriff und Systemrationalität, Tübingen 1968, S. 33.

198 Luhmann, Weltzeit und Systemgeschichte, S. 110.

Berücksichtigung dieser verschiedenen Systemgeschichten macht eine „Weltzeit"[199] notwendig, die in der modernen Uhr- und Kalenderzeit realisiert ist. Sie ist nach Luhmann nicht nur durch das Merkmal „Homogenität" ausgezeichnet, sondern auch durch drei weitere Merkmale, die nicht durch naturwissenschaftliche Zwecksetzungen mitbestimmt, sondern aus dem Erfordernis des kulturellen Austausches abgeleitet sind: „*Reversibilität*, das heißt gedankliche Rückrechenbarkeit trotz irreversiblen Verlaufs ... *Bestimmbarkeit* durch Datierung und Kausalität ... *Transitivität* als Bedingung des Vergleichs verschieden liegender Zeitstrecken"[200].

2.2.9. David F. Pocock (1964) und E. R. Leach (1961)

Auch bei modernen Ethnologen finden wir Darstellungen zur Zeitproblematik, in denen Parallelen zu Bergson deutlich werden. So ordnet David F. Pocock in seinem Aufsatz „The Anthropology of Time-Reckoning" dem Individuum Dauer („duration"), der Gesellschaft Zeitrechnung („time-reckoning") zu. „As a temporal conclusion we can suggest that the relation of the individual person or the individual group to the larger whole is intimately related to the relation between time-reckoning and mere duration"[201]. Aus diesem Zitat wird nicht nur die oben genannte Zuordnung deutlich, sondern auch ein eigenartiger Individuumsbegriff kommt in das Blickfeld, wenn er von „individual group" spricht. Er bemerkt dazu: „Provisionally we come to a sociological use of the term individual, whether person, group or event, by relating it to the term duration ... The use of the term *individual* here to refer to the human experience of particularity and uniqueness should not be confused with the normal sense of (valued) Individual as it is used in everyday English"[202]. Pocock macht in einer Fußnote[203] darauf aufmerksam, daß er für seine Bedeutung noch keinen anderen Begriff als den des Individuums gefunden hat, der leicht fehlinterpretiert werden kann. Wichtig erscheint ferner in diesem Zitat der Hinweis Pococks auf die Besonderheit und Einzigartigkeit, durch die das Individuum gekennzeichnet ist. Diese Züge charakterisieren nach Bergson die einzelnen Momente der Dauer. Sie sind auch nach Pocock die Brücke zwischen Individuum und Dauer, und durch diese Züge wird der eigentliche Gegensatz zum Sozialen hergestellt. Pocock resümiert: „Here the recognition of the individual is simply the recognition of the effects of duration and it is duration and not the individual which is put in opposition to the social"[204]. Pocock zielt mit seinem Ansatz auf die Erfassung spezifischer Züge der indischen Geisteswelt. Auf diese Intention soll hier lediglich hingewiesen werden, Details sind für unseren Zusammenhang bedeutungslos.

---

199 Ebd., S. 111.

200 Ebd. (Hervorhebung von Luhmann).

201 David F. Pocock, The Anthropology of Time-Reckoning, in: Contributions to Indian Sociology 7 (1964), S. 22.

202 Ebd., S. 25 (Hervorhebung von Pocock).

203 Vgl. ebd., S. 26, Fußn. 18.

204 Ebd., S. 25 f.

In einer ganz rigorosen Anlehnung an die Grundkonzeption von Bergson, dessen Name in der Publikation jedoch nicht ein einziges Mal fällt, hat noch 1961 der englische Ethnologe E. R. Leach in seinen „Two Essays concerning the Symbolic Representation of Time"[205] die Zeitfrage dargestellt. Er konstatiert zunächst, daß unter dem Begriff der Zeit zwei grundverschiedene Erfahrungen subsumiert werden, nämlich „a) daß sich bestimmte Phänomene der Natur wiederholen, b) daß der Lebensprozeß irreversibel ist"[206]. Um die „richtige" Vorstellung von Zeit zu kennzeichnen, fährt er fort: „Nun ist es eine Tendenz unserer modernen und aufgeklärten Ansichten, die Betonung auf den zweiten dieser beiden Aspekte der Zeit zu verlegen"[207]. In dieser Festlegung entspricht die von ihm favorisierte Zeitform zunächst in einer Hinsicht Bergsons Vorstellungen: Das irreversible Voranschreiten der Zeit ist ein Analogon zur Unumkehrbarkeit des Bewußtseinsstroms. Leach gesteht zu, daß in „unserer konventionellen Denkweise"[208] die Vorstellung von einer Wiederholung bevorzugt wird, da „diese Irreversibilität der Zeit psychologisch sehr unangenehm ist"[209]. Um den Tod nicht zu dem absolut negativen Sachverhalt zu machen, der er faktisch ist, folgt in den Vorstellungen vieler Religionen dem Tod eine neue Geburt. Dieses Hin und Her zwischen Tod und neuer Geburt wird auch in die Zeitvorstellungen hineingetragen als „Abfolge von Oszillationen zwischen polaren Gegensätzen: Tag und Nacht, Winter und Sommer, Trockenheit und Überschwemmung, Alter und Jugend, Leben und Tod"[210]. Die Zeitintervalle aber, die durch die polaren Ereignisse abgegrenzt werden, gleichen den Elementen der homogenen Zeit[211]. Ganz im Sinne von Bergson sieht Leach diese Strecken in einem Zusammenhang mit der Möglichkeit des Messens. Die dezidierte Ablehnung von geometrischen Vorstellungen der Zeit (Linie oder Kreis[212]) erinnert an Bergsons Mißbilligung der Verräumlichung von Zeit.

Leach kennt wie Bergson zwei Formen der Zeit, die er, wie dieser ‚unterschiedlich bewertet; nur abgestuft kommt beiden Formen die Kennzeichnung „Zeit" zu. Nach Leach sollte man „gar nicht ... versuchen, ..., die beiden Aspekte der Zeit in einer Kategorie zu vereinen"[213]. Aber diese für beide Aspekte gemeinsame Kategorie ist – auch hier zeigen sich deutliche Parallelen

---

[205] E. R. Leach, Two Essays concerning the Symbolic Representation of Time, in: Ders., Rethinking Anthropology, London 1966 (zuerst 1961), S. 124–136. Ich zitiere im folgenden aus der deutschen Übersetzung: E. R. Leach, Zwei Aufsätze über die symbolische Darstellung der Zeit, in: Wilhelm E. Mühlmann und Ernst W. Müller (Hrsg.), Kulturanthropologie, Köln – Berlin 1966, S. 392–408.

[206] Ebd., S. 393.

[207] Ebd.

[208] Ebd., S. 394.

[209] Ebd., S. 393.

[210] Ebd.

[211] So führt er etwa aus: „In unserer konventionellen Denkweise ist jeder Zeitintervall durch Wiederkehr ausgezeichnet, er hat einen Anfang und ein Ende, die ‚das gleiche Ding' sind – das Ticken der Uhr, der Sonnenaufgang, der Neumond, der Neujahrstag ..." (Ebd., S. 394).

[212] Vgl. ebd., S. 394 f.

[213] Ebd.

zu Bergson – im und für den sozialen Bereich geschaffen worden. Leach zählt Zeit unter Hinweis auf Hubert und Mauss „zu den Kategorien, die wir für erforderlich halten, weil wir soziale Lebewesen sind, und nicht auf Grund irgendwelcher empirischer Tatbestände in unserer objektiven Erfahrung der Welt“[214]. Für den Sozialwissenschaftler ist die gemeinsame Fundierung der Kategorie „Zeit“ im Sozialen und die gemeinsame Funktion als Ordnungssystem von überragender Bedeutung. Wenn auch der von Leach betonte Widerspruch zwischen „Wiederkehr“ und „Nicht-Wiederkehr“ im Zeitbegriff nicht zu leugnen ist, sollte es keine Aufgabe des Sozialwissenschaftlers sein, eine Entscheidung zwischen beiden Zeitformen zu treffen. Dann gerät er leicht in den weltanschaulichen Bereich, wo wissenschaftliche Klärungen nur sehr beschränkt möglich sind. Aber eben seine weltanschaulichen Positionen sind letztlich der Grund für Leachs Präferenz der linearen Zeit. Es ist seine kritische Beurteilung der Religion, die ihn die zyklische Zeit ablehnen läßt. „Die Einbeziehung so großer Gegensätze in eine Kategorie wie die Zeit wird von der Religion bewirkt, nicht vom common sense. Nacht und Tag, Leben und Tod sind logisch gleiche Paare lediglich in dem Sinne, daß beide Paare von Gegensätzen sind. Es ist die Religion, die sie gleichsetzt und uns dabei zu einem Denken verführt, in dem der Tod als die Nachtzeit des Lebens erscheint, was die Vorstellung nahelegt, daß sich nicht-wiederkehrende Ereignisse tatsächlich wiederholen“[215]. Leach geht bei seiner Entscheidung für den Vorrang der linearen Zeit von den „modernen und aufgeklärten Ansichten“ aus. Aber er stellt zu wenig in Rechnung, daß die gesamte Zeitmessung, auch die moderne und modernste, auf wiederkehrenden Einheiten basiert. Nicht nur der Aufgang der Sonne, sondern auch die Schwingungen des Cäsiumatoms, nach denen neuerdings die Sekunde bestimmt wird, sind wiederkehrende Ereignisse. Und weitgehend nur aufgrund von Zeitmessung ist eine Durchgliederung auch linearer Zeitvorstellungen möglich.

2.3. Kulturhistorischer Aufweis des sozialen Charakters der neuzeitlichen mathematisierten Uhrzeit und der Kalenderzeit

In der gemeinsamen Arbeit von Sorokin und Merton aus dem Jahre 1937, in Sorokins Schrift von 1943 sowie bei Moore wurde ein eingeschränkter Begriff der sozialen Zeit festgestellt. Schütz und Gurvitch schrieben der gemessenen Zeit lediglich eine untergeordnete Bedeutung im sozialen Leben zu. Auch bei MacIver war eine derartige Tendenz festzustellen. Leach wollte zyklische Zeitvorstellungen aus dem Begriff „Zeit“ ausklammern. Nach der Auffassung, die in dieser Arbeit vertreten wird, sind Zeit wie soziale Zeit umfassende Phänomene. Und die soziale Zeit umfaßt vor allem jene Formen, die mehrere Autoren aus dem Bereich der Zeit oder der sozialen Zeit auszuklammern versuchten oder vernachlässigten, nämlich die an den Naturwissenschaften orientierten Zeitvorstellungen, in denen das Quantitative, das Homogene, unendlich Teil-

[214] Ebd., S. 394.

[215] Ebd., S. 395 (Bei Leach Hervorhebung von „Die Zeit“ und „common sense“).

bare, das Kontinuierliche dominieren. Die so ausgerichtete Zeit ist soziale Zeit, weil sie Teil der Kultur ist.

Es soll noch gezeigt werden, wie Elemente dessen, was Bergson als „Zeit der Außenwelt" bezeichnen würde, in primitiven Kulturen wirksam werden. Aber am deutlichsten läßt sich die Bedeutung dieser Zeitvorstellungen in den modernen Industriegesellschaften demonstrieren, wo gemessene Zeit wie Geld einen materiellen Wert besitzt und in ihrer Funktion als „universales Esperanto" unentbehrlich geworden ist. Vom Ausgang des Mittelalters bis in unsere Tage gewinnt mathematisch bestimmte Zeit im europäischen Kulturraum immer mehr an Bedeutung[216], erfaßt immer weitere Kreise der Bevölkerung und bestimmt immer mehr Lebensbereiche.

2.3.1. Zur wachsenden Genauigkeit und Verbreitung der Uhren seit dem Mittelalter

Ein wichtiger Schritt zur Mathematisierung der Zeitrechnung vollzog sich im 15. Jahrhundert[217]. In dieser Zeit setzte sich die Einteilung des Tages in 24 gleich lange Stunden durch. Vorher war die Zeit der Tageshelle in 12 gleiche Teile unterteilt worden, so daß zu jeder Jahreszeit die Stunden unterschiedlich lang waren. Ferner mußte jeden Tag die Länge der Pendelschnur geändert werden, was bei den damaligen Möglichkeiten der Messung in der Regel zu Ungenauigkeiten führte. Was auch immer die Gründe für die Änderung gewesen sind (die meisten von Korenbaum aufgezählten Gründe[218] wie ein Trend vom Ackerbau zur Industrialisierung oder die Verlagerung der religiösen Aktivitäten aus jahreszeitlichen Festen in das tägliche Gebet erscheinen entweder historisch unzutreffend oder sachlich nicht zwingend für die Einführung gleich langer Stunden zu sein), von Bedeutung ist, daß durch die Einteilung des Tages in 24 gleich lange Stunden die gemessene Zeit in doppelter Hinsicht mathematisiert wurde. Einmal wurden homogene Zeitteile festgelegt, und weiter wurde die Messung kleiner Zeiteinheiten wie Minuten und Sekunden erleichtert.

Eine mechanische Uhr wurde im Abendland zum ersten Mal zwischen 1277 und 1300 gebaut[219]. Vorher waren – vor allem in den Klöstern, in denen Pünkt-

[216] Die einzige mir bekannte Äußerung, in der behauptet wird, die physikalische Zeit habe mit der Industrialisierung an Bedeutung verloren, stammt von Arnold Hauser. Hauser ist der Auffassung, daß im 16. und 17. Jahrhundert ein mechanistischer und mathematischer Zeitbegriff dominiert habe, dessen Position mit der Industrialisierung von organizistischer Zeit eingenommen worden sei. Vgl. dazu Arnold Hauser, Der Begriff der Zeit in der neueren Kunst und Wissenschaft, in: Merkur 9 (1955), S. 803 f.

[217] Vgl. dazu Nilsson, S. 44 sowie Myrtle Korenbaum, Translator's Preface, zu: Georges Gurvitch, The Spectrum of Social Time, Dordrecht 1964, S. XXV. Ahasver von Brandt stellt zwar in Übereinstimmung mit den genannten Autoren fest, daß im Mittelalter von der Jahreszeit abhängige Stundendauern üblich waren. Er weist aber auch darauf hin, daß schon die Antike 24 gleich lange Stunden kannte. Vgl. dazu Ahasver von Brandt, Historische Grundlagen und Formen der Zeitrechung, in: Studium Generale 19 (1966), S. 721.

[218] Vgl. dazu Korenbaum, S. XXV.

[219] Vgl. Jean Gimpel, Die industrielle Revolution des Mittelalters, Zürich – München 1980, S. 151.

lichkeit eine wichtige Tugend war[220] und in denen Uhren traditionell eine große Rolle als Anzeiger der sieben Gebetszeiten am Tage spielten[221] – neben Kerzenuhren[222] vornehmlich Wasseruhren[223] im Gebrauch gewesen. Wasseruhren, im Altertum clepsydra genannt, sind schon im Alten Ägypten um 1600 v.Chr. nachgewiesen[224]. Eine der Schwächen von Wasseruhren bestand darin, daß sie in nördlichen Breiten bei strengem Frost durch das Einfrieren des Wassers unbrauchbar wurden. Die ersten mechanischen Uhren waren nicht sonderlich präzise Instrumente. E. P. Thompson, der die Geschichte der Uhr und der Uhrzeit vom Mittelalter bis zum 19. Jahrhundert vor allem für England detailliert beschrieben hat[225], bemerkt, daß zum Ende des 16. Jahrhunderts bereits die meisten englischen Gemeinden eine Kirchenuhr besaßen, neben der sie aber bis zum 19. Jahrhundert häufig die Sonnenuhr beibehielten, zum Teil deshalb, um die mechanische Uhr nach ihr stellen zu können[226].

Wichtig für die Durchsetzung der Uhrzeit war die Entwicklung der Uhrentechnik in bezug auf Ganggenauigkeit und Massenproduktion. Bereits im 18. Jahrhundert war eine hohe Ganggenauigkeit möglich. So behauptete 1730 ein englischer Uhrmacher aus Lincolnshire, eine Uhr konstruiert zu haben, die im Jahr nicht mehr als eine Sekunde nachgehe. Die Verbreitung der Uhr in Form von Haus- und Taschenuhren nahm zwar ständig zu. Unter den Käufern dominierten aber immer noch die Angehörigen jener bürgerlichen Kreise, deren Tageslauf schon im Mittelalter, als sie kommunale Turmuhren bauen ließen[227], von der Uhr bestimmt wurde. Bis zum Ende des 18. Jahrhunderts scheint der Besitz einer Uhr den ärmeren Bevölkerungskreisen nicht möglich gewesen zu sein. Das ändert sich nach 1790: „Wand- und Taschenuhren finden nun allgemeine Verbreitung, und zwar erwartungsgemäß genau in dem Moment, in dem die industrielle Revolution eine höhere Synchronisierung der Arbeit verlangt"[228].

---

[220] Vgl. Rudolf Wendorff, Zeit und Kultur, Opladen 1980, S. 105.

[221] Darauf wird besonders hingewiesen durch Mumford. Vgl. Lewis Mumford, Technics and Civilization, New York 1943, S. 12 ff.

[222] Vgl. dazu Walter Hough, Time-keeping by Light and Fire, in: The American Anthropologist 6 (1893), S. 209 sowie Wendorff, S. 141.

[223] Vgl. Gimpel, S. 150 sowie Mumford, S. 13.

[224] Vgl. H. Alan Lloyd, Timekeepers – An Historical Sketch, in: J. T. Fraser (Hrsg.), The Voices of Time, New York 1966, S. 389.

[225] Vgl. E. P. Thompson, Zeit, Arbeitsdisziplin und Industriekapitalismus, in: Rudolf Braun u.a. (Hrsg.), Gesellschaft in der industriellen Revolution, Köln 1973, S. 81–112. Zahlreiche Details in diesem Abschnitt stützen sich auf die Darstellung Thompsons.

[226] Vgl. ebd., S. 85.

[227] Vgl. Rudolf Rezsoházy, Temps social et développement, Brüssel 1970, S. 226 f.

[228] Thompson, S. 87. Zum Zusammenhang von Arbeitsteilung und Pünktlichkeit vgl. auch Halbwachs, Das kollektive Gedächtnis, S. 79.

2.3.2. Uhrzeit als meßbare, homogene sowie leere Zeit und Industrialisierung

Die weitere Verbreitung der Uhr bis in unsere Tage, wo die Armbanduhr zu einer Art Kleidungsstück geworden ist, ist nur noch graduell von Bedeutung. Die sich immer stärker durchsetzenden Digitaluhren lenken unseren Blick noch mehr als Uhren mit Ziffern, Strichen und Zeigern, die vor allem die Beachtung der Zeit innerhalb einer Fünfminutenspanne nahelegen, auf die einzelne Minute[229]. Die Relativität der sozialen Bedeutung dieses Fortschritts im Uhrenbau zeigt sich u.a. auch darin, daß gleichzeitig Armbanduhren ohne Zifferblatt angeboten werden. Sie könnten, zumal es sich bei diesen Uhren überwiegend um teure Objekte für Frauen handelt, für weibliche Angehörige der oberen Mittelschicht und der Oberschicht gedacht sein, die damit die Zugehörigkeit zu einer Art „leisure class" im Sinne Thorstein Veblens demonstrieren können, in der nicht mit der Minute gegeizt werden muß. Diese Vielfalt von Uhren hat jedoch keine gravierenden Folgen für unseren Alltag. Ähnliches gilt für die heute erreichte Präzision von Uhren. Die genaueste Uhr der Welt befindet sich in der Physikalisch-Technischen Bundesanstalt in Braunschweig; frühestens in fünf Millionen Jahren ist eine Unsicherheit von einer Sekunde möglich. Doch auch derart extreme Genauigkeiten bringen keine Umwälzung für das soziale Leben. Aber ein solcher qualitativer Umschlag in der Bedeutung der Uhr ist eindeutig mit dem Einsetzen der industriellen Produktionsweise zu beobachten. Bis zu dieser Epoche regelte die Uhr das Leben in den Klöstern, teilweise auch den bürgerlichen, insbesondere den kaufmännischen Alltag. Für viele Besitzer war die Uhr jedoch vor allem eine technische Spielerei gewesen. Ihr kam auch bereits früh bei Massenvergnügungen Bedeutung zu. So sollen schon 1663 die Zeiten bei Pferderennen in Bruchteilen von Minuten gemessen worden sein[230]. Mit der Industrialisierung jedoch wird die Uhr zur Voraussetzung für eine die gesamte Kultur durchdringende Änderung im ökonomischen Bereich. Von Mumford stammt der oft zitierte Satz: „The clock, not the steam-engine, is the key-machine of the modern industrial age"[231]. Er wollte die Sentenz in erster Linie dahingehend verstanden wissen, daß die Uhr im technischen Sinn Vorbild für andere Maschinen und in ihrer Präzision beispielhaft war. Aber Mumford sieht auch die Bedeutung der Uhr für die Arbeitsorganisation, die die Uhr zu einer wichtigeren grundsätzlichen Bedingung für die Industrialisierung werden läßt, als es die Dampfmaschine werden konnte.

Betrachten wir die Zeiteinteilung vor der Industrialisierung, um davon deutlicher die Zeiterfordernisse im industriellen Bereich abheben zu können. Sowohl in der Landwirtschaft als auch im Handwerk herrschte aufgabenbezogene

---

[229] Hier stehe ich im Widerspruch zu Wendorff: Er nimmt an, daß die Dominanz von Digitaluhren zur „Schwächung des in Jahrhunderten errungenen, vielfältigen und intensiven Zeitbewußtseins" führt (Wendorff, S. 545).

[230] Vgl. Henning Eichberg, Maß und Messen in der frühen Neuzeit. Der Sport als Beispiel, in: Rolf E. Vente (Hrsg.), Erfahrung und Erfahrungswissenschaft, Stuttgart – Berlin – Köln – Mainz 1974, S. 132.

[231] Vgl. Mumford, S. 14.

Zeit vor. Es ging nicht darum, acht oder zehn Stunden am Tag zu arbeiten, sondern ein Feld zu pflügen, ein Faß herzustellen, ein Kleidungsstück zu schneidern. Das erlaubte in einem gewissen Rahmen eine freie Zeiteinteilung; englische Handwerker scheinen dabei einen Arbeitsrhythmus bevorzugt zu haben, bei dem in der ersten Wochenhälfte wenig gearbeitet wurde (Sitte des „blauen Montags") und gegen das Wochenende um so mehr. Auch bei der Produktion in Heimarbeit konnte ein solcher individueller Rhythmus eingehalten werden, wenn etwa innerhalb von zwei Wochen eine bestimmte Menge an Tuch oder Nägeln abgeliefert werden mußte. Das änderte sich schlagartig mit der Einrichtung von Fabriken. Die Arbeit der vielen, die an einem Arbeitsgang beteiligt sind, verlangt die gleichzeitige Anwesenheit aller. Zu einem bestimmten Zeitpunkt muß die Arbeit aufgenommen und beendet werden. Den Rhythmus der Tätigkeit selbst geben die Maschinen an, die gleichmäßig ihre Arbeit verrichten und Individualismus in der Art der Arbeitsverrichtung kaum zulassen. Die Festlegung der Arbeitszeit, von Arbeitsbeginn und Arbeitsschluß geschieht durch astronomisch bestimmte Zeit. Die im Bereich der Industrie vorherrschenden Zeitvorstellungen besitzen auch Züge der mathematisch-physikalischen Zeit. Die Meßbarkeit steht im Vordergrund: Die Länge der Arbeitszeit war und ist zentraler Bestandteil der Vereinbarungen zwischen den Arbeitgebern und Arbeitnehmern. Der Rhythmus der Verrichtungen, vor allem die Zerlegung des Arbeitsprozesses in Handgriffe, schafft die Vorstellung von homogenen Zeiteinheiten, die den time-and-motion-studies zugrunde liegen[232]. Die Klagen von Bandarbeitern über die Monotonie der Verrichtungen zeigen die Widerspiegelung des Arbeitsrhythmus im Bewußtsein der Arbeitenden. Die Homogenisierung trifft auch für längere Zeiträume zu. Heute sind lange Monate von Arbeitszeit üblich, die nur durch die Wochenenden unterbrochen werden. Ihnen gegenüber steht mit dem Urlaub ein großer Freizeitblock. Die zahlreichen kirchlichen Feiertage, die im 13. Jahrhundert zusammengenommen die Dauer des heute tariflich abgesicherten Urlaubs erreichten[233], ließen eine solche Homogenität nicht zu. Man könnte, wenn man im Sinne Bergsons diese Fakten interpretieren wollte, feststellen, daß im Strom des Bewußtseins zwar keine identischen, aber sehr viele ganz ähnlich strukturierte Passagen vorkommen.

Aber auch unter anderen Aspekten wird das Zeitbewußtsein der Eigenart mathematisch-physikalischer Zeit angenähert. Arbeitszeit in der Industrie weist eine bestimmte Leere auf: Eine unspezialisierte Arbeitskolonne von zwanzig Mann, die pro Woche 40 Stunden arbeitet, stellt für den Arbeitgeber 800 leere Stunden dar, die an beliebigen Stellen und mit beliebigen unkomplizierten Ar-

[232] Vgl. Moore, S. 26; Maurice Halbwachs nimmt diese Gleichförmigkeit auch für die „Aktivität von Gruppen wie die Aktienbörse, die Industrie- und Handelsgesellschaften" (Halbwachs, Das kollektive Gedächtnis, S. 112) mit ihren fast stets gleichartigen Geschäften an.

[233] Vgl. dazu Moore, S. 33. De Grazia weist in diesem Zusammenhang darauf hin, daß der Protestantismus wegen seiner Ablehnung der Heiligenverehrung und der damit verbundenen Feiertage bereits eine Zeitstruktur entwickelte, die sich mit der Industrialisierung vollends durchsetzte. Vgl. Sebastian De Grazia, Of Time, Work, and Leisure, New York 1962, S. 291.

beiten zu füllen sind[234]. Die für die Durchführung von bestimmten Aufgaben erforderliche Zeit wird in den USA durch sog. man-hours bestimmt, wobei es im Prinzip gleichgültig ist, ob diese Stunden durch die schon beschäftigten Arbeitskräfte in der normalen Arbeitszeit oder in Überstunden, durch neu einzustellende Ganztags- oder Teilzeitkräfte oder durch „Leihpersonal" geleistet werden[235]. Und beim Blick auf den Lohnstreifen verlieren die Arbeitsstunden jegliche Qualität; sie werden zu einem rein quantitativen Phänomen, nämlich zum Multiplikationsfaktor mit dem Stundenlohn.

Der Wechsel von einer Zeitform, die an Aufgaben ausgerichtet war und daher eine individuelle Zeiteinteilung erlaubte und lediglich grob an astronomischen Phänomenen wie Sonnenaufgang, Mittag usw. orientiert war, zu der an der Uhr orientierten Zeit in der Industrie ging nicht ohne Spannungen vor sich. Ermöglicht wurde dieser kulturelle Wandel durch Maßnahmen äußerer Disziplinierung und durch Mechanismen der Internalisierung. Der in der Industrie geforderte Arbeitsrhythmus wurde in Arbeitsordnungen kodifiziert, deren Durchführung von Aufsehern überwacht wurde. Schon um 1700 finden wir ein System von Kontrollkarten, das bis heute in Form der sog. Stechkarten überlebt hat. Verstöße gegen die Arbeitsdisziplin wurden mit Geldstrafen, d.h. Lohnabzügen, geahndet. Eine Institution außerhalb der Industriebetriebe, die aber zu der von den Industriellen gewünschten Zeitdisziplin erzog, war die Schule, die diese Funktion heute noch wahrnimmt, wie die Einträge in deutschen Klassenbüchern zeigen. Thompson beschreibt den Verlauf und Erfolg dieses Disziplinierungsprozesses auf der Ebene des Betriebes folgendermaßen: „Der ersten Generation Fabrikarbeiter wurde die Bedeutung der Zeit von ihren Vorgesetzten eingebleut, die zweite Generation kämpfte in den Komitees der Zehn-Stunden-Bewegung für eine kürzere Arbeitszeit, die dritte schließlich für einen Überstundenzuschlag. Sie hatten die Kategorien ihrer Arbeitgeber akzeptiert und gelernt, innerhalb dieser Kategorien zurückzuschlagen. Sie hatten ihre Lektion – Zeit ist Geld – nur zu gut begriffen"[236].

Parallel zu den Disziplinierungsmaßnahmen verlief der Internalisierungsprozeß. Die geistige Welt des Puritanismus stellte die Ideologie, die notwendig war, um eine tiefgehende Internalisierung der neuen Zeitdisziplin zu bewirken. In Form von Moralpredigten und einer unübersehbaren Traktatenliteratur wurde zum klugen Haushalten mit der Zeit aufgefordert, damit auf Erden Wohlstand und im Jenseits das Heil erreicht werden könne. Die Zeit sei, so heißt es in einer dieser weitverbreiteten Broschüren, „die goldene Kette, an der die Ewigkeit hängt; der Verlust von Zeit ist unverzeihlich, denn er ist durch nichts wiedergutzumachen"[237]. Besonderer Nachdruck auf das Haushalten mit der Zeit wur-

---

[234] Vgl. dazu auch Herbert Marcuse, Der eindimensionale Mensch, 2. Aufl., Neuwied – Berlin 1967, S. 171.

[235] Vgl. Moore, S. 90 f.

[236] Thompson, S. 97.

[237] The Whole Works of the Rev. Oliver Heywood, Bd. 5, Idle 1826, S. 574, nach: Thompson, S. 98. Max Weber zeigt am Beispiel der Schriften des Theologen Richard Baxter (1615–1691) auf, daß schon vor der Industrialisierung im Protestantismus Zeitvergeu-

de bei der im 19. Jahrhundert entstandenen Sekte der Methodisten gelegt, in deren Namen dieser Aspekt schon anklang: Die Methode, der Weg zum Heil war die bestmögliche Nutzung der gegebenen Erdenzeit. Am Beispiel der Methodisten ist deutlich zu sehen, wie das Zeitverständnis, das an der naturwissenschaftlichen Zeitvorstellung orientiert ist, über die Grenzen des ökonomischen Bereiches in weitere Räume der Kultur eindringt.

2.3.3. Die homogene, meßbare Zeit im modernen Berufs- und Freizeitleben

Kritik an Zeiteinteilungen, vor allem an der Uhrzeit ist alt; schon Plautus ruft um 200 v.Chr. nach Verdammung durch die Götter für den, der die Stunden und die Sonnenuhr erfand[238]. Und bereits 1726, als sich der Gebrauch von Uhren noch nicht allgemein durchgesetzt hatte, läßt Jonathan Swift in „Gulliver's Travels" die Liliputaner annehmen, die Uhr sei Gullivers Gott, weil er diese dauernd konsultiere[239]. Man unterdrückt tatsächlich eine der nicht immer angenehmen Seiten des modernen Lebens, wenn man die als homogen erfahrene Zeit als uneigentlich bezeichnet, einem eventuellen Leiden an ihr die Realität abspricht. Die unendliche Zahl der Sekundensplitter, die eine Lebenszeit ausmachen, bringen Nikolaj Kosmitsch in Rilkes „Die Aufzeichnungen des Malte Laurids Brigge" um den Verstand[240]. Das Leiden an der homogenen Zeit kommt auch in der folgenden Stelle aus dem Roman „Mann in der Schwebe" von Saul Bellow zum Ausdruck; ein junger Mann, der beschäftigungslos auf seine Einberufung zur Armee wartet, reflektiert: „Was jedoch ein Leben wie das meine zur Folge hat, ist die Zerstörung der Tage und die Einebnung der Ereignisse. Ich kann nicht für Iva sprechen, aber für mich trifft es unzweifelhaft zu, daß die Tage ihre Unterscheidbarkeit verloren haben. Früher gab es Backtage, Waschtage, Tage, die Geschehnisse einleiteten, und Tage, die sie beendeten. Aber jetzt sind sie ununterschieden, alle gleich, und es ist schwer, den Dienstag und den Samstag auseinanderzuhalten. Wenn ich mir nicht genau die Zeitung beschaue, weiß ich nicht, welcher Tag ist"[241]. Und die in verschiedenen Spielarten der Jugendkultur beobachtete Ablehnung der Uhr- und Kalenderzeit[242] muß als Reaktion auf die Wahrnehmung von als unerträglich empfundenen Zwängen interpretiert werden.

---

dung als „erste und prinzipiell schwerste aller Sünden" angesehen wurde. (Max Weber, Die protestantische Ethik und der Geist des Kapitalismus, in: Ders., Gesammelte Aufsätze zur Religionssoziologie I, 5. Aufl., Tübingen 1963, S. 167) So wurden sicherlich die religiösen Vorstellungen über die Zeitverwendung zur Zeit der Industrialisierung intensiv propagiert, aber sie wurden keineswegs in dieser Zeit „erfunden", etwa um im Sinne einer „Priestertrugstheorie" die Arbeiter zu disziplinieren.

238 Vgl. Wendorff, S. 76.

239 Diesen Hinweis verdanke ich Zerubavel, S. 17.

240 Vgl. Rainer Maria Rilke, Schriften in Prosa, Leipzig 1927, S. 200–207.

241 Saul Bellow, Mann in der Schwebe, Köln – Berlin 1969, S. 101.

242 Vgl. dazu Peter L. Berger u.a., Das Unbehagen in der Modernität, Frankfurt – New York 1975, S. 177 f.

Die Homogenität der gemessenen Zeit läßt selbst als „natürlich" betrachtete Zeiteinteilungen ungültig werden. Im mittelalterlichen Florenz wurde jeder nächtliche Passant festgenommen; nur Kriminelle – so wurde angenommen – würden nachts nicht schlafen[243]. In modernen Gesellschaften ist die Tageshelle nicht mehr selbstverständlich die Zeit der Arbeit und die Nacht die Zeit des Schlafens. Das System der Schichtarbeit läßt jede Zeit zur Arbeitszeit werden, wenn auch die besonderen Belastungen, die vor allem durch den Schichtwechsel hervorgerufen werden, monetär belohnt werden. Schichtarbeit greift aber über die Arbeit tief in das soziale Leben des einzelnen ein. W. F. Cottrell zeigt am Beispiel der Eisenbahner auf, wie durch die Schichtarbeit die sozialen Bindungen in der Familie geschwächt werden, wie die Mitarbeit in Vereinen und Clubs auf lokaler Ebene erschwert wird, wie selbst die Wahrnehmung bürgerlicher Rechte, etwa die Mitgliedschaft in parlamentarischen Gremien, eingeschränkt wird[244].

Von der Meßbarkeit der homogenen Zeit hängt auch die Möglichkeit ab, sehr exakt bestimmte, intersubjektiv gültige Zeitpunkte zu fixieren. Die Einhaltung derartiger Zeitvereinbarungen wird als „Pünktlichkeit" dem Katalog positiv besetzter Werte zugeschlagen. Pünktlichkeit wird vom durchschnittlichen Arbeitnehmer in bezug auf Arbeitsbeginn und Arbeitsschluß erwartet. Doch gibt es einzelne Berufe, die nur in dauernder Wahrnehmung der gemessenen Zeit ausgeübt werden. Nach W. F. Cottrell zeigt sich das „split-second-timing"[245] wieder am deutlichsten beim Eisenbahner. Im Mittelpunkt aller Überlegungen des Personals, das mit der Abwicklung des Zugverkehrs befaßt ist, steht der Fahrplan. „The timetable is not only a convenience for the fidgeting tourist who uses it to chart his progress and occupy himself; it is a habit-system or a ‚subconscious mind', for the railway ‚organism'"[246]. Ein steter Begleiter der Arbeit des Eisenbahners ist die Angst vor Verspätungen, vor unverschuldeten, die bürokratische Bearbeitung erfordern, und noch mehr vor verschuldeten, die Rügen nach sich ziehen. Eine ähnlich rigide Zeitdisziplin wird etwa auch von Bediensteten bei Funk und Fernsehen[247] erwartet.

In den fortgeschrittenen Industriegesellschaften ist ein an der Uhr orientiertes Zeitverständnis auch in den Freizeitbereichen zu finden, die nach gängigen Vorstellungen von der sog. Muse bestimmt sind, die man als mehr oder minder wertvoll betrachtete Beschäftigungen nach eigenem Geschmack, die nicht unter dem im Alltag üblichen Zeitdruck betrieben werden sollen, umschreiben könnte. Aber gerade hier regiert oft eine rigorose Zeitdisziplin, die selbst die

---

243 Vgl. Kevin Lynch, What Time Is This Place?, Cambridge/Mass. – London 1972, S. 81.

244 Vgl. W. F. Cottrell, Of Time and the Railroader, in: American Sociological Review 4 (1939), S. 196 f. Eine neuere deutsche Untersuchung über Schichtarbeiter erbrachte in vielen Punkten ähnliche Resultate. Vgl. dazu Otto Neuloh, Sozialisation und Schichtarbeit, in: Soziale Welt 15 (1964), S. 50–69.

245 Cottrell, S. 190.

246 Ebd., S. 191.

247 Vgl. dazu Philip Schlesinger, Newsmen and their time-machine, in: The British Journal of Sociology 28 (1977), S. 336–350.

durch überzogene time-and-motion-studies hervorgerufene im Arbeitsbereich weit übertrifft. Besonders deutlich wird dies beim Sport, bei dem schon vor der Industrialisierung zur Messung von Schnelligkeit auf die technisch fortgeschrittensten Uhren zurückgegriffen wurde. Heute entscheiden beim Motorsport, beim Schwimmen, bei den alpinen Abfahrtsläufen, bei den leichtathletischen Laufdisziplinen zehntel, oft sogar hundertstel und tausendstel Sekunden über Sieg oder Niederlage. Es zeigt sich, daß die Teilbarkeit der Zeit – ein wichtiges Merkmal der naturwissenschaftlichen Zeit – durchaus nicht ihre Grenzen an der Auffassungsfähigkeit des Menschen hat. Wenn auch der Mensch Zeitdifferenzen von weniger als einer hundertstel Sekunde nicht mehr wahrnehmen kann[248], so können weit geringere Zeiträume, wie am Beispiel des Sports deutlich wird, von technischen Beobachtern erfaßt werden und dann soziale Bedeutung erlangen. Hier sind ebensowenig Grenzen sichtbar wie in der Zerlegung der Zeit. Bei den genannten Sportarten zählen oft die Zeiten unabhängig von jeder anderen Qualität. Besonders deutlich wird dies in der Aneinanderreihung der Zahlen in Zeitungs- und Rundfunkmeldungen. Auch den Fernsehzuschauer von Skiwettrennen interessiert weniger das Nacheinander der Läufer, die – wie es bezeichnenderweise in Kommentaren oft heißt – „gegen die Uhr laufen". In erster Linie interessieren die Zahlen, die Zahlen mehrere Stellen hinter dem Komma, die über die Siegerplätze entscheiden. Die Zahlen sind autonomer Gegenstand des Interesses geworden.

2.3.4. Zur Bedeutung der Uhr- und Kalenderzeit für Politik und Verwaltung

Es konnte aufgewiesen werden, daß das Bürgertum, besonders soweit es Unternehmerfunktionen einnahm, für die Ausrichtung des Arbeitslebens und teilweise auch der Freizeit auf die Uhr verantwortlich ist. Eine Orientierung an der Uhrzeit adäquaten Zeitformen sowie an der Kalenderzeit wird auch im politischen Handeln und in den politischen Vorstellungen deutlich, die vom Bürgertum entwickelt und durchgesetzt wurden. Die politischen Vorstellungen des Bürgertums sind weitgehend mit dem Liberalismus identisch. Karl Mannheim hat die mit dem Liberalismus verbundene Geisteswelt, insbesondere seine Zielvorstellungen, in seinen Frühwerken untersucht, und er stellt in diesem Zusammenhang eine auffällige Präferenz für die lineare, homogene, gemessene Zeit im politischen Denken fest. Die Linearität der Zeitvorstellungen entspricht in Mannheims Sicht der Vorstellung von der Geradlinigkeit des Fortschritts, der einen zentralen Gesichtspunkt liberalen Denkens darstellt[249]. Doch Mannheim sieht einen weiteren, m. E. viel wichtigeren Bezug zwischen der gemessenen Zeit und dem Liberalismus in dessen Betonung der Individualität und dem daraus erwachsenden Prinzip der Summation zum Erreichen der Totalität. So wird die Gesellschaft vom einzelnen her additiv aufgebaut. Ähnliches geschieht mit der Zeit; wie der Staat aus gleichen Stimmbürgern besteht, so wird Zeit in

248 Vgl. Sorokin und Merton, S. 617.

249 Vgl. Mannheim, Das Problem der Generationen, S. 515.

gleiche Teile zerlegt. Der Ablauf der Zeit wird in von Mannheim sog. Momentanquerschnitte aufgeteilt. Wieder in das Politische gewendet, bedeutet dies: „Die jeweilige Abstimmung ergibt den augenblicklichen Stand des Gesamtwillens ohne Bezug auf Vergangenheit und Zukunft, die zeitliche *Kontinuität*, die hier genauso atomisiert erscheint, wie die *Totalität der Volksgemeinschaft*, kann ebenso nur annäherungsweise und *additiv* rekonstruiert werden aus den in gewissen zeitlichen Abständen folgenden abstimmungsmäßig erfaßten Querschnitten des Werdens des Gesamtwillens“[250]. Die nicht mehr nach politischen Notwendigkeiten, sondern nach der Willkür des Kalenders ausgewählten Zeitpunkte – jeder Tag im Kalender ist in dieser Hinsicht so gleichwertig und gleichförmig wie Sekunde, Minute und Stunde im Gang des Uhrzeigers – zeigen die Bedeutung des Merkmals „Homogenität“ in den Zeitvorstellungen für das „demokratisch-bürgerliche Prinzip“[251] an.

Die Festlegung auf bestimmte Wahltermine und abgegrenzte Amtsperioden ist kein nebensächliches Rankenwerk moderner Staaten, sondern bestimmt das politische Leben bis in die Sachentscheidungen hinein. Ein nicht mehr auf Lebenszeit, sondern auf vier oder fünf Jahre bestellter Regierungschef kann in diesem Zeitraum meist nur bestimmte, eben in diesem Abschnitt realisierbare Maßnahmen in Angriff nehmen. Dazu kommen vom Wahlprinzip her die Einlösung bestimmter Wahlversprechen und die Berücksichtigung eines nahen Wahltermins vor der Inangriffnahme neuer, evtl. für den Wahlausgang ungünstiger Maßnahmen. So reicht die Zeit bis in den Wertungsbereich hinein. Was wert ist, zu aufzugreifenden Problemen zu zählen, bestimmen nicht sachliche Prioritäten, sondern das Verhältnis von Zeitaufwand für eine bestimmte Aufgabe und Amtsdauer bzw. Nähe des Wahltermins. Man kann auf diese Sachverhalte die Feststellung Luhmanns anwenden: „Die Zeit wird auf diese Weise zum Störfaktor, zum ungreifbaren Widerstand. Nicht die Härte der Materie oder der Köpfe, sondern die Uhr und der Kalender machen's unmöglich“[252].

Niklas Luhmann legte einen Aufsatz „Die Knappheit der Zeit und die Vordringlichkeit des Befristeten“[253] vor. Die in diesem Titel genannten Begriffe treffen auch die soeben erörterten politischen Sachverhalte. Sie werden aber auf Eigenheiten der bürokratischen Organisationen bezogen, insbesondere auf die öffentliche Verwaltung. Das Phänomen der Zeitknappheit kennt jedermann aus seinem Alltag. Das Nebeneinander verschiedener Rollen führt zu Zeitengpässen, und die Intra- und Interrollenkonflikte sind im Kern oft Zeitkonflikte. Die Vielfalt der Kontakte mit verschiedenen Verkehrskreisen, die Vielfalt der Möglichkeiten im Freizeitbereich, die Vielfalt der Informationsmöglichkeiten und des kulturellen Angebots, die potentiell zur Verfügung stehen, implizieren

250 Karl Mannheim, Das konservative Denken, in: Ders., Wissenssoziologie, eingel. und hrsg. von Kurt H. Wolff, Berlin – Neuwied 1964, S. 442 (Hervorhebung von Mannheim).

251 Ebd.

252 Niklas Luhmann, Macht, Stuttgart 1975, S. 85. Vgl. zu diesem Fragenkreis auch Niklas Luhmann, Politische Verfassungen im Kontext des Gesellschaftssystems (1. Teil), in: Der Staat 12 (1973), S. 13 f. sowie Müller, S. 170 und 518.

253 Zu den bibliographischen Angaben vgl. Fußn. 179. Der Aufsatz umfaßt die Seiten 143–164.

per se Zeitknappheit. Die Faktoren, die maßgeblich für die Zeitknappheit in der Bürokratie sind, sind teilweise denen des Alltags ähnlich, z.T. jedoch bereichsspezifischer Art.

Bürokratie bearbeitet in ihrem System Probleme, die in der Regel die Umwelt betreffen. Diese Umwelt ist sehr komplex; entsprechend komplex und damit zeitaufwendig in der Bearbeitung sind auch die der Bürokratie vorgelegten Probleme. Komplexität ist aber auch eine Eigenschaft der bürokratischen Systeme selbst. Zur Bearbeitung der der Bürokratie gestellten Aufgaben sind genuin bürokratische Methoden entwickelt worden, die die Effektivität des bürokratischen Vorgangs bewirken, aber viel Zeit erfordern. Solche Vorgehensweisen, wie sie Max Weber exemplarisch beschrieben hat, sind die Hierarchie der Positionen und Befugnisse oder das Prinzip der Schriftlichkeit[254]. An „Zeitkosten" kommen in modernen Bürokratien Probleme der Konsensusbildung zwischen Vertretern verschiedener Fachrichtungen und Weltanschauungen hinzu. Die Probleme aber, die so aufwendig bearbeitet werden, bestehen aber inzwischen in der Umwelt des bürokratischen Systems weiter. Die Umwelt, seien dies andere bürokratische Organe, Privatpersonen, Organisationen, u.a. auch staatliche, von denen Bürokratien oft abhängig und denen gegenüber sie rechenschaftspflichtig sind, üben Druck auf die Bürokratie aus, um den Bearbeitungs- und Entscheidungsprozeß zu beschleunigen. Eine Methode der Umwelt (um Druck auszuüben) und des bürokratischen Systems (um zu beschwichtigen) gleichzeitig ist die Setzung von Fristen, die Fixierung auf bestimmte Kalenderdaten.

Das für bürokratische Organisationen typische Verfahren der Fristsetzung greift tief in die sachlichen und Wertstrukturen ein. Der Wertmaßstab für die Bearbeitung ist nicht sachliche Wichtigkeit, sondern von außen her kundgetane Dringlichkeit oder die Setzung einer Frist. Aufgaben ohne Dringlichkeit, die aber auf die Dauer von großer Wichtigkeit sind, müssen zurückstehen und sind dann stets in der Gefahr, völlig verdrängt zu werden. Mit verschiedenen Sachfragen sind verschiedene Werte verbunden. Sie kommen in modernen Verwaltungen pluralistischer Staaten zwar fast stets alle zum Zuge. Die Zeitplanung etwa der Behörden läßt alle Fragen und damit Werte gelten; sie ist in diesem Sinne opportunistisch. Aber sie stellt letztlich doch eine Wertskala auf. Diese Wertskala kommt durch die anerkannte oder durchgesetzte Eiligkeit einer Sache zustande. Dies wiederum veranlaßt Verfechter einer bestimmten Angelegenheit und damit bestimmter Werte zwangsläufig dazu, ihre Sache mit dem Prädikat „äußerst dringlich" auszustatten. So bringt die Knappheit der Zeit in den Bürokratien von Luhmann sog. „Tempo-Ideologien"[255] hervor.

Die bürokratischen Mechanismen, die sich infolge der Zeitknappheit entwickelt haben, greifen jedoch noch in subtilerer Weise als durch die Präferenzen der Behandlung in die Sach- und Wertstruktur des Aufgabenbereiches ein. Ein Überhang, der aus Sachgründen zwar sowieso fast stets vorhanden ist, aber nach Art einer Ideologie auch vorhanden zu sein hat, bewirkt in der Praxis, daß rou-

---

254 Vgl. Weber, Wirtschaft und Gesellschaft, S. 703.

255 Luhmann, Die Knappheit der Zeit und die Vordringlichkeit des Befristeten, S. 156.

tinemäßig und leicht zu erledigende Fragen den schwierigen, neue Lösungswege erfordernden vorgezogen werden. Es besteht ferner eine Tendenz, sich vor allem auf den bekannten, den formalisierten Teil einer Problematik zu konzentrieren und die Aspekte einer Frage zu umgehen, die persönliche Initiative und Verantwortung verlangen. Luhmann konstatiert aus diesen Sachverhalten eine Unterdrückung von Innovationen. Er konstatiert aber auch eine Unterdrückung des Individuellen. Der Zwang, zu zahlreichen Entscheidungen Kollegen – aufgrund deren Kompetenz, aber auch aufgrund der Komplexität der Thematik – hinzuziehen zu müssen, und die dafür erforderlichen Koordinationsbemühungen verhindern längere geschlossene Perioden individuellen Arbeitens. So werden durch Fristen nicht nur Wertprämissen in den zu erledigenden Aufgaben, sondern auch in der bevorzugten Arbeitsweise gesetzt, was wieder die Vernachlässigung individuell zu bearbeitender Probleme zur Folge haben kann.

Es gibt geschickte Taktiker innerhalb der Bürokratien, die durch zeitliche Planung Sachentscheidungen präjudizieren, z.B. indem sie durch Einschaltung inkompetenter Stellen den Vorgang verzögern u.ä. Hier stehen viele Taktiken zur Auswahl. Es ist auch möglich, die Unerträglichkeit der Zeitknappheit durch geschickte Terminplanung zu reduzieren. Es ist möglich, durch Termine und Fristen Unangenehmes von sich fernzuhalten, Termine als Ausreden zu benutzen. Aber prinzipiell gilt, daß es kaum möglich ist, selbst bei gutem Willen allerseits von jedem Beteiligten gewünschte und bejahte Entscheidungen herbeizuführen. Selbst Ideologien mit höchsten Ansprüchen müssen vor zeitlichen Problemen zurückstehen. Am Beispiel der sozialistischen Planungsstaaten läßt sich nach Luhmann zeigen, wie „Ideologie dem Zerrostungseffekt der Kooperation und der Zeitknappheit ausgesetzt“[256] ist. Wieder, wie im Bereich der Politik, ist es der Kalender, in diesem Falle das mit Fristen und Terminen gespickte Vormerkbuch, das im Mittelpunkt steht, als eigentliches Problem erlebt wird, aus dem Alltag der Bürokratien nicht wegzudenken ist und ihr Denken und Handeln bestimmt.

2.3.5. Disposition über Zeiträume und Termine als Indikator von Status und Macht sowie als Warenäquivalent

Besonders am Beispiel der Bürokratie, wo dieser Sachverhalt sehr deutlich ausgeprägt ist, soll auf eine Kategorie hingewiesen werden, die weitgehend das soziale Leben bestimmt und die mit dem Faktum der Zeiteinteilung im Zusammenhang steht: den sozialen Status. In den modernen Gesellschaften kann der Spielraum für freie Verfügung über die Berufszeit ein guter Indikator für die Stellung innerhalb einer Hierarchie sein. In diesen Zusammenhang gehört auch die Beobachtung von Wilbert E. Moore, daß sich die Manager bisher stets erfolgreich gegen time-and-motion-studies wehrten, wie sie bei der Arbeiterschaft eingesetzt werden[257]. Dies muß jedoch keineswegs bedeuten, daß das

[256] Ebd., S. 153.

[257] Vgl. Wilbert E. Moore, The Temporal Structure of Organizations, in: Edward A. Tiryakan (Hrsg.), Sociological Theory, Values, and Sociocultural Change. Essays in Honor of Pitirim A. Sorokin, New York – Evanston 1963, S. 167.

Einnehmen einer hohen Berufsposition mit besonders viel Freizeit verbunden ist. Mit der Zunahme der Freizeit für die breiten Schichten der Bevölkerung scheint – so Christian Graf von Krockow – „der Mangel an Zeit, die Überarbeitung und Gehetztheit zum entscheidenden Prestigefaktor, zum zentralen und alle sonstigen Unterschiede überdeckenden Merkmal moderner Eliten“[258] zu werden. Der Termindruck erfordert ein genauestes Beachten der Kalender- und vor allem der Uhrzeit, dem auch die mitmenschlichen Kontakte untergeordnet werden. In einer Reportage wird über einen Manager berichtet: „Eine in Silber gefaßte Eieruhr dreht er um, wenn Besuch kommt. ‚Fünf Minuten für jeden, nicht mehr‘“[259]. Dagegen ist ein relativ später Arbeitsbeginn am Morgen eher höheren Rängen möglich und kann als Indikator für Status gelten[260]. Auch Anforderungen bezüglich der Pünktlichkeit nehmen oft mit steigendem Ansehen des Berufes ab[261]. Innerhalb der bürokratischen Arbeitsorganisation bemißt sich der Status u.a. danach, wer wem Terminvorschläge machen kann, eine verplante Zeit autoritativ neu plant[262]. „Wer ... in der Lage ist, die Ausrede schon bestimmter Termine zu ignorieren, kann außerdem neue Termine in schon besetzte Terminkalender hineinschießen, sei es, um schneller voranzukommen, sei es, um andere Termine aufplatzen zu lassen“[263]. Zwar gibt es für derartige Statusdifferenzen einsichtige Gründe. „Die Statusdifferenzierung ermöglicht nämlich eine Verteilung von Chancen und Belastungen in dem Sinne, daß der Inhaber eines höheren Status typisch unter stärkeren Kontaktanforderungen, also unter stärkerem Zeitdruck steht, dafür aber auch durch das Prestige seines Status in der Lage ist, über seine Zeit freier zu disponieren und anderen Termine zu diktieren“[264]. Jedoch ist auch nicht zu verkennen, daß Möglichkeiten, die Zeit anderer zu disponieren, Macht bedeuten[265]. Die Einsicht, daß Verfügung über die Zeit anderer Macht bedeutet, betrifft über Vorgehensweisen in der Bürokratie hinaus die meisten Zeitgenossen täglich[266] und wirkt daher schon fast trivial. Die Festlegung von Arbeitszeiten zeigt die Macht ökonomischer Organisationen; Militärdienstzeiten und Gefängnisstrafen, während denen rigoros über die Zeit der Betroffenen verfügt wird, sowie, um ein extremes Beispiel anzuführen, die Todesstrafe, die die Zeit des Betroffenen „abschneidet“, sind deutliche Manifestationen staatlicher Macht[267].

---

[258] Christian Graf v. Krockow, Keine Zeit, keine Zeit, keine Zeit ..., in: Die Zeit, Nr. 5 v. 25.1.1980, S. 53.

[259] Walter Weber, Die Schaltstellen der Macht, in: Die Welt am Sonntag, Nr. 4 v. 22.1. 1978, S. 53.

[260] Vgl. Amos H. Hawley, Human Ecology, New York 1950, S. 309.

[261] Vgl. John Cohen, Subjective Time, in: J. T. Fraser (Hrsg.), The Voices of Time, New York 1966, S. 272.

[262] Vgl. dazu Luhmann, Zweckbegriff und Systemrationalität, S. 211, Fußn. 53.

[263] Luhmann, Die Knappheit der Zeit und die Vordringlichkeit des Befristeten, S. 158.

[264] Ebd., S. 157.

[265] Vgl. Luhmann, Zweckbegriff und Systemrationalität, S. 212.

[266] Vgl. dazu die Beispiele bei Barry Schwartz, Waiting, Exchange and Power: The Distribution of Time in Social Systems, in: American Journal of Sociology 79 (1974), S. 841–870, bes. S. 845 ff.

[267] Vgl. Leonard W. Doob, Patterning of Time, New Haven – London 1971, S. 86 f.

Sicher gibt es selbst in sog. primitiven Gesellschaften den Vorrang des Statushöheren, den Zeitpunkt der Kommunikation zu bestimmen. So sind Audienzen von Häuptlingen und Königen eine weitverbreitete Einrichtung, und zwar auf verschiedenen Stufen der Gesellschaftsentwicklung. Auch hier zeigt sich ein Zusammenhang von Status, Macht und Zeitdisposition. Aber es dürfte doch ein Spezifikum moderner Gesellschaften sein, daß im Alltag vom Statusvorrecht, die Zeit anderer zu bestimmen, so umfassend, und zwar relativ oft reflektiert, Gebrauch gemacht wird. Zeit wird im Laufe der Dispositionsprozesse nicht nur zum Indikator von Status und Macht, sondern auch zur Ware. Man kann Vorrechte in der Zeitdisposition tauschen. Dies geschieht in Bürokratien vor allem unter Gleichgestellten. Zu den Tauschgeschäften mit Zeitdispositionen gehören das im Alltag millionenfach vorkommende Überlassen von Rabatten gegen einen früheren Zahlungstermin oder das Zahlen von Konventionalstrafen gegen verspätete Liefertermine. Man kann derartige Vorrechte der Zeitdisposition kaufen (z.B. der Patient bei seinem Arzt, indem er sich als Privatpatient anmeldet) und erkämpfen (z.B. eine Firma, die sich der Konkurrenz entledigt hat). Und man kann auf dieses Vorrecht verzichten, etwa um Dankbarkeit zu zeigen[268]. Das Ausmaß der Zeit, die man für die Mitarbeit in einer freiwilligen Vereinigung aufbringt, kann ebenso wie Spendierfreudigkeit Indikator besonderer Loyalität sein[269]. Zeit wird in dieser „Konvertierbarkeit" tatsächlich zu dem Äquivalent von Geld, zu dem es die Redensart macht[270].

2.4. Astronomische Zeit in ethnologischen Darstellungen

Das Fazit aus den vorangegangenen Ausführungen muß lauten: Die numerische Zeit, die starke Anklänge an die homogene Zeit der Naturwissenschaftler aufweist, ist eindeutig soziale Zeit. Es konnte gezeigt werden, wie diese Zeitform, die Soziologen unter Übernahme Bergsonscher Vorurteile mehr oder weniger explizit aus dem Spektrum sozialer Zeiten ausschlossen, in den modernen Industriegesellschaften ständig an Bedeutung gewann. Und die folgende Feststellung Eugen Rosenstock-Huessys ist sicherlich heute unzutreffend: „Aber die gesamte Industrie setzt uns in eine Uhrenzeit, die sie über uns stülpt und von der sie uns einreden will, sie sei die Zeit, auf die es ankomme"[271]. Die Uhrzeit ist nicht mehr übergestülpt, sondern sie hat unser ganzes Leben und Denken in Arbeits- wie Freizeit erfaßt und durchdrungen. Man kann das als Fortschritt oder Verstrickung werten, ändern ließe sich dieses Faktum nur in sehr

---

[268] Vgl. Luhmann, Zweckbegriff und Systemrationalität, S. 211 f.

[269] Vgl. Moore, Man, Time and Society, S. 110.

[270] Die explizite Aussage, daß „die *Zeit Geld* ist", findet sich nach Max Weber schon in der Schrift Benjamin Franklins „Advice to a young tradesman" aus dem Jahre 1748. Vgl. Benjamin Franklin, Works, Bd. II, hrsg. von Sparks, o.O. o.J., S. 87, nach: Weber, Die protestantische Ethik und der Geist des Kapitalismus, S. 31 (Hervorhebung von Franklin, Übersetzer wird von Weber nicht genannt). Zahlreiche Homologien zwischen Zeit und Geld führt Schwartz, S. 868 ff. auf.

[271] Eugen Rosenstock-Huessy, Soziologie, 2. Bd.: Die Vollzahl der Zeiten, Stuttgart 1968, S. 714.

langen Zeiträumen. Inzwischen vollzieht sich die Disziplinierung unseres Zeitbewußtseins schon in recht lockeren Formen: Derzeit wird ein Gesellschaftsspiel mit dem Titel „Zeitfalle" angeboten, bei dem es darauf ankommt, in einem bestimmten Zeitraum möglichst viele Aufgaben zu lösen. Der Begriff der Zeit selbst ist im Alltag ganz auf Uhr und Kalender hin zentriert, was auch durch die Beobachtung Doobs belegt wird: „. . . your first impulse, when making a temporal judgment, is to consult a clock, calendar, or some kind of record"[272].

Im folgenden wird noch einmal die Zeitrechnung in primitiven Gesellschaften behandelt. Dabei soll deutlich werden, in welchen Formen dort eine Art naturwissenschaftlicher Zeit, die astronomische Zeit auftritt und wie dieses Vorkommen interpretiert wird. Zum letzteren kann pauschal festgestellt werden, daß eine Reihe von Autoren versucht, den Stellenwert astronomischer Phänomene möglichst gering anzusetzen, und daß sie sich dabei nicht selten folgender recht anfechtbarer Mittel bedient.

Zunächst werden Feststellungen getroffen, die schon mit Hilfe der Allgemeinbildung widerlegt werden können. So behauptet Evans-Pritchard, daß das Konzept der Jahreszeiten bei den Nuer „from the activities"[273] abgeleitet ist. Wenn man weiß, wie abhängig beispielsweise der Ackerbau in dieser Region vom Eintreten der Regenzeit ist, dann muß man annehmen, daß bei den Nuer die ersten Regenschauer und damit verbundene astronomische Erscheinungen als wichtiges Anzeichen für die neue Jahreszeit gelten. Diese Argumentation wird auch durch eine der beiden Erläuterungen zum Namen des Monats gestützt, in dem die Regenzeit beginnt. Er wird nicht nur als der Monat beschrieben, in dem das Vieh zu den Dörfern gebracht wird, sondern auch dadurch charakterisiert, daß die Sonne durch Wolken verdeckt ist[274].

Weiter werden Behauptungen aufgestellt, zu denen kontroverse Angaben vorliegen. Auch hier können wieder Evans-Pritchards Darlegungen über die Zeitrechnung der Nuer zur Demonstration dienen. Nach seiner Darstellung sind die Nuer an der Bewegung der Sterne nicht interessiert[275]. Das ist schon insofern recht verwunderlich, als der Nuer mehr Sterne und Sternkonstellationen benennen kann als der Durchschnittseuropäer. Der Forscher Huffmann, der wenige Jahre vor Evans-Pritchard bei den Nuer lebte, schreibt über den Nuer: „He knows the stars, and has names for many of the constellations. He is a keen observer of them and makes his own observation concerning them"[276].

Drittens werden Behauptungen aufgestellt, die durch Angaben in der zitierten Literatur selbst widerlegt werden. Merton und Sorokin beispielsweise nehmen an, daß die zeitliche Orientierung an astronomischen Phänomenen erst in

---

[272] Doob, S. 19; vgl. ferner ebd., S. 153 f.

[273] E. E. Evans-Pritchard, Nuer Time-Reckoning, in: Africa 12 (1939), S. 191.

[274] Vgl. ebd., S. 200.

[275] Ebd., S. 194.

[276] Ray Huffman, Nuer-Customs and Folk-Lore, London 1931, S. 82, nach: Walter Hirschberg, Die Zeitrechnung der Masai und verwandter Völker, in: Zeitschrift für Ethnologie 65 (1933), S. 260.

einer relativ späten Entwicklungsphase auftrete; einfachen, auf einen überschaubaren geographischen Raum beschränkten Gesellschaften sei sie unbekannt. Sie gehen dabei von sog. lokalen Zeiten („local times“[277]) aus, deren Einteilung sich allein aus sozialen Aktivitäten ergebe. Erst im Zuge von regelmäßigen Außenkontakten, die eine gemeinsame Zeitbasis verlangten, seien astronomische Zeitsysteme entwickelt worden. Nun wurde oben die Bedeutung der astronomischen Zeit für die Koordination sozialer Aktivitäten in Städten und zwischen Völkerschaften betont. Aber auch ohne den Zusammenhang mit Stadtbildungen und Außenkontakten entwickeln sich astronomische Zeitsysteme. Keine der erfaßten Arbeiten über Zeitvorstellungen in sog. primitiven Gesellschaften erbrachte einen Hinweis darauf, daß Ethnien existieren, deren Mitglieder Zeit im Alltag nur nach sozialen Aktivitäten einteilen. Die Sonne, die den Tag gliedert, und der Mond in seiner wechselnden Gestalt[278] sind sicherlich die ältesten Chronometer. Dies betont auch Nilsson, dessen materialreiches Werk Merton und Sorokin mehrfach zitieren. Die Entwicklung weiterer, verfeinerter astronomischer Systeme wurde ebenfalls oft allein durch binnengesellschaftliche Erfordernisse notwendig. So weist beispielsweise Nilsson darauf hin, daß die Stufe des Ackerbaus genauere Zeitbestimmungen erforderte, die in vielen Kulturen durch die Beobachtung der Plejaden gewonnen wurden[279]. Ein weiteres Beispiel für astronomische Zeitbestimmungen in Stammeskulturen sind die detaillierten Sternkenntnisse seefahrender Völker, vor allem in der Südsee, die auch eine relativ exakte Zeitbestimmung ermöglichten[280]. Und zwar diente diese Zeitbestimmung zur Orientierung auf See und nicht zur Synchronisierung beim Agieren mit besuchten Völkern.

Diese Bemühungen um ein weitmögliches Zurückdrängen astronomischer Zeit stehen in engem Zusammenhang mit dem Begriff der sozialen Zeit, auf den sich sowohl Sorokin und Merton als auch Evans-Pritchard festlegen. Sorokin und Merton definieren: „Thus, social time expresses the change or movement of social phenomena in terms of other social phenomena taken as points of reference“[281]. Was die Autoren unter sozialen Phänomenen verstehen, wird aus den angefügten Beispielen deutlich: „‚Shortly after the World War‘, ‚I'll meet you after the concert‘“[282]. Der Begriff wird also in einem sehr konkreten Sinne verstanden. Abstraktere Phänomene, deren soziale Relevanz nicht so offen zutagetritt, die aber doch tief in der Kultur verankert sind, werden aus dem Begriff herausgehalten, was zu Schwierigkeiten führen muß. Und Evans-Pritchard formuliert: „. . . Nuer and European-alike speak of time in terms of changing social activities and relationships“[283]. Evans-Pritchard sowie Sorokin und Merton haben sich von vornherein auf einen Ausschnitt sozialer Phänomene, näm-

[277] Vgl. Sorokin und Merton, S. 627; ähnlich auch Sorokin, Sociocultural Causality, Space, Time, S. 169, 187.

[278] Vgl. Nilsson, S. 2, 148.

[279] Vgl. ebd., S. 110.

[280] Vgl. ebd., S. 128.

[281] Sorokin und Merton, S. 618.

[282] Ebd.

[283] Evans-Pritchard, S. 189.

lich soziale Aktivitäten und Beziehungen, festgelegt. Hier bleibt überhaupt kein Platz für die Heranziehung von Himmelskörpern und Phänomenen der natürlichen Umwelt zur Bestimmung der Zeit. Die Abwehr jeden Anklangs naturwissenschaftlicher Zeit aus dem Bereich der sozialen Zeit war also schon in den Definitionen verankert. Hier ist ein Aspekt der vehementen Kritik Theodor Geigers angebracht, die sich auf den in dieser Hinsicht keineswegs radikal argumentierenden Émile Durkheim bezog: „Die ‚Beweisführung' besteht im Aufweis ziemlich an den Haaren herbeigezogener Analogien, z.B.: ‚Soziales Leben vollzieht sich in einem gewissen Rhythmus – der Begriff der Zeit ist nur das Abbild dieses Rhythmus.' Keine Rede davon, daß auch das Naturgeschehen sich in einem Rhythmus vollzieht (von dem der Rhythmus des sozialen Lebens sogar weitgehend abhängt) . . ."[284].

2.5. Ideologische Implikationen eines eingeengten Begriffs der sozialen Zeit

Das Zurückdrängen astronomischer Zeit in ethnologischen Darstellungen mag aus der spezifischen Intention der Vertreter dieser Disziplin herrühren, die ursprüngliche, von europäischen Einflüssen unverfälschte Situation einer Kultur rekonstruieren zu wollen. Dennoch ist dieses Vorgehen kaum zu rechtfertigen; für einen Soziologen sind entsprechende Verfahrensweisen vollends inakzeptabel. Denn der weitgehende Ausschluß naturwissenschaftlicher Zeitkonzeptionen aus dem Bereich soziologischen Forschens verschließt gleichzeitig einen der Wege zur Analyse moderner Gesellschaften, und damit des Feldes, in dem und für das Soziologie entwickelt worden ist und wo sie sich heute bewähren soll. Krysmanskis Feststellung zur Geringschätzung der metrischen Vorstellungen in der technisch-industriellen Welt lassen sich auch auf die Behandlung des Zeitproblems bei vielen Soziologen übertragen: „Die Verdunklung gemessener Verhältnisse durch Wert- und Wunschvorstellungen, durch bewußt manipulatorisches Absehen von metrischen Verhältnissen, ist eine moderne Gestalt der Restauration"[285], in unserem Falle der Rückschritt in eine *hypothetische* Welt der Primitiven.

Daß bei einem Ausschluß naturwissenschaftlich orientierter Zeit zentrale Themen soziologischer Analyse moderner Gesellschaften nicht angemessen behandelt werden können, soll am Beispiel des Problemkreises „Sozialer Wandel" exemplarisch aufgewiesen werden. Dazu muß zunächst eine Eigenart der modernen Uhr- und Kalenderzeit hervorgehoben werden, die diese von anderen Formen sozialer Zeit abhebt. Naturwissenschaftlich orientierte Zeit ist dadurch soziale Zeit, daß sie mit Ereignissen, Interaktionen usw. in Zusammenhang ge-

---

[284] Vgl. Theodor Geiger, Ideologie und Wahrheit, Stuttgart – Wien 1953, S. 23 f. Den Hinweis auf diese Stelle verdanke ich Schöps, S. 11. Schöps äußert sich ebenfalls unmißverständlich im Sinne Geigers: „Unleugbar aber sind die außersozialen zeitlichen Erscheinungsweisen der Umwelt in die soziale Zeitordnung integriert." (Schöps, S. 61)

[285] H. J. Krysmanski, Metrische Vorstellungen – Zur wissenssoziologischen Beschreibung modernen Bewußtseins, in: Soziale Welt 14 (1963), S. 305.

bracht werden kann. Aber Uhr- und Kalenderzeit ist nicht an *bestimmte*, genau festgelegte Ereignisse gebunden; sie ist ein autonomes System[286], d.h. sie ist weitgehend von spezifischen Erfahrungen des Menschen[287] und lokalen Gebundenheiten unabhängig und kann auf *beliebige* Ereignisse, Spannen usw. übertragen werden. Dieses Spezifikum ist für die Analyse sozialen Wandels von erheblicher Bedeutung. In Gesellschaften, die sich in der Phase der Industrialisierung befinden, werden die Zeitvorstellungen in den allgemeinen Wandlungsprozeß einbezogen. Denn sozialer Wandel schließt oft einen Wandel in den Zeiteinteilungen ein. Doch diese Annahme gilt in den modernen Industriegesellschaften nicht mehr. Einerseits ist dauernder Wandel für solche Gesellschaften charakteristisch. Aber andererseits ist das Zeitsystem, von Verfeinerungen und geringfügigen Modifikationen abgesehen, konstant, es ist auf alle vorstellbaren Ereignisse anwendbar. Zeitsysteme sind sonst prinzipiell relativ zählebige und schwer wandelbare Teile von Kulturen, da sie mit vielen weiteren eingelebten Elementen verzahnt sind. So können traditionelle Zeitvorstellungen erhebliche Gegenkräfte zu Impulsen des Wandels darstellen, so daß sich das von Ogburn vielfältig beschriebene „lag"[288] bildet. Aber wenn derartige Hemmnisse fehlen, geht sozialer Wandel schneller und mit weniger Komplikationen vonstatten. Und sicherlich wird der stete Wandel in modernen Industriegesellschaften durch das Vorhandensein eines autonomen Zeitsystems gefördert. Ferner ist das an den Naturwissenschaften orientierte Zeitsystem weitgehend mit unterschiedlichen Kulturen kompatibel, wenn es auch in vielen Kulturen Wandlungsprozesse hervorruft bzw. erst nach Wandlungsprozessen wirksam internalisiert ist. In vielen Staaten der Welt ist heute der westliche Kalender in seinen Grundstrukturen wie 7 Tage-Woche[289] und nahezu in allen Ländern die seit dem Spätmittelalter in Europa übliche Uhrzeit offiziell eingeführt, und sie bleiben es auch dort, wo sie als Überbleibsel der Kolonialherrschaft interpretiert werden könnten. Ein Motiv für die Einführung bzw. Beibehaltung dieser Zeitsysteme ist sicher der Wunsch, in die internationale Kommunikation einbezogen zu sein. Aber die Übernahme westlicher Zeitrechnung wird in vielen sog. Entwicklungsländern vor allem in einen Zusammenhang mit der Übernahme moderner Wirtschaftsformen gestellt, sie wird als eine notwendige, wenn auch nicht alleinige Voraussetzung für die Industrialisierung betrachtet[290]. Die Uhr gilt zwar in manchen Entwicklungsländern neben dem Kugelschreiber als wichtiges Statussymbol[291]. Die Schwierigkeiten, die sich jedoch gerade im wirtschaftlichen Sektor beim Umgang mit der Zeit in den Entwicklungsländern ergeben, zeigen, daß die offizielle Übernahme eines Zeitrechnungssystems und die

---

[286] Vgl. dazu A. Irving Hallowell, Temporal Orientation in Western Civilization and in a Pre-literate Society, in: American Anthropologist NF 39 (1937), S. 669 f.

[287] Vgl. Goody, S. 33.

[288] Vgl. William F. Ogburn, Social Change, New York 1966 (zuerst 1922).

[289] Vgl. Goody, S. 37 – Es muß allerdings beachtet werden, daß auch der islamische Kalender von der 7-Tage-Woche und einem Jahr, das aus 12 Monaten besteht, ausgeht. Allerdings stimmen der westliche (ursprünglich christliche) und der islamische Kalender in wichtigen Details (z.B. Monatsanfänge und -längen) nicht überein.

[290] Vgl. Rezsoházy, S. 235 ff.

[291] Vgl. Berger u.a., S. 127.

Wertschätzung von Uhren noch nicht die Zeitvorstellungen als solche entscheidend beeinflussen. Es bedarf längerer Zeit der Akkulturation, bis aus dem übergestülpten ein adaptiertes System wird. Der belgische Soziologe Rudolf Rezsoházy stellte anhand einer vergleichenden Untersuchung von repräsentativen Stichproben der Bevölkerung einer Hauptstadt in einem industrialisierten Land und in einem Entwicklungsland fest, daß in Brüssel mehr Personen eine Uhr besaßen als in Lima[292]. Ferner benutzten Peruaner seltener als Belgier Merkbücher, in denen Termine vermerkt werden konnten[293]. Die Einwohner von Lima unterschieden sich aber vor allem in weiteren Punkten, die als charakteristisch für die Zeitkonzeption in westlichen Gesellschaften angesehen werden müssen, von den Brüsselern: in bezug auf Zukunftsorientierung und Zukunftsplanung[294], Betonung des Wertes der Zeit[295] und Pünktlichkeit[296].

Es lassen sich also eindeutig Bezüge zwischen der Bedeutung, die Uhr- und Kalenderzeit im sozialen Leben einnehmen, und der Möglichkeit und dem Tempo sozialen Wandels feststellen. Solche Bezüge, die nicht nur soziologische, sondern auch im engeren Sinne politische Relevanz besitzen, können nicht gesehen werden, wenn soziale Zeit auf bestimmte Schichten des Zeitbewußtseins beschränkt wird.

Überdeutlich greifbar wird die von Krysmanski sog. restaurative Tendenz in Sorokins vierbändigem, 1937 bis 1941 zum ersten Mal erschienenen Werk „Social and Cultural Dynamics". Es geht daraus hervor, daß Sorokin der rein quantitativen Zeit nicht allein deswegen so konsequent ablehnend gegenüberstand, weil er durch ihren Ausschluß aus dem Bereich der soziokulturellen Zeit das Eindringen von methodologischen Prinzipien der Naturwissenschaften in die Soziologie verhindern wollte; diese Intention war seiner Schrift „Sociocultural Causality, Space, Time" zu entnehmen. In „Social and Cultural Dynamics", das in erster Linie einer umfassenden Darlegung seiner Vorstellungen vom Geschichtsverlauf gewidmet ist, ordnet er der quantitativen Zeit die von ihm sog. sensate culture zu[297], zu deren Ausprägungen auch die modernen Industriegesellschaften gehören. Kennzeichen von sensate cultures sind u.a.: Orientierung an den Sinnen, Materialismus und Hedonismus. Merkmale der sog. ideational cultures, die das Gegenstück zu den sensate cultures bilden, sind dagegen: Orientierung am Übersinnlichen, Glaube und Gesinnungsethik. Dieser Kulturausprägung entspricht nach Sorokin eine Zeitform, die nahezu alle Kennzeichen der soziokulturellen Zeit (wie er sie charakterisiert) aufweist: Sie ist u.a. nicht homogen, nicht teilbar und qualitativ[298]. Sorokin nimmt für unseren Kulturraum an, daß nach einer Phase der ideational culture, die bis zum Hochmittelalter dauerte,

---

292 Vgl. Rezsoházy, S. 129.

293 Vgl. ebd., S. 123 ff.

294 Vgl. z.B. ebd., S. 44 ff. sowie S. 73 ff.

295 Vgl. ebd., S. 131 ff.

296 Vgl. ebd., S. 188 f.

297 Vgl. Pitirim A. Sorokin, Social and Cultural Dynamics, Bd. II, New York 1962 (zuerst 1937), S. 427.

298 Vgl. ebd., S. 414.

und der Phase der idealistic culture, die ein abstufendes Zwischenglied zwischen den beiden anderen einander konträren Kulturausprägungen bildet, in der Moderne die sensate culture dominiert. Entsprechend seiner Vorstellung von der Geschichte als einer dauernden Folge dieser drei Kulturphasen ist bald das Anbrechen einer neuen Ära der ideational culture zu erwarten. Im Bereich der Zeitvorstellungen ist für ihn die Bergsonsche Zeitphilosophie ein deutliches Anzeichen für diesen Umbruch[299]. In Sorokins Bevorzugung der qualitativen Zeit und in seiner Ablehnung der quantitativen Zeit wird Sehnsucht nach einer vergangenen Welt spürbar, einer Welt, in der zeitlose Werte dominieren, „oriented toward everlasting and supersensory Being, while the sensate (system, G. S.) toward everchanging sensory Becoming"[300]. Aber Sehnsucht kann den Blick trüben; von einer nachlassenden Bedeutung der Uhr- und Kalenderzeit ist im modernen Leben nichts zu verspüren. Und wenn die Realität den Wünschen nicht entspricht, kann man die Begriffe passend „biegen". Zwar sind Begriffe prinzipiell beliebig definierbar. Aber es ist zumindest verdächtig, wenn die gängige Bedeutung von „sozial" hinter den Intentionen eines Autors zurückstehen muß, wie dies bei sozialer Zeit im Verständnis Sorokins der Fall war.

---

[299] Vgl. ebd., S. 427.

[300] Vgl. Pitirim A. Sorokin, Social and Cultural Dynamics, Bd. IV, New York 1962 (zuerst 1941), S. 388. Hier erscheint die Bezeichnung „Platoniker" für Sorokin angebracht, die Kolaja verwendet; vgl. dazu Jiri Kolaja, Social System and Time and Space, Pittsburgh 1969, S. 26

3. Das Problem der Geschwindigkeit sozialer Zeit

„In Wirklichkeit kann man nicht sagen, daß die Zeit in einer Gesellschaft schneller oder langsamer dahinfließt als in einer anderen; der auf den Zeitablauf angewandte Begriff der Schnelligkeit weist keine bestimmte Bedeutung auf."

Maurice Halbwachs,
Das kollektive Gedächtnis, S. 113

3.1. Die Vorstellung der Geschwindigkeit der Zeit als Bewußtseinsphänomen

Wir alle wissen aus unserem alltäglichen Erleben, daß Zeit nicht in jeder Situation gleich schnell verläuft. Sekunden in einer gefährlichen Situation können uns viel länger erscheinen[1]. Nach einem Abend mit guten Freunden werden wir überrascht sagen, die Stunden seien nur so verflogen. Monotone Arbeitsvorgänge lassen die Zeit im Bewußtsein des Arbeitenden besonders langsam verrinnen[2], abwechslungsreiche Tätigkeiten dagegen lassen die Zeit schnell vergehen. Die genannten Beispiele legen nahe, daß es relativ wenige Faktoren sind, die auf die Geschwindigkeit des Zeiterlebens Einfluß nehmen und daß dieser Einfluß einfach und eindeutig zu bestimmen ist. Dringt man jedoch in die Details vor, so muß dieser Eindruck schwinden.

Der Wechsel verschiedener Ereignisse ist wahrscheinlich der wichtigste Faktor, der im Zusammenhang mit dem Gefühl der Geschwindigkeit des Zeitablaufs genannt werden muß. Absolute Monotonie würde zur Folge haben, daß gar kein Ablauf der Zeit mehr wahrgenommen wird. F. J. J. Buytendijk, sowohl Physiologe wie Psychologe, stellt fest: „Wenn nichts geschieht und keine Selbstbewegung stattfindet, gibt es auch keine Zeit"[3]. Der Zusammenhang von Monotonie bzw. Wechsel und Zeiterleben kommt in verschiedenen sozialen Situationen sehr deutlich zum Ausdruck. Es ist sicherlich die Monotonie des Lebens in Kasernen und Gefängnissen, die dort den Ablauf der Zeit so „zähe" werden läßt. Bei beiden Institutionen gehört es zum allbekannten Detail, daß die Tage, die noch in ihnen zu verbringen sind, durch Striche über den Betten

---

[1] Vgl. dazu auch die experimentellen Belege bei Jonas Langer u.a., The Effect of Danger upon the Experience of Time, in: The American Journal of Psychology 74 (1961), S. 94–97.

[2] Vgl. dazu z.B. Helen Bagenstose Green, Temporal Attitudes in Four Negro Subcultures, in: J. T. Fraser u.a. (Hrsg.), The Study of Time, Berlin – Heidelberg – New York 1972, S. 410.

[3] F. J. J. Buytendijk, Allgemeine Theorie der menschlichen Haltung und Bewegung, Berlin 1956, nach: P. Hartwich, Experimente zum präsentischen Zeiterleben Schizophrener, in: Psychopathometrie 3 (1977), S. 81.

oder in Spinden markiert werden. In den gleichen Strichen kommt das Gleichförmige der Tage zum Ausdruck. Diese Monotonie kann auch für Arbeiten am Fließband und immer gleiche Handgriffe bei simplen Montagearbeiten u.ä. gelten. Wie Jason Ditton anhand einer Feldstudie in einer Backwarenfabrik aufzeigte, können Arbeitsplätze, die unter erschwerten Bedingungen große Anstrengungen erfordern, aber mit Abwechslung verbunden sind, begehrter sein als leichte Arbeiten, bei denen sich bald Langeweile einstellt. So war in dem von Ditton erfaßten Betriebsteil die Arbeit am Ofen mehr geschätzt als das vergleichsweise angenehme Hantieren mit Teig, weil beim Arbeiten mit Teig ohne Pause dasselbe zu tun war[4]. Daneben berichtet Ditton von provozierten leichten Störungen in bestimmten Arbeitsgruppen, die die als Langeweile empfundene Routine unterbrachen[5]. – Ein gewisser Zerfall des Zeitsinnes wurde bei langfristig Arbeitslosen festgestellt. Da ihr Leben ohne jede innere Spannung und ohne Perspektive verlief, erwies sich eine Orientierung an der Zeit immer weniger notwendig; dieser Mangel an Gerichtetheit fand auch in ihren Bewegungen Ausdruck. Gingen sie durch das Dorf, so schlenderten sie auffällig langsam und blieben häufig stehen[6]. – Der Stellenwert wechselnder Ereignisse wird auch deutlich, wenn man Verhaltensweisen berücksichtigt, die Symptom bestimmter Geisteskrankheiten sind. So verbringen z.B. manche Schizophrenen Tag für Tag mit dem Durchleben immer derselben Wahnvorstellung[7]. Dadurch zerfällt der Zeitsinn; eine wichtige Orientierungsmöglichkeit in der Realität fällt aus. Und es ist ein Indiz für eine Besserung des Zustands, wenn diese Kranken die Zeit wieder mit verschiedenen Vorstellungen gliedern. Der Hinweis auf das Zeiterleben Geisteskranker gibt Gelegenheit, den Begriff des Ereignisses zu präzisieren, von dessen Wechsel das Zeiterleben abhängig ist. Als Ereignisse sollen nicht nur äußere Abläufe und eigene Aktivität gelten, sondern auch innerpsychische Vorgänge. Allerdings besteht eine Tendenz zur Verlangsamung des Zeitablaufs im Bewußtsein, wenn äußere Aktivität fehlt[8].

Die Behauptung über die Beziehung zwischen dem Wechsel der Ereignisse und dem Gefühl der Ablaufgeschwindigkeit von Zeit unterliegt jedoch zumindest zwei Einschränkungen. Nimmt die Zahl der Ereignisse in einem Zeitraum über ein bestimmtes Maß zu, so verstreicht die Zeit im Bewußtsein des Erlebenden langsamer, als er sie nach der Uhr schätzt[9]. Dies ist das Ergebnis experimenteller Studien und gilt unter bestimmten experimentellen Bedingungen, und es hat eher für diesen Bereich Bedeutung; Alltagserlebnisse dieser Art sind selten. Wichtiger und daher mit einem plausiblen Beispiel belegbar ist die zweite Einschränkung. Der homo ludens jeden Alters vollzieht oft lange Zeit die gleichen Abläufe, ohne daß ihm das „langweilig" wird. Für das Kind, das im-

---

[4] Vgl. Jason Ditton, Baking Time, in: The Sociological Review 27 NS (1979), S. 161 f.

[5] Vgl. ebd., S. 164 f.

[6] Vgl. Marie Jahoda u.a., Die Arbeitslosen von Marienthal, 3. Aufl., Frankfurt/M. 1975, S. 83 ff.

[7] Vgl. dazu das Fallbeispiel bei Marianne Krüll, Schizophrenie und Gesellschaft, München 1977, S. 42 ff.

[8] Vgl. Leonard W. Doob, Patterning of Time, New York – London 1979, S. 187 ff.

[9] Vgl. ebd., S. 109 ff., bes. S. 115.

mer wieder den gleichen Turm aufbaut und umstößt, und für den Kegler, der immer wieder die Kegel umwirft, verläuft die Zeit schnell. Damit haben wir einen zweiten Faktor eruiert, der auf das Erleben der Zeit Einfluß hat: Es geht um den Grad der Freudigkeit („pleasantness“[10]), der mit Abläufen verknüpft ist. Je positiver ein ablaufendes Ereignis eingeschätzt wird, desto schneller verläuft die Zeit. Unangenehme Gefühle sind mit Erlebnissen langsamen Zeitablaufs verbunden. Schmerz, Ermüdung[11] sowie Trauer[12] und Schuld[13] lassen die Zeit eher „dahinschleichen“. Dies trifft auch für das Warten zu. Und zwar vergeht Warten nicht deswegen langsamer, weil während seines Verlaufs nichts geschieht. Doob hat alle die inneren Erlebnisse zusammengestellt, die typisch für das Warten auf eine Person sind: Wunsch nach Erscheinen des Erwarteten, Schmieden alternativer Pläne, Suche nach Gründen für die Verspätung, Gefühle verletzten Stolzes, gedankliche Vorwegnahme des Dialogs mit dem Verspäteten[14]. Warten auf Personen wird also deswegen als lang dauernd erlebt, weil es unangenehm ist.

Man muß prinzipiell zwischen Erleben einer Situation und Erwarten einer Situation unterscheiden. „Pleasantness“ eines erwarteten Zieles bedeutet nicht das Erleben eines schnellen Zeitablaufs, wie jeder weiß, der das Warten von Kindern auf die Weihnachtsbescherung erlebt hat. Zusätzlich kann angenommen werden: Je stärker der Drang nach dem Ziel ist, desto wahrscheinlicher ist eine Verlangsamung des Zeiterlebens[15]. Keine eindeutige Beziehung zeigt sich zwischen subjektivem Zeiterleben und dem Erwarten von als unangenehm empfundenen Zielen. Hier verläuft die Zeit für den Betroffenen meist zu schnell. Ist eine unangenehme Situation terminiert, kann man auch wünschen, daß die Zeit schneller vergehen soll[16].

Von Bedeutung für das Erleben des Zeitablaufs ist ferner die Zeitspanne, die für ein bestimmtes Ereignis angesetzt wird. Wenn man erwartet, daß die Zeit, die für eine Tätigkeit oder eine Begegnung vorgesehen ist, zu kurz ist, verläuft die Zeit während des Ereignisses oder der Begegnung sehr schnell; das Entgegengesetzte gilt, wenn man einen Überfluß an Zeit annimmt[17]. Bei diesen Zusammenhängen muß auch die Bedeutung von Uhr und Kalender erwähnt werden. Wird eine Periode als zu langsam fließend empfunden, verstärkt der Blick

---

[10] Ebd., S. 132.

[11] Vgl. Th. R. Payk, Zeiterlebensstörungen bei endogener Depression, in: Neurologie und Psychiatrie 7 (1980), S. 364.

[12] Vgl. W. A. Stoll, Das Zeiterleben in der Psychiatrie, in: R. W. Meyer (Hrsg.), Das Zeitproblem im 20. Jahrhundert, Bern – München 1964, S. 172.

[13] Vgl. Joe Wilson Floyd jr., Toward a Theory of the Articulation of Personal Time Scheduling with Diverse Institutional Social Times, phil. Diss. University of California Riverside 1977, S. 215.

[14] Vgl. Doob, S. 112.

[15] Vgl. ebd., S. 138.

[16] Vgl. ebd., S. 137.

[17] Vgl. Floyd jr., S. 215 und 358.

auf die Uhr dieses Erlebnis noch. Ähnliches gilt für Zeitstrecken, in denen die Zeit zu schnell verläuft[18].

Nur unter der Bedingung, daß er mit einem positiven Erlebnis verbunden ist, wirkt auch der Faktor der Intensität, mit der ein Ereignis erlebt wird. Sind wir von dem Ereignis so erfaßt, daß uns die übrige Umwelt belanglos wird, vergessen wir den Ablauf der Zeit. Das Ereignis hält uns gefangen, alles andere, auch der Verlauf der Zeit, findet keinen Zugang zum Bewußtsein. Es sind angenehme Erlebnisse, Perioden des Genießens oder der Kreativität, nach denen wir feststellen, wie schnell die Zeit vergangen ist.

Eine gewisse Verkehrung des beschriebenen Zusammenhangs zwischen Wechsel der Ereignisse und der Geschwindigkeit des erlebten Zeitablaufs tritt ein, wenn man an die Stelle des Erlebens das Erinnern setzt. Dann ist das Paradox zu beobachten, das schon 1922 der amerikanische Psychologe William James beschrieben hat: Im nachhinein erscheinen Zeiträume, die uns als erlebte kurz vorkamen, lang, und Spannen, die uns während des Durchlebens sehr lang erschienen, schrumpfen in der Erinnerung[19]. Thomas Mann beschreibt dieses Phänomen in seinem Roman „Der Zauberberg" folgendermaßen: „Leere und Monotonie mögen zwar den Augenblick und die Stunde dehnen und ‚langweilig' machen, aber die großen und größten Zeitmassen verkürzen und verflüchtigen sie sogar bis zur Nichtigkeit. Umgekehrt ist ein reicher und interessanter Gehalt wohl imstande, die Stunde und selbst noch den Tag zu verkürzen und zu beschwingen, ins Große gerechnet jedoch verleiht er dem Zeitgange Breite, Gewicht und Solidität, so daß ereignisreiche Jahre viel langsamer vergehen als jene armen, leeren, leichten, die der Wind vor sich her bläst und die verfliegen. Was man Langeweile nennt, ist also eigentlich viel mehr eine krankhafte Kurzweiligkeit der Zeit infolge von Monotonie: große Zeiträume schrumpfen bei ununterbrochener Gleichförmigkeit auf eine das Herz zu Tode erschreckende Weise zusammen; wenn ein Tag wie alle ist, so sind sie alle wie einer; und bei vollkommener Einförmigkeit würde das längste Leben als ganz kurz erlebt werden und unversehens verflogen sein"[20].

Daß trotz der genannten Ausnahmen vor allem der Wechsel der Ereignisse die Vorstellung der Geschwindigkeit der Zeit bestimmt, ist kein kulturspezifisches Phänomen. Als Beleg dafür, daß sich derartiges in ganz verschiedenen Kulturen beobachten läßt, können eventuell die folgenden Ausführungen von E. E. Evans-Pritchard über die Nuer dienen: „When time is considered as relation between activities, it will, however, be understood that it has a different connotation in the rains and at the commencement of the drought where there is a round of varied economic and ceremonial undertakings, when raids are carried out, when food and beer are plentiful, and when, in general, the pulse of the life beats faster, to the connotation it has in the middle of the dry sea-

---

[18] Vgl. ebd.

[19] Vgl. William James, Principles of Psychology, Bd. I, New York 1922, S. 624, nach: Pitirim A. Sorokin und Robert K. Merton, Social Time: A Methodological and Functional Analysis, in: The American Journal of Sociology 42 (1937), S. 617.

[20] Thomas Mann, Der Zauberberg, Frankfurt/M. – Berlin 1954, S. 149.

son when the round of social activities is monotonous and undifferentiated and there is great ecological stability. There are, so to speak, fewer points on the dry-season clock than on the wet-season clock so that the hands appear to move more slowly, to an outsider at any rate and possibly to the Nuer themselves"[21]. Das Erleben verschiedener Geschwindigkeiten im Ablauf der Zeit erscheint als psychisches Phänomen, das nicht kulturgebunden auftritt: Es handelt sich um eine allgemein menschliche Bewußtseinsreaktion auf bestimmte Qualitäten und Abfolgen von Situationen. So erfordern stets verschiedenartige Ereignisse in einem Erinnerungszusammenhang quasi mehr Raum im Bewußtsein als gleichartige, wobei man davon ausgehen kann, daß in der Erinnerung die Ereignisse nicht mehr primär in ihrer Quantität, sondern vor allem in ihrer Qualität präsent sind. Gleichartige Ereignisse schieben sich in der Erinnerung quasi hintereinander. Auf dieser Eigenart des sich erinnernden Bewußtseins basiert ein fundamentales literarisches Gestaltungsprinzip, das in vielen Kulturen genutzt wurde. Durch Raffung, wie sie der der Erinnerungen entspricht, wird eine überschaubare Darstellung von langen Ereignisfolgen möglich. Besonders deutlich wird dies in den literarischen Formen des Romans, aber auch des Dramas. Durch die Darstellung verschiedenartiger wesentlicher Ereignisse gelingt es, ein Menschenleben, eine Familiengeschichte, die Epoche eines Volkes vor Augen zu stellen. Der Dramatiker Thornton Wilder spricht dieses literarische Gestaltungsprinzip in den Spielanweisungen zu dem Einakter „Das lange Weihnachtsmahl" direkt an: „Neunzig Jahre werden durchmessen in diesem Spiel, das in beschleunigter und abgekürzter Form neunzig Weihnachtsmähler im Haus der Bayards vorführt"[22].

3.2. Sozialkulturelle Bezüge zur Geschwindigkeit des Erlebens von Zeit

Die bisher erörterten Fragen der Geschwindigkeit des Zeitablaufs gehören als ein wichtiger Bestandteil zum Problemfeld der sog. erlebten Zeit oder des subjektiven Zeiterlebens. Wenn man auch prinzipiell davon ausgehen kann, daß die Wahrnehmung der Geschwindigkeit von Zeit primär psychische Ausstattung des Menschen darstellt, im einzelnen Bewußtsein abläuft und sich damit als Thematik offenbart, die vor allem der Individualpsychologie zuzuordnen ist, so sind doch sozialkulturelle Einflüsse auf das Erleben des Ablaufs von Zeit anzunehmen, die es in unserem Zusammenhang besonders herauszustellen gilt. Ihr Nachweis gestaltet sich schwierig. Im folgenden sollen drei wichtige Ansätze beschrieben werden.

---

[21] E. E. Evans-Pritchard, Nuer Time-Reckoning, in: Africa 12 (1939), S. 203 f.

[22] Thornton Wilder, Einakter und Dreiminutenspiele, Frankfurt/M. 1954, S. 72 f., nach: Willy Hochkeppel, Die Veränderung des Zeitbewußtseins im modernen Theater, phil. Diss. München 1957, S. 116. J. B. Priestley weist darauf hin, daß die „Raffung" nicht generell in der Literatur gilt. So können literarische Darstellungen eines Ereignisses bei Berücksichtigung aller Aspekte des Ereignisses auch eine Lesezeit erfordern, die länger ist als die Dauer des Ereignisses. Vgl. dazu J. B. Priestley, Man and Time, London 1964, S. 115.

Zunächst liegen Versuche vor, eine kulturell geprägte Komponente in der Wahrnehmung der Geschwindigkeit der Zeit auf indirektem Wege, vor allem über die Analyse sprachlicher Wendungen herauszuarbeiten. In diesem Zusammenhang sind die Untersuchungen, die R. H. Knapp und J. T. Garbett durchführten[23], von besonderer Bedeutung. Die beiden Psychologen entwickelten die von ihnen sog. Metaphor Scales, eine Sammlung von Metaphern über Zeit aus der Dichtung und der Umgangssprache. In der mathematischen Analyse ergaben sich drei cluster. Sie wurden folgendermaßen charakterisiert: Das vektorielle cluster enthält Wendungen wie fliehender Dieb und vorwärtsrasende Lokomotive. Die beiden Autoren bezeichnen diese Bilder als charakteristisch für die westliche Zivilisation früherer Jahrhunderte. In Shakespeares Stücken etwa komme mehrmals das Bild von der Zeit als Dieb vor. Ferner liege die vektorielle Vorstellung von der Zeit auch Newtons Physik zugrunde. Die Autoren sehen die Einstellung gegenüber der Zeit, wie sie in diesem ersten cluster zusammengefaßt ist, als Voraussetzung für die Entwicklung der westlichen Physik, aber auch für die Industrialisierung an. Bestärkt finden sie sich in dieser Meinung noch durch positive Korrelationen zwischen der Wahl dieses clusters und hoher Leistungsmotivation, die durch einen entsprechenden Test festgestellt wurde. Wenig Leistungsmotivation wurde dagegen bei den Personen ermittelt, die vorwiegend Bilder aus den beiden übrigen Gruppen gewählt hatten. Das zweite cluster nannten sie ozeanisch; repräsentativ für dieses cluster waren eine weite Ausdehnung des Himmels und ein ruhiger Ozean. Das ozeanische cluster scheint Vorstellungen in asiatischen Religionen, vor allem im Buddhismus, zu entsprechen. Das dritte, das sog. humanistische cluster enthielt Bilder wie Treppenaufgang, rotierendes Rad oder alte spinnende Frau. Hier nehmen die Autoren an, daß es sich um Vorstellungsgut der griechischen Klassik handelt; sie sehen Bezüge besonders zu Protagoras und seinem Konzept vom Menschen als Maß aller Dinge.

Von den Ergebnissen dieser Untersuchung Knapps und Garbetts ist für unseren Zusammenhang von Bedeutung, daß asiatische Religionen eher eine gelassene Sicht der Zeit nahelegen als neuzeitliche europäische Weltanschauungen. Im Westen kommen viel häufiger Zeitknappheit und Hast vor, die das Durchleben zahlreicher Situationen ermöglichen soll und dadurch Gefühle eines schnellen Ablaufs der Zeit auslöst. Zeitknappheit und Hetze weisen ebenso wie Messen der Zeit einen Bezug zur Industriekultur auf; dies steht im Einklang mit unseren Darlegungen über den wachsenden Stellenwert der gemessenen Zeit im Laufe der Industrialisierung. Von weitreichenderer Bedeutung scheint aber der methodische Teil des Beitrags zu sein. Es wäre mit Hilfe einer derartigen Metaphern-Skala möglich, interkulturelle Vergleiche über die Vorstellungen von der Geschwindigkeit des Zeitablaufs durchzuführen. Denn die Grundüberlegung, daß in solchen Metaphern die Art des Zeiterlebens zum Ausdruck kommen *kann*, scheint durchaus tragfähig zu sein. Das einschränkende „kann" mußte eingefügt werden, weil Sprache ein vielschichtiger Komplex ist; daher müßte in die Auswertung unbedingt der kulturelle Kontext einer Metapher einbezogen

[23] Vgl. R. H. Knapp, Personality and the Psychology of Time, in: J. T. Fraser u.a. (Hrsg.), The Study of Time, Berlin – Heidelberg – New York 1972, S. 312–319.

werden. Eine weitere Voraussetzung für solche Vergleiche wäre natürlich, daß in allen untersuchten Kulturen ein abstrakter Begriff vorhanden wäre, der unserem Wort „Zeit" entspricht. Es liegt eine Sammlung von 25 solchen Metaphern vor[24], und es wäre aufschlußreich zu erfahren, in welcher Kultur Zeit eher als Wendeltreppe oder als rotierende Spule, eher als weiter, blauer Himmel oder ziehende Wolken, eher als knospende Blätter oder als Vogel im Flug, eher als Felsmassiv oder als riesiger Wasserfall betrachtet würde. Ansätze derartiger Vergleiche liegen vor[25].

Ein zweiter und dritter Punkt, an dem sich die individuelle Vorstellung von der Geschwindigkeit der Zeit und das soziale Leben berühren, sind leichter faßbar als der bisher dargelegte Ansatz zur kulturell unterschiedlichen Ablaufgeschwindigkeit von Zeit. Der zweite Punkt betrifft die soziale Normierung der Ablaufgeschwindigkeit von Zeit und ein dritter die aus den vorherrschenden Zeiteinteilungen, aus strukturellen und zeitgeschichtlichen Hintergründen herrührenden Einflüsse auf das Zeiterleben.

Es gibt eine Art sozialer Vereinbarung darüber, wie schnell Zeit prinzipiell abzulaufen hat. Diese Vereinbarung ist aber flexibel. In verschiedenen Situationen wird Zeit unterschiedlich geschwind ablaufend erlebt. In vielen Untersuchungen wurde nachgewiesen, daß für ältere Menschen, die Situation gleichgesetzt, Zeit schneller abläuft als für jüngere. Besonders aus Schätzungen über abgelaufene Zeit wurde das geschlossen[26]. Ähnliche Unterschiede ergeben sich beim Vergleich von Untersuchungsgruppen, die sich nach anderen demographischen Merkmalen unterscheiden. Aber auch für eine unübersehbar gewordene Zahl von weiteren Variablen wurde der Bezug zur Geschwindigkeit des erlebten Zeitablaufs untersucht. So sollen Blinde besonders gut die abgelaufene Zeit schätzen können[27]. Häufig untersucht sind auch die Zusammenhänge zwischen Zeitschätzung und Leistungsmotivation[28]. Ferner wurde festgestellt, daß auch physiologische Variablen Einfluß auf das Durchleben von Zeit nehmen. C. B. Goodhart etwa betrachtet, indem er einen physiologischen Aspekt verabsolu-

---

24 Vgl. So testen Sie Ihren Zeit-Faktor, in: Die Welt am Sonntag Nr. 4 vom 22.1.1978, S. 48, nach: Mark L. Stein, The Time Factor, Chicago o.J.

25 Vgl. dazu etwa Karl-Georg Tismer und Karl Wahlen, Zur qualitativen Tönung des Zeiterlebens bei Jugendlichen und älteren Personen, unveröff. Manuskript. Dort werden die nach einer Untersuchung von Wallach und Green bei Probanden in den USA bevorzugten Zeitmetaphern mit den entsprechenden Präferenzen in der Bundesrepublik Deutschland verglichen.

26 Vgl. dazu etwa H. Feifel, Judgement of Time in Younger and Older Persons, in: Journal of Gerontology 12 (1957), S. 71–74.

27 Vgl. Ingeborg Wilder, Schätzungen von längeren Zeiträumen bei verschiedenen Altersstufen und in verschiedener Einstellung, phil. Diss. Wien 1948, S. 75. Die dort gegebene Begründung: „Weil sie mehr auf sich selbst und auf ihr Innenleben gerichtet sind und daher auch leichter und besser die Meldungen des Zeitgefühls aufzunehmen vermögen" (ebd.) widerspricht Bergsons Vorstellung, nach der eine Konzentration auf das Innenleben das Aufgehen in der „durée" bedeutet, während hier für diese Situation eine spezielle Sensitivität gegenüber der gemessenen Zeit angenommen wird.

28 Vgl. z.B. Ingeborg Wilder und Feifel sowie Arthur F. LeBlanc, Time Orientation and Time Estimation: A Function of Age, in: The Journal of Genetic Psychology 115 (1969), S. 187.

tiert, Zeit als Funktion der Körpertemperatur[29]. Doch alle diese Unterschiede belasten die Interaktionen und Einstellungen der Agierenden kaum, schon weil eine gemeinsame Bindung an die physikalische Zeit besteht[30]. Jedoch in gewissen Extremsituationen, in denen zu große Divergenzen der Wahrnehmung des Zeitablaufs gegenüber dem Spektrum der üblichen Erlebnisweisen auftreten, wird das Vorhandensein einer sozialen Norm, die die geforderte Art der Wahrnehmung dieser Ablaufgeschwindigkeit eingrenzt, greifbar. Solche Extremsituationen sind mit einer ganzen Reihe von organischen Erkrankungen[31] sowie mit Erlebnissen nach Drogeneinnahme[32] gegeben. Eine weitere Klasse derartiger Situationen, in denen diese Norm durchbrochen wird, bilden psychische Krankheiten. Am besten ist dieses Phänomen bei der Schizophrenie belegt[33]. Typisch für dieses Krankheitsbild sind Zeitstillstandserlebnisse[34], die sowohl mit dem „Gefühl der Sinnleere und des Totseins" als auch mit dem „Gefühl ungeheuren Glücks und ungewohnter Sinnfülle"[35] verbunden sein können. Nimmt man mit der sog. soziogenetischen Theorie an, daß Schizophrenie die Widerspiegelung sozialer Spannungen in den Beziehungen des Kranken zu seiner Umwelt, insbesondere aber zu seiner Familie, darstellt[36], so ist sein Ausbrechen aus dem üblichen Zeiterleben ein Indiz für die Trennung vom gesellschaftlich Üblichen, die durch die Einweisung in die psychiatrische Klinik zur Trennung von der Gesellschaft wird. Extrem individualisierte Zeitwahrnehmung ist ein Bestandteil jener spezifischen Logik, die sich der Kranke aufbaut, um die erlebten Spannungen und Widersprüche aushalten zu können.

Die soziogenetische Theorie betont die kulturelle Definition der Schizophrenie. Verhaltensweisen, die in einer Kultur als „verrückt" definiert werden, werden in einer anderen als „entrückt" betrachtet. Die Schizophrenie führt in unserer Gesellschaft zu einem Statusverlust; in einer Gesellschaft, die die Institution des Schamanen kennt, kann ein Schizophrener derjenige sein, der allein die Qualifikation besitzt, dieses hochangesehene Amt zu übernehmen. Für den Bereich der Zeitwahrnehmung soll ein analoges Beispiel angeführt werden. Wir hatten oben gesehen, daß für Anhänger asiatischer Religionen das Bild des Ozeans für die Zeit als angemessen betrachtet wurde, während es bei Europäern und Nordamerikanern ungebräuchlich war. Otto Hannibal betrachtet folgende Aussage als typisch für Schizophrene: „Die Zeit war nicht mehr ein Strom, der vorbeifloß und dessen Fließen man messen konnte, sondern sie war gleichsam ein Meer, das als Ganzes stillstand"[37].

---

[29] Vgl. J. T. Fraser, Time as a Hierarchy of Creative Conflicts, in: Studium Generale 23 (1970), S. 639.

[30] Vgl. Jiri Kolaja, Social System and Time and Space, Pittsburgh 1969, S. 104.

[31] Vgl. dazu die Liste von Krankheiten bei Th. R. Payk, Untersuchungen zum Zeiterleben Depressiver, in: Psychopathometrie 2 (1976), S. 143.

[32] Literaturhinweise dazu finden sich ebd.

[33] Vgl. etwa Otto Hannibal, Das Zeiterleben in der Schizophrenie, in: Studium Generale 8 (1955), S. 607–611.

[34] Vgl. dazu auch Payk, Untersuchungen zum Zeiterleben Depressiver, bes. S. 144.

[35] Hannibal, S. 610.

[36] Eine gute Darstellung dieses Problembereichs bietet Krüll.

[37] K. Beringer, Der Meskalinrausch, Berlin 1927, S. 284, nach: Hannibal, S. 610.

Nach einer Theorie von Thomas J. Scheff ist Geisteskrankheit „eine Abweichung von den selbstverständlichen, den nicht hinterfragten Normen einer Gruppe. Es sind jene Normen, die in unserer Kultur beispielsweise als ‚natürliches', ‚allgemein-menschliches' Verhalten gelten, im Gegensatz zu jenen Normen, für deren Bestehen man Gründe angeben muß, deren Übertretung daher auch denkbar, wenn nicht gar zu erwarten ist"[38]. Zu dieser ersteren Art von Normen gehört neben zahlreichen anderen auch die soziale Norm der Zeitwahrnehmung. Wir hatten oben die Flexibilität dieser Norm herausgestellt, nun kommt als zweites Merkmal die fehlende Verbalisierung hinzu. Das Paradoxe, das aus den beiden Eigenschaften erwächst, formuliert Krüll folgendermaßen: „Die Norm ist nicht beschreibbar, die Abweichung von der Norm aber ist es"[39].

Ein letzter Berührungspunkt zwischen individuellem Zeiterleben und der Gesellschaft besteht darin, daß in einer Kultur bestimmte Situationen vorkommen und Institutionen existieren, mit denen ein bestimmtes Zeiterleben verbunden ist. Hier könnte zunächst all das wiederholt werden, was über ökologische und strukturelle Zeit, über Zeitbenennungen und Zeitmessung im kulturellen Kontext festgestellt wurde. All das beeinflußt die Wahrnehmung einer bestimmten Ablaufgeschwindigkeit der Zeit. Um nur ein einziges Beispiel herauszugreifen: Es ist nach unseren Darlegungen ersichtlich, daß für ein Individuum, das in einer Gesellschaft lebt, die eine 3-Tage-Woche kennt, die Zeit in dieser Hinsicht schneller verläuft als für Mitglieder einer Gesellschaft mit einer 10-Tage-Woche[40]. Weiterhin bestimmen auch strukturelle Details einer Gesellschaft die Zeitwahrnehmung. In einer Gesellschaft, in der der einzelne zahlreiche Rollen übernehmen und sein Verhalten permanent diesen Rollen und ihren Segmenten entsprechend gestalten muß, wird das Individuum den Ablauf der Zeit schneller erleben als ein Mitglied einer familistisch orientierten Gesellschaft. Und jedes Milieu innerhalb einer Gesellschaft legt wiederum eine andere Zeitwahrnehmung nahe. Um ein weiteres, von MacIver verwandtes Beispiel aufzugreifen: Die vom Wettbewerb bestimmte Situation in der Großstadt, in der für bestimmte Bewegungen eine ausgeprägte Hast objektiv festgestellt wurde[41], vermittelt eine andere Vorstellung vom Verlauf der Zeit als das ruhige Leben in einem Kloster[42].

Aber noch in einem anderen Sinne beeinflussen Situationen die Wahrnehmung der Zeit. Bestimmte zeitgeschichtliche Stadien werden schneller verlaufend erlebt als andere. Als Beispiele für schnell verlaufende Zeit könnte man Revolutionen und Kriege anführen. „In der Revolution geht alles unglaublich

---

[38] Krüll, S. 48.

[39] Ebd., S. 50.

[40] Vgl. dazu auch Jack Goody, Time: Social Organization, in: David L. Sills (Hrsg.), International Encyclopedia of the Social Sciences, Bd. 16, o.O. 1968, S. 34.

[41] Vgl. M. H. und H. G. Bornstein, The pace of life, in: Nature 259 (1976), S. 557 f. Die beiden Autoren stellten fest, daß Fußgänger ohne Begleitung in Millionenstädten doppelt so schnell gehen wie in kleinen Dörfern.

[42] Vgl. R. M. MacIver, The Challenge of the Passing Years, New York 1962, S. 42.

schnell, so wie im Traume der Schlafenden, die von irdischer Schwere befreit sind"[43], bemerkt enthusiastisch der anarchistischen Vorstellungen anhängende Gustav Landauer. Es sind sicher dieser dauernde Wechsel der Situationen und ihre Unberechenbarkeit, die auch viele Menschen trotz der Grauen, die sie in dieser Zeit erlebten, den Zweiten Weltkrieg als die am meisten berichtenswerte Phase ihres Lebens ansehen lassen, die stets neuen Stoff für Erzählungen liefert. Und auch hier gilt: Was damals hastig, oft hektisch durchlebt wurde, dehnt sich im Rückblick zu epischer Länge aus. In dieser Art von Zeiterleben ist auch ein Charakteristikum eines sog. Generationszusammenhangs zu sehen, den Karl Mannheim in seinem Essay „Das Problem der Generationen" thematisiert. „Generationszusammenhang" bedeutet im Gegensatz zur „Generationslagerung", die lediglich die Tatsache von benachbarten Jahrgängen in einem bestimmen „historisch-sozialen Raume" bezeichnet, „*Partizipation* an den *gemeinsamen Schicksalen* dieser historisch-sozialen Einheit"[44]. Gerade in der Jugendzeit, in der nach Mannheim die das Weltbild des Erwachsenen bestimmenden Eindrükke gewonnen werden[45], entsteht aus dieser Verbundenheit „eine spezifische Art des Erlebens und Denkens"[46], die auch die Zeitwahrnehmung einbegreift[47]. Voraussetzung des Entstehens generationsspezifischer Wahrnehmungsweisen ist jedoch „die Beschleunigung der gesellschaftlichen Dynamik"[48], also ein deutlicher Wechsel der Ereignisse. Karl Mannheim wählt als Beispiel für einen Generationszusammenhang die preußische Jugend um 1800, die an den Befreiungskriegen teilnahm. Dieses Schicksal der Kriegsteilnahme beeinflußte die individuelle Wahrnehmung das ganze Leben hindurch. Ein weiteres Beispiel soll die Zusammenhänge zwischen historischer Situation und Vorstellungen des Zeitablaufs noch verdeutlichen. Aus dem Wunsch, Zeit dynamischer erleben zu können, ist auch die Kriegsbegeisterung der Jugend von 1914 zu verstehen: Die Jugend sah die Chance, aus einem Milieu ausbrechen zu können, in dem alles seinen vorbestimmten, gemessenen Ablauf nahm. Ein Student, der sich als Kriegsfreiwilliger meldete, reagierte dementsprechend auf den Kriegsausbruch: „Es passierte doch endlich einmal etwas, und das möchte ich mir unter keinen Umständen entgehen lassen"[49]. Ähnlich ließen sich, um wieder auf strukturelle Gegebenheiten moderner Industriegesellschaften zu kommen, die Begeisterung für Unterhaltungsmusik, aber auch Randalieren als Versuch erklären, einer im Arbeits- und Bildungsprozeß monoton und „zähe" fließend empfundenen Zeit den Antrieb zu geben, der dem jugendlichen Leben entspricht.

---

[43] Gustav Landauer, Die Revolution, Frankfurt/M. 1919 (zuerst 1912), S. 81.

[44] Karl Mannheim, Das Problem der Generationen, in: Ders., Wissenssoziologie, eingel. und hrsg. von Kurt H. Wolff, Berlin – Neuwied 1964, S. 542 (Hervorhebung v. Mannheim).

[45] Vgl. ebd., S. 536 ff.

[46] Ebd., S. 528.

[47] Vgl. ebd., S. 517.

[48] Ebd., S. 551.

[49] Günter Dehn, Die Welt vor 1914, Hamburg 1956, S. 36, nach: Hans Heinrich Muchow, Sexualreife und Sozialstruktur der Jugend, Reinbek 1959, S. 67.

3.3. Soziologische Analysen zur Geschwindigkeit sozialer Zeit

3.3.1. Georges Gurvitch (1963)

Wir konnten zwar mit der Gesamtkultur, der sozialen Umwelt und der Zeitgeschichte wichtige Einbruchstellen in das Bewußtsein vom Ablauf der Zeit erfassen. Das revidiert allerdings nicht die grundsätzliche Feststellung, daß Geschwindigkeit der Zeit eine *subjektive* Vorstellung des *individuellen* Bewußtseins ist. Im Gegensatz zu dieser Auffassung nehmen einige Soziologen an, daß Geschwindigkeit eine *objektive* Komponente *sozialer* Zeit ist. Anhand der Abhandlung Gurvitchs „La multiplicité des temps sociaux“[50], die wohl den differenziertesten Beitrag zu diesem Problemkreis darstellt, soll diese Auffassung von der Geschwindigkeit sozialer Zeit analysiert werden.

Die Wahl der Geschwindigkeit zur Kategorisierung der Zeit liegt bei Gurvitch eigentlich nahe, wenn man von seinen Definitionen der Begriffe „Zeit“ und „soziale Zeit“ ausgeht. Die beiden Begriffsbestimmungen seien hier wiederholt. „Pour préciser ce que nous comprenons sous le terme *temps*, nous dirons que, dans l'optique où nous nous plaçons, il suffit de le décrire tantôt comme une *coordination*, tantôt comme un *décalage des mouvements, coordination et décalage qui durent dans la succession et se succèdent dans la durée*“[51]. „Le *temps social* est le temps de coordination et de décalage des mouvements des *phénomènes* sociaux totaux, que ces phénomènes sociaux totaux soient globaux, groupaux ou microsociaux et qu'ils s'expriment ou non dans des structures sociales“[52]. In diesen Definitionen erscheint „mouvements“ als ein wichtiger Bestandteil. Um einer Klärung des Sachverhalts „Geschwindigkeit sozialer Zeit“ näherzukommen, wird in erster Linie zu fragen sein: Was macht die Bewegung aus, von der in beiden Begriffsbestimmungen die Rede ist?

Georges Gurvitch hat in „La multiplicité des temps sociaux“ allen von ihm erfaßten Untergliederungen von Gesellschaften und Gesellschaftstypen eine Skala von sozialen Zeiten zugeordnet[53]. Den von ihm sog. Tiefenebenen („les paliers en profondeur“[54]) der Gesellschaft (der morphologisch-ökologischen Ebene; den Organisationen; den Mustern, Regeln, Signalen und Zeichen; den sozialen Rollen und kollektiven Einstellungen; den Symbolen, Ideen und kollektiven Werten sowie den kollektiven Mentalitäten), den mikrosozialen Elementen (Masse, Gemeinde und Vereinigung), den verschiedenen Gruppen, sozialen Klassen und den Gesellschaften verschiedener Entwicklungsstufen wer-

---

[50] Vgl. Georges Gurvitch, La vocation actuelle de la sociologie, Bd. 2, 2. neubearb. und erw. Aufl., Paris 1963, S. 325–430.

[51] Ebd., S. 329 (Hervorhebung von Gurvitch).

[52] Ebd., S. 338 f. (Hervorhebung von Gurvitch).

[53] Es sei ausdrücklich darauf hingewiesen, daß Gurvitch sowohl den Singular „le temps social“ als auch den Plural „les temps sociaux“ gebraucht.

[54] z.B. Gurvitch, S. 344 (Bei Gurvitch Hervorhebung).

den meist mehrere oder auch alle acht der von ihm festgelegten Formen der sozialen Zeit angemessen, aufgereiht nach der Häufigkeit des Vorkommens. Diese acht Zeittypen und ihre wesentlichen Charakteristika sind:

1. Lang andauernde und verlangsamte Zeit („le temps de longue durée et au ralenti“[55]). Bei diesem Zeittypus dominiert die Vergangenheit; sie wird in Gegenwart und Zukunft projiziert. Es ist dies die Zeit, die im Bereich der Demographie, in den Verwandtschaftsgruppen, in der bäuerlichen Klasse und in Gesellschaften mit patriarchalischer Struktur vorherrscht.

2. Trügerische Zeit („le temps ‚trompe-l'oeil'“). Es ist eine Zeit, in der es innerhalb langer Phasen andauernder und verlangsamter Zeit (Typ 1) zu Krisen, zu vereinzelten Unregelmäßigkeiten innerhalb eines geregelten Ablaufs kommt. Am besten veranschaulichen läßt sich diese Zeit an der Geschichte Alt-Ägyptens und Alt-Chinas, wo Strukturen, die als überdauernd gedacht waren, durch Wechsel der Dynastien, Einfälle von außen, Priesterkonflikte u.ä. erschüttert oder geändert wurden.

3. Zeit unregelmäßigen Pulsierens („le temps des battements irréguliers entre l'apparition des rhythmes ou temps de l'incertitude“). Hier treten die Unregelmäßigkeiten, die in Typ 2 relativ selten vorkamen, immer häufiger auf. Die für die Zeitform typische Zeitperspektive ist die Gegenwart. Die stets neuen Situationen erlauben kaum den Rückgriff auf die Vergangenheit, aber auch keinen Ausblick auf die Zukunft. Es ist die Zeitform unserer modernen, wie sie Gurvitch nennt, Übergangsgesellschaften („sociétés globales en transition“[56]).

4. Zyklische Zeit („le temps cyclique“). In ihr wird das „Tanzen auf der Stelle“ („danse sur place“) durch ein scheinbares Voranschreiten verdeckt. Es ist dies die typische Zeit religiöser Gemeinschaften, aber auch einzelner archaischer Gesellschaften.

5. Verspätete Zeit („le temps en retard sur lui-même“). Sie wurde zu lange erwartet, um bei ihrem Eintreffen noch wirksam werden zu können. Es ist die Zeit der Symbole, die ihre Kraft dann verlieren, wenn sie endgültig festgelegt sind. Der Adel, aber auch Berufe, zu denen der Zugang durch strenge Prüfungen geregelt ist, bewegen sich nach Ansicht Gurvitchs in dieser Zeit.

6. Die zwischen Verspätung und Vorsprung wechselnde Zeit („le temps d'alternance entre retard et avance“). Sie ist eindeutig von Typ 3 zu unterscheiden, obwohl beiden Zeitarten die Betonung der Diskontinuität gemeinsam ist. Während dort ein Oszillieren zwischen Durchhalten und Durchbrechen eines Rhythmus charakteristisch war, ist das Konstitutivum wechselnder Zeit ein Hin und Her zwischen Verspätung, wie sie für Typ 5 angenommen wird, und dem Vorsprung, dem Merkmal von Typ 7. Die Zeit des Frühkapitalismus wird von Gurvitch als ein Beispiel für das Vorkommen dieses Zeittyps angeführt.

---

[55] Ein Katalog der sozialen Zeiten, in dem auch die Zitate zu den Zeitformen enthalten sind, findet sich ebd., S. 326.

[56] Ebd., S. 342.

7. Zeit mit einem Vorsprung vor sich selbst („le temps en avance sur lui-même"). Im Gegensatz zur verspäteten Zeit (Typ 5) ist die Zeit mit einem Vorsprung vor sich selbst verfrühte Zeit. Gurvitch charakterisiert sie auch als vorwärtsdrängende Zeit. Er schreibt sie aktiven Massen sowie Gemeinschaften im Zustand der Revolte zu. Sie ist die Zeit des Proletariats, und sie herrscht in der Phase des Wettbewerbskapitalismus vor.

8. Explosive Zeit („le temps explosif de la création"). War schon die Zeit mit einem Vorsprung vor sich selbst stark an der Zukunft orientiert, so ist es diese letzte Zeitart vollends. Es ist, dies liegt nahe, etwa die Zeit der Revolutionen, in denen die sozialen Strukturen stets in Gefahr sind, überwunden zu werden.

Gurvitch versteht die Folge der acht Zeittypen nicht als zufällige Aneinanderreihung, sondern als systematische Folge. Wie ist sie zu gliedern? Und wie kann bei dieser Gliederung der hier relevante Aspekt der Geschwindigkeit berücksichtigt werden? Obwohl der 1. und der 8. Zeittyp Extremfälle bezüglich der Geschwindigkeit des Zeitablaufs – hier extreme Verlangsamung, dort Explodieren – darstellen, ist das Schema nicht als eine Reihe zu sehen, sondern es zerfällt in zwei Teile, die weitgehend unabhängig voneinander sind. Trennungspunkt ist der Typ 4, die zyklische Zeit, die aus dem Schema herausfällt, denn bei den übrigen Zeiten ist der lineare Charakter deutlich ausgeprägt.

Auch Typ 1 ist eine Zeit, die, obwohl sie extrem verlangsamt ist, fortschreitet[57]. Treten in dieser lang anhaltenden gleichförmigen Dauer unerwartete Veränderungen ein, so liegt Typ 2 vor, wo die Zeit durch die eintretenden Brüche der Kontinuität „beunruhigt" („tourmenté"[58]) wird. Typ 3, die Zeit unregelmäßigen Pulsierens, zeigt verstärkt das in Typ 2 auftretende Durchbrechen der ausgehaltenen Dauer. Diese Zeitform wird in einer erweiterten englischsprachigen Fassung von „La multiplicité des temps sociaux" auch als unstete Zeit („erratic time"[59]) bezeichnet. In der Reihe: verlangsamt – beunruhigt – unstet zeigt sich eine gewisse Steigerung in der Geschwindigkeit der Bewegung. Welches ist das Kriterium für die Geschwindigkeit einer Zeit? Gurvitch charakterisiert die dritte Zeitform dadurch, daß dem Zufall eine wichtige Rolle zukommt. Hier geht es also um ständig wechselnde, verschiedenartige, oft unvorhersehbare Ereignisse. Und auch die trügerische Zeit ist ja dadurch gekennzeichnet, daß die gleichförmige Dauer durch unerwartete, von den bisher gekannten und für die Zukunft erwarteten qualitativ verschiedene Vorkommnisse unterbrochen wurde. Die Nähe des Kriteriums für Geschwindigkeit bei diesen drei Formen sozialer Zeit zum entsprechenden Kriterium beim subjektiven Zeiterleben ist unübersehbar. In beiden Fällen ist es die Anzahl qualitativ verschiedenartiger,

---

[57] In dem Aufsatz: Social Structure and the Multiplicity of Times, in: Edward A. Tiryakan (Hrsg.), Sociological Theory, Values, and Sociocultural Change. Essays in Honor of Pitirim A. Sorokin, New York – Evanston 1963, der eine Zusammenfassung seiner Vorstellungen zur Zeitproblematik darstellt, charakterisiert Gurvitch die andauernde Zeit auf S. 176 durch „slow motion" und die trügerische Zeit durch „disturbed dynamics".

[58] Gurvitch, La vocation actuelle de la sociologie, S. 341.

[59] Georges Gurvitch, The Spectrum of Social Time, Dordrecht 1964, S. 31 (Bei Gurvitch Hervorhebung).

oft unerwarteter, neuartiger Ereignisse, die die Geschwindigkeit der Zeit ausmacht. Diese Interpretation wird auch durch die Annahme Gurvitchs gestützt, daß – wie er sie an einer anderen Stelle nennt – psychologische Zeit und soziologische Zeit („psychological time", „sociological time"[60]) nur schwierig voneinander zu trennen seien, zumal die psychologische Zeit in der soziologischen enthalten sei.

In ähnlicher Weise wie Gurvitch sieht auch Pitirim A. Sorokin den ungleichmäßigen Fluß der Zeit: „There are one hundred days during which the whole life of the group or of the socio-cultural system changes fundamentally and there are other one-hundred-day periods during which no great change happens; life flows on without any striking events, day in and day out"[61]. Auch hier ist es die Art und die Zahl der Ereignisse, die den Ablauf der Zeit gleichmäßig oder ungleichmäßig erscheinen lassen. Allerdings besteht doch ein deutlicher Unterschied zu Gurvitch: Bei Sorokin *erfaßt* soziale Zeit den Wandel und die Bewegung sozialer Phänomene[62], während sie bei Gurvitch diese Bewegung *ist*.

Die Zeiten der zweiten Folge, der Folge der Typen 5–8, sind in ähnlicher Weise angeordnet wie die ersten drei Zeitarten. Der verspäteten Zeit folgt die Zeit mit einem Vorsprung vor sich selbst; beide werden durch einen Mischtypus, die wechselnde Zeit, getrennt. Die explosive Zeit ist eine Aufgipfelung des Typs 7. Die Hinweise auf Merkmale der Geschwindigkeit sind hier noch offensichtlicher: verspätet – vorwärtsdrängend – explosiv, und wieder geht die Anordnung der Skala von langsam zu schnell. Doch das Kriterium, das die Geschwindigkeit bestimmt, ist bei der Folge der Typen 5–8 zum Teil anderer Art als das bisher aufgezeigte.

Zunächst fällt auf, daß in den Bezeichnungen auch Richtungsangaben angedeutet sind: verspätet, vorwärts. Es sind Anhaltspunkte für die Vermutung, daß teleologische Vorstellungen zugrunde liegen könnten. Es sind in diesen Bezeichnungen ferner normative Vorstellungen über den Zeitablauf enthalten; Indikator sind die Begriffe „Verspätung" und „Vorsprung". Ein Geschichtsbild wird in Umrissen deutlich, das wenigstens teilweise den Maßstab für die Geschwindigkeit des Zeitablaufs darstellt. Hinweise auf dieses Geschichtsbild können vor allem aus der Zuordnung sozialer Klassen und Gesellschaftsformen zu typischen Zeiten entnommen werden. Es sind dies u.a. für den Adel und feudale Gesellschaften die verspätete Zeit, für die Gesellschaften des frühen Kapitalismus und der aufgeklärten Monarchien die wechselnde Zeit, für die Arbeiterklasse und Systeme des Wettbewerbskapitalismus die Zeit mit einem Vorsprung vor sich selbst und für Systeme des zentralistischen und pluralistischen Kollektivismus die explosive Zeit. Diese Zuordnungen drängen den Eindruck auf, daß hier eine marxistische Geschichtsperspektive das Maß für die Geschwindigkeit des Zeitablaufs abgibt. Dabei ist das Ausmaß der angenommenen Ge-

[60] Gurvitch, Social Structure and the Multiplicity of Times, S. 173.

[61] Pitirim A. Sorokin, Sociocultural Causality, Space, Time, New York 1964 (zuerst 1943), S. 171. Vgl. ferner ebd., S. 212.

[62] Vgl. dazu auch ebd., S. 218.

schwindigkeit gleichzeitig ein Bewertungsmaßstab: Je schneller die Geschwindigkeit der Zeit – desto wertvoller, wünschenswerter die entsprechende gesellschaftliche Klasse oder Gesamtgesellschaft. Um diesem Bewertungsmaßstab zu entsprechen, muß Gurvitch bisweilen der von ihm konstatierten Realität Gewalt antun. So ordnet er das Proletariat der vorwärtsdrängenden Zeit zu; da aber diese Zuordnung seiner Meinung nach keineswegs eindeutig ist, fügt er an anderer Stelle hinzu: „at least in theory"[63]. Sein Geschichtsbild wird im Schlußteil der Schrift weiter erhellt, wo er auf die konkreten Gestalten des zentralistischen und des pluralistischen Kollektivismus eingeht, die von der explosiven Zeit dominiert werden. Die Sowjetunion und ihre osteuropäischen Satelliten sowie China stehen für den zentralistischen Kollektivismus; Jugoslawien, die skandinavischen Länder sowie England, letzteres allerdings nur in bestimmten Perioden, kommen seinen Vorstellungen eines pluralistischen Kollektivismus nahe, für den er noch kein vollständig verwirklichtes Beispiel kennt. Aus der Analyse der sozialen Zeiten in den Systemen pluralistisch-kollektivistischer Prägung geht die absolute Präferenz Gurvitchs für eine derartige Gesellschaftsform hervor[64]. Er hält sie für einen gewissen Endpunkt in der gesellschaftlichen Entwicklung[65], in dem der Versuch gewagt wird, industrielle und politische Demokratie in Übereinstimmung zu bringen. Dabei sollen aber die Schwächen der zentralistisch-kollektivistischen Systeme vermieden werden: Dezentralisierte soll zentrale Wirtschaftsplanung, Besitz der Produktionsmittel in den Händen von Arbeiterräten, auch von regionalen, soll eine Wirtschaftsbürokratie sowie ein dezentralisierter Staat soll einen monolithischen Zentralstaat ersetzen. „L'État, lui-même décentralisé, serait équilibré par cette organisation économique, indépendante, gérée directement par les intéressés, et *vice versa*"[66]. Das „vice-versa" läßt den Pferdefuß allen Kollektivismus, die Betonung der Kontrolle des einzelnen durch politische Organe, deutlich erkennen. Die im Text folgende Liste der Vorzüge einer derartigen gesellschaftlichen Organisation schließt mit der Verheißung: „. . . une nouvelle civilisation s'élabore, préoccupée de soumettre à l'homme, par tous les moyens, les techniques et les engines les puissants"[67].

Gurvitch ist kein orthodoxer Marxist; sein Begriff der Dialektik ist mit einer solchen Orientierung unvereinbar. Auch sein persönliches Schicksal – er emigrierte 1920 aus der Sowjetunion in den Westen – macht eine derartige Position unwahrscheinlich. Aber ein utopistisch ausgerichteter Marxismus, wie er in der Vorliebe für den pluralistischen Kollektivismus zutagetritt, ist in seiner Soziologie der Zeit unverkennbar. Die Geschwindigkeit der sozialen Zeit ist direkt mit seiner Vorstellung vom Ablauf der Geschichte gekoppelt.

Doch dies ist nur eine, wenn auch eine recht wichtige Komponente, die die Geschwindigkeit des Ablaufs der Zeiten, wie sie Gurvitch in den Typen 5–8

---

[63] Gurvitch, Social Structure and the Multiplicity of Times, S. 178. Bei Gurvitch, La vocation actuelle de la sociologie, S. 343 heißt es entsprechend „. . . en principe . . .".

[64] Vgl. Gurvitch, La vocation actuelle de la sociologie, S. 428 ff.

[65] Vgl. ebd., S. 394.

[66] Ebd., S. 429 (Hervorhebung von Gurvitch).

[67] Ebd.

beschreibt, beeinflußt. Im Bereich der sog. Tiefenebenen und der mikrosozialen Elemente dominieren zum Teil auch diese vier Zeitarten, ohne daß eine marxistische Orientierung greifbar wäre. Exemplarisch soll das an der Tiefenebene der relativ regelmäßig auftretenden Muster, Regeln, Signale, Zeichen und Verhaltensweisen („modèles, règles, signaux, signes et conduits d'une certaine regularité"[68]) aufgezeigt werden. Die Darlegungen über Muster, Regeln, Signale, Zeichen und Verhaltensweisen selbst bleiben recht vage. Die Einzelaspekte werden nicht definiert und differenziert. Nur aus ihren Funktionen kann auf sie geschlossen werden. Es handelt sich um Verhaltensregelmäßigkeiten und ihre Ausformungen. Bei Signalen und Zeichen scheint zusätzlich der Demonstrationscharakter hervorgehoben zu sein, durch den sie als Verhaltensregelmäßigkeiten von den Interagierenden erkannt werden. Es wird mit den genannten Ausformungen auch das erfaßt, was andere Autoren als Rolle bezeichnen, nämlich das von dem Inhaber einer bestimmten Position erwartete Verhalten. Gurvitch kennt eine eigene Tiefenebene der sozialen Rolle und der kollektiven Einstellung, wobei soziale Rollen aber – entgegen dem gängigen Rollenbegriff – auch das den Erwartungen widersprechende spontane Reagieren meinen[69].

Die Komponenten der Tiefenebene haben zwei Funktionen: Sie bringen soziales Verhalten hervor, und sie normieren es. Obwohl eine gewisse Tendenz zur Beharrung gut erkennbar ist, sind in den Mustern und Regeln auch Innovationskapazitäten vorhanden. Es entstehen Divergenzen zwischen den vorgegebenen Mustern und dem tatsächlichen Verhalten, aber verschiedene Muster, Regeln und Signale können auch miteinander in Konflikt stehen. Diese zwiespältigen oder konfliktgeladenen Situationen haben Rückwirkungen auf die Zeit, die sie hervorbringen und in der sie existieren. „C'est un temps où le retard et l'avance se cherchent partout pour se livrer un combat sans fin qui trouve une issue dans l'alternance"[70]. Die Verzögerung zeigt sich darin, daß Muster und Regeln sozusagen aus grauer Vorzeit erhalten bleiben. Andererseits können sie auch neuesten Datums sein und die Zukunft mehr widerspiegeln als die Gegenwart. Darin zeigt sich ihr Vorsprung. Sie können Sprünge („bonds"[71]) in verschiedenen gesellschaftlichen Bereichen vorwegnehmen. Gurvitch nennt zur Illustration dafür die Situation in den Südstaaten der USA nach der Sklavenbefreiung, in Japan zu Beginn des Industrialisierungsprozesses sowie nach den Revolutionen in Frankreich, Rußland und China. Hier hat in der Tat nicht die Ideologie die Sicht der Entwicklung präformiert; hier geht es tatsächlich um ein Anderssein einer künftigen gesellschaftlichen Situation, das in bestimmten Verhaltensmustern schon anklingt. In bezug aber auf das Problem des Tempos sozialer Zeit läßt sich feststellen, daß Geschwindigkeit hier mit Veränderungen gleichgesetzt wird. Damit befinden wir uns wieder bei den Parallelen zur subjektiv erlebten Zeit, die wir schon bei den Zeittypen 1–3

---

[68] Ebd., S. 348 (Bei Gurvitch Hervorhebung).

[69] Vgl. ebd., S. 350.

[70] Ebd., S. 349 (Bei Gurvitch Hervorhebung).

[71] Ebd.

feststellten. Es werden Zeiten und ihre Schnelligkeit mit dem sozialen Wandel gleichgesetzt.

Neben der Analyse der von ihm vorgeschlagenen Zeitformen ist für eine Wertung von Gurvitchs Schrift auch seine Vorgehensweise bei der Zuordnung einzelner Zeiten zu gesellschaftlichen Elementen und ganzen Gesellschaften von Bedeutung. Dabei kann summarisch festgestellt werden, daß die Zuordnung meist viel weniger detailliert belegt ist als im Falle der Muster, Regeln, Signale, Zeichen und Verhaltensweisen. Das soll an den Zeiten der Gruppen, die Gurvitch in diesem Falle nach ihrer Dispersion klassifiziert, beispielhaft aufgezeigt werden. Gurvitch unterscheidet zwischen Gruppierungen auf Distanz, Gruppen, die über Medien miteinander in Verbindung stehen, Gruppen, die sich regelmäßig treffen, und Gruppen, die dauerhaft vereint sind. Wir wollen im folgenden die Analyse der Gruppierungen auf Distanz („groupements à distance“[72]) verfolgen. Diese Gruppierungen auf Distanz umfassen auch Personenkreise, die häufig als „soziale Kategorien“ bezeichnet werden, wie Arbeitslose, Angehörige bestimmter Berufe, aber auch soziale Klassen. Für alle diese Gruppen gilt, daß sie sich in einer Zeit bewegen, die teils verspätet ist, teils vorwärtsdrängt. Die verspätete Zeit ist auf die Vorliebe dieser zerstreuten Gruppen für Symbole (die dieser Zeit zugeordnet sind), die Zeit mit einem Vorsprung vor sich selbst auf die Betonung kollektiver Gedanken, Ideen und Werte zurückzuführen (für die wiederum die vorwärtsdrängende Zeit typisch ist). Auf der Ebene der mikrosozialen Analyse unterscheidet Gurvitch unter anderem Masse und Vereinigung („communion“[73]). Die Masse wird als Form der, wie es Gurvitch nennt, Soziabilität („sociabilité“[74]) von den Gruppen auf Distanz bevorzugt; in bestimmten historischen Situationen kann die Masse aber durch die Vereinigung ersetzt werden. Der Masse entspricht die unstete Zeit und der Vereinigung die Zeit, die vor sich selbst im Vorsprung ist, sowie die zyklische Zeit. So kann nach einer halben Seite das Fazit gezogen werden: „On ne sera donc pas étonné que les temps sociaux propres aux groupements à distance soient contradictoires et multiples et qu'à la lutte entre le temps en avance et le temps en retard sur lui-même, puissent s'ajouter le temps trompe-l'oeil, le temps de battements irréguliers et le temps cyclique“[75].

Die Analyse, die hier im Detail wiedergegeben wurde, erscheint schematisch und flüchtig: Wieso sind (etwa bei sozialen Kategorien) gerade Symbole wichtig? Welches sind die Faktoren, die den Übergang von Masse zu Vereinigung bedingen? Gurvitch begründet nicht und erörtert keine Details. Das gilt weitgehend auch für die Zuordnung von Zeiten. Dabei ist der vorgelegte Fall keineswegs besonders extrem gewählt. Oft beschreibt Gurvitch auf zwei bis fünf Seiten einen Gesellschaftstyp, ordnet sowohl der Gesellschaftsstruktur als auch dem Gesamtphänomen der Gesellschaft, die er in vielen Fällen noch unterscheidet, eine Skala von Zeiten zu, die die Häufigkeit des Vorkommens oder die Be-

---

[72] Ebd., S. 374 f.

[73] Ebd., S. 375.

[74] Ebd., S. 359.

[75] Ebd., S. 375.

deutung der betreffenden Zeiten anzeigen soll. Werden meist noch kurze Angaben über die Gründe des Vorkommens gewisser Zeitformen in den betreffenden Gesellschaften vorgelegt, so werden schon viel seltener Hinweise gegeben, die die Reihenfolge der Zeitformen begründen. Zusätzlich geht Gurvitch in jeder dieser Darstellungen nicht nur darauf ein, inwieweit die einzelne Gesellschaft von den Zeiten beeinflußt wird, sondern auch darauf, inwieweit deren Mitglieder die Zeiten als solche wahrnehmen und in welchem Maße sie sie bewältigen, indem sie sie systematisieren.

Prinzipiell kann daher konstatiert werden: Gurvitch reduziert die Komplexität sozialer Realität in einer allzu „souveränen" Weise, die das Attribut „oberflächlich" für seine Darstellung nahelegt. Die lückenlose Zuordnung von Zeiten zu gesellschaftlichen Elementen bzw. Gesamtgesellschaften geht verdächtig glatt auf. Grenzen der Möglichkeiten, mit den verfügbaren Mitteln soziologischer Analyse gesellschaftliche Phänomene und ganze Gesellschaften in ihren Eigenarten zu erfassen und zu kategorisieren, derartige Beschränkungen, die sich dem Wissenschaftler im Forschungsgange geradezu aufdrängen, sieht Gurvitch nur ansatzweise. Das Urteil Lüschers erscheint gerechtfertigt: „Unfortunately, this conception of time lacks a systematic reference to empirical events. So the case of Gurvitch can be used as an illustration of a one-sided, therefore non-operational conception of time . . ."[76].

3.3.2. José Ortega y Gasset (1930)

Vorstellungen von José Ortega y Gasset über Zeit sind in dem bekannten, 1930 zum ersten Mal erschienenen Essay „La rebelión de las masas" enthalten, der bereits 1931 unter dem Titel „Der Aufstand der Massen" in das Deutsche übertragen wurde[77]. Ortega y Gassets Auffassungen sind in wichtigen Punkten mit denen von Gurvitch vergleichbar. Ein Gegensatz zu Gurvitch besteht allerdings darin, daß sie weniger leicht anfechtbar sind als diese. An Ortega y Gassets Darlegungen kann vielmehr gezeigt werden, wie bestimmte Ansätze, die bei Gurvitch zu finden sind, fruchtbar gemacht werden können.

Ortega y Gassets Überlegungen über Zeit sind in seine Analyse der modernen Welt verwoben. Er führt als ein Klassifikationsmerkmal für Gesellschaften und Epochen die „Höhe der Zeit"[78] an. Die Höhe der Zeit wird von einem qualitativen Zeitbegriff bestimmt. Hier zeigen sich Berührungspunkte mit Bergsons Auffassung. Deutlicher wird diese Affinität, wenn man seine dezidierte Abwertung der physikalischen Zeit in die Betrachtung einbezieht. „Physikalischer Raum und physikalische Zeit sind das schlechthin Geistlose in der Welt"[79]. Ortega y Gasset stimmt jedoch mit Bergson nicht überein, wenn es um

[76] Kurt K. Lüscher, Time: A Much Neglected Dimension in Social Theory and Research, in: Sociological Analysis & Theory 4 (1974), S. 107.

[77] José Ortega y Gasset, La rebelión de las masas, Madrid 1930. Ich zitiere im folgenden aus: José Ortega y Gasset, Der Aufstand der Massen, o.O. 1956.

[78] Ebd., S. 19 und ff.

[79] Ebd., S. 26.

die Konstituierung der Zeit geht. Die Höhe einer Zeit ist gesellschaftlich konstituiert. Das Zeiterleben des Individuums ist nur Maßstab dafür, wie sehr jemand auf der „Höhe der Zeit" ist. „Man sagt etwa, daß dies oder jenes der Höhe der Zeit nicht entspricht. In der Tat; nicht die abstrakte Zeit der Chronologie, die vollkommen eben ist, wohl aber die gelebte Zeit, diejenige, welche jede Generation ‚ihre Zeit' nennt, hat immer eine gewisse Höhe, sie steigt oder sinkt oder bleibt auf dem Niveau von gestern. Und jedes Individuum fühlt mit größerer oder geringerer Klarheit die Beziehung, in der sein eigenes Leben zu der Höhe der Zeit steht"[80]. Zu den Indikatoren, die bei einem Vergleichsvorgang zwischen dem Individuum und der Höhe der Zeit angewendet werden, zählt auch das Tempo *in* einer Zeit. „Das Tempo, in dem man heute lebt, die Unternehmungslust und Energie, mit der alles angepackt wird, beängstigen den Menschen von altertümlicher Gemütsart, und seine Angst mißt den Niveauunterschied zwischen der Höhe der Zeit und der Höhe seines Pulses"[81]. Hier wird die Geschwindigkeit auf die Verrichtungen und die Art ihrer Ausführung bezogen und nicht auf die Zeit direkt.

Ortega y Gasset will mit dem Begriff der „Höhe der Zeit" das Erleben einer Gegenwart in ihrem Kontrast zu den vorangehenden Epochen kennzeichnen. Denn auf der „Höhe der Zeit" zu sein, bedeutet für den einzelnen nicht nur bewußtseinsmäßige Übereinstimmung mit epochalen Grundstimmungen, sondern auch leben „mit feinstem Gefühl für historische Gegebenheiten"[82]. Er diskutiert Dekadenz- und Fortschrittsvorstellungen und das Gefühl einer Epoche, man erlebe die Erfüllung der Sehnsüchte von Generationen, den oder einen Höhepunkt der Geschichte mit, wie er es für das 19. Jahrhundert annimmt. „Endlich erscheint ein Tag, da sich jener alte, manchmal tausendjährige Wunsch zu erfüllen scheint; die Wirklichkeit nimmt ihn auf und fügt sich ihm. Wir sind auf die Höhe gelangt, die uns vorschwebte, an das gesteckte Ziel, auf den Gipfeln der Zeit. Dem Noch-Nicht ist das Endlich gefolgt"[83]. Derartige Charakterisierungen gemahnen an Gurvitchs Kategorien. In solchen epochalen Erlebnisweisen hätten Kategorien wie wechselnde Zeit, Zeit mit einem Vorsprung vor sich selbst, explosive Zeit usw. ihren Platz. Sie könnten dazu beitragen, das in einem Zeitraum herrschende Bewußtsein genauer und zutreffender zu analysieren. Ausgangspunkt der Analyse sind bei Ortega y Gasset Erlebnisweisen. Und im nachhinein kann dann versucht werden, wie dies bei Ortega y Gasset auch ansatzweise geschieht, dieses Bewußtsein mit bestimmten empirischen Daten in Beziehung zu setzen. Ortega y Gassets Vorgehensweise zeigt nochmals in scharfen Konturen das Ungenügende in Gurvitchs Konzeption an. Gurvitch ordnet Zeiten des Erlebens Gesellschaften bzw. gesellschaftlichen Kategorien zu. Er sieht diese Zuordnung als objektiv gegeben, und es ist für ihn eine sekundäre Frage, inwieweit diese Zuordnung eine Entsprechung im Bewußtsein findet, wobei eine solche Entsprechung keine Voraussetzung für eine Zuordnung darstellt.

---

[80] Ebd., S. 19.
[81] Ebd.
[82] Ebd., S. 69.
[83] Ebd., S. 21.

Allerdings verwendet Ortega y Gasset den Begriff der „Höhe der Zeit“ nicht immer im gleichen Sinne. Wird auch in den meisten Fällen die „Höhe der Zeit“ unter die subjektiven Vorstellungen subsumiert, so sind doch vereinzelt auch Stellen zu finden, in denen er sie als objektiven Sachverhalt behandelt. So stellt er über politische Alternativen seiner Zeit fest: „Weder Bolschewismus noch Faschismus sind ‚auf der Höhe der Zeit‘, tragen die ganze Vergangenheit in perspektivischer Verkürzung in sich – die unumgängliche Bedingung zu ihrer Überwindung. Mit dem Gewesenen kämpft man nicht Leib gegen Leib. Die Zukunft besiegt es, weil es sie verschlingt. Wenn sie etwas davon übrig läßt, ist sie verloren“[84]. Hier wird ein neuer Begriff der „Höhe der Zeit“ sichtbar; es ist damit eine neue Perspektive gemeint, die ernstzunehmende Zukunftsaufgaben für die Gemeinschaft bietet[85]. Ortega y Gassets Stärke war sicherlich nicht die Systembildung, für die ein konsistenter Begriffsapparat die Voraussetzung darstellt. Er ist der kulturkritische Essayist, dessen Schriften von zahlreichen brillanten Ideen leben[86]. Das wird auch in seinen Darlegungen über die Höhe der Zeit deutlich.

3.3.3. Victor Gioscia (1972)

Victor Gioscias Beitrag „On Social Time“ in dem von Yaker u.a. herausgegebenen Sammelband „The Future of Time“ ist eine Zusammenstellung diverser Entwürfe und Referate des Autors, die an vielen Stellen in sich widersprüchlich erscheint. Gioscia muß selbst nach der Niederschrift ein gewisses Unbehagen empfunden haben; denn er konzediert „the anacoluthic style of this work, which has hopped from one discipline to another frequently without benefit of logical nexus“[87], und er entschuldigt diese Eigenart seines Beitrags mit der Intention einer interdisziplinären Erforschung des Zeitproblems. Es soll hier nicht versucht werden, den verwickelten, oft krausen Gängen der Ausführungen Gioscias nachzugehen und eine Entwirrung zu versuchen. Lediglich Grundvorstellungen Gioscias zur Zeitproblematik sowie seine Auffassungen über die Geschwindigkeit der Zeit sollen dargelegt und diskutiert werden.

Gioscia wendet sich gegen eine Favorisierung der linearen Zeit. Seine Kritik an den Aussagemöglichkeiten mit Hilfe der gemessenen Zeit erinnert an Details bei Sorokin, wenn er etwa feststellt, „‚a hard time‘, ‚an easy time‘, ‚a high time‘, and/or ‚a low time‘“[88] ließen sich nicht nach der Uhrzeit bestimmen. Die lineare Zeit ist für ihn nur eine der möglichen Konzeptionen, die allerdings für die Soziologie keine herausragende Bedeutung besitzt. Den soziologischen Analysen von Zeit sollen nach Gioscia Konzepte zugrunde gelegt werden, wie

---

84 Ebd., S. 68.

85 Vgl. dazu auch ebd., S. 135.

86 Eine ähnliche Einschätzung gibt auch Carl J. Burckhardt. Vgl. Carl J. Burckhardt, Begegnungen, Zürich 1958, S. 266 ff.

87 Victor Gioscia, On Social Time, in: Henri Yaker u.a. (Hrsg.), The Future of Time, London 1972, S. 136.

88 Ebd., S. 83.

sie in Anlehnung an Marx mit „Entfremdung", an Durkheim mit „Anomie" und an Freud mit „Angst" als Zentralbegriffen umschrieben werden. Diese können nach Gioscia auch mit anderen als linearen Zeitmodellen verbunden werden. Der Bezug auf die drei Konzeptionen wird allerdings nicht durchgehalten. Er findet sich nur in wenigen Passagen, so z.B., wenn er feststellt: „Thus, when the worker's time is measured by a production schedule over which he has no control, he is alienated from his ‚natural' time"[89]. Die Zeit des Arbeiters ist aus dieser Sicht entfremdet erlebte Zeit. Entfremdung ist mit unangenehmen Gefühlen verbunden. Ausgehend von derartigen Empfindungen, die aus zeitlichen Komponenten des Erlebens resultieren, und von Wahrnehmungen der Geschwindigkeit des Ablaufs der Ereignisse, die mit Vorstellungen der Schnelligkeit des Zeitverlaufs in Verbindung stehen, bestimmt er als Ziel seiner Darlegungen: „Hypothesizing that social processes occur at various rates, we shall first describe how people *feel* when caught in circumstances of varying rates of behavior"[90].

Zunächst entwickelt Gioscia ein Modell, dessen erstes Element ein Vektor ist, der die lineare Zeit darstellen soll. Diesem Vektor ordnet er Phänomene wie den Ablauf des menschlichen Lebens sowie Fixierung und Regression im Freudschen Sinne zu. Ganz im Sinne seines Ansatzes kritisiert er, daß Freud die Gefühle, die bei Fixierung oder Regression empfunden werden, nicht berücksichtigt habe. Mit dem Bezug auf eine Untersuchung und ein literarisches Zeugnis, in denen Konservative und Reaktionäre einerseits und Anhänger chiliastischer Sekten und millenialistischer Überzeugungen andererseits bestimmten Teilen des Vektors zugeordnet werden, zeigt sich erstmals eine neue Bedeutung dieses Vektors. Er wird von „behind time" nach „ahead of time"[91] verlaufend dargestellt. Neben dieser horizontalen Ebene kennt Gioscia noch eine vertikale, in der Höhenzeit („Above Time") und Tiefenzeit („Below Time"[92]) unterschieden werden. Eine dritte Ebene, die für unseren Zusammenhang von geringer Bedeutung ist, bildet die Sensitivität gegenüber Zeit, die ebenfalls wieder gradmäßig abgestuft ist oder auch gänzlich ausfallen kann. Gioscia versieht das Dreiebenenschema mit Bezeichnungen, die sich an griechische anlehnen. Dem Schema entspricht folgende Abbildung:

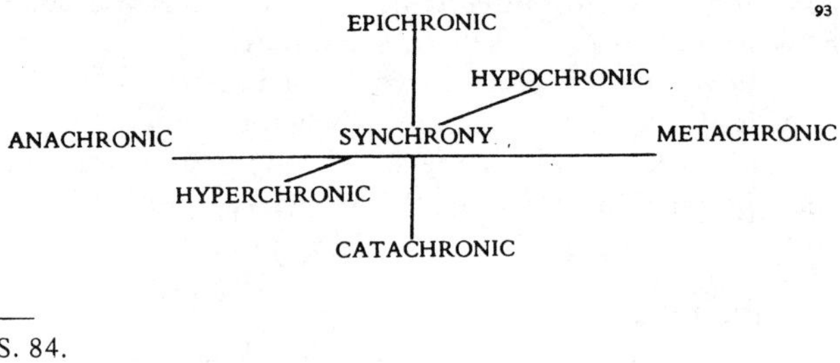

[93]

[89] Ebd., S. 84.

[90] Ebd., S. 85 (Hervorhebung von Gioscia).

[91] Ebd., S. 87.

[92] Ebd.

[93] Ebd., S. 88.

Ein Begriff, der in diesem Schema zum ersten Mal verwendet wird, ist „synchrony“. Gioscia umschreibt den Begriff folgendermaßen: „Although this is customarily referred to as ‚normalcy‘, we prefer ... to designate that situation in which the rate of attainment is in harmony with the rate of expectation by the word ‚synchrony‘“[94]. Nicht die Vielzahl der Ereignisse und damit die Schnelligkeit des Zeitablaufs in der Wahrnehmung machen also Synchronität aus, sondern die Harmonie in Erwartung und Eintreffen. Gioscia bemerkt dazu: „Thus an anachronistic situation is not transformed into a synchronous one merely by hurrying! When the rates of behavior are too slow, acceleration makes them go faster, not feel better. Someone who goes too slowly doesn't feel slow, he feels ‚bad‘“[95]. Auch hier werden wieder die Gefühle sichtbar, die mit dem Erleben einer Zeitform verbunden sind.

Gioscia schreibt über anachronistische und metachronische Situationen: „Thus, someone who feels he is behind may rush, and someone who is rushing feel himself slowing down. Conversely, someone who feels behind may experience relief by speeding up a bit, and someone who feels himself hurtling may feel relief by relaxing a bit“[96]. Als Beispiel nennt Gioscia die technologisch bedingte Arbeitslosigkeit. Eine metachronisch orientierte Industrie schafft neue Arbeitsplätze, für die Arbeitslose mit anachronischen Kenntnissen nicht geeignet sind. Hier stimmen wohl auch die Gefühle der Betroffenen mit dem Sachverhalt überein, und (im Idealfall) beschleunigen solche Personen ihre Geschwindigkeit im Erwerb neuer Fertigkeiten. Führt man den Begriff „anachronisch“ in diesem Fall auf die von Gioscia selbst benannten wichtigen Komponenten zurück, so sind dies einerseits Gefühle, vor allem solche des Ungenügens, sowie andererseits bestimmte Bemühungen, die auftreten können, aber nicht müssen. Die zeitliche Dimension erscheint aber bei den letzten beiden Komponenten nicht sehr ausgeprägt, eher marginal, d.h. die Verbindung der Komponenten mit der Zeit erscheint nicht notwendig. Auch die Festlegung der Begriffe „anachronisch“ und „metachronisch“ scheint nicht eindeutig zu sein. Denn Gioscia nennt als weitere Beispiele metachronischer Orientierung avantgardistische Maler und frühreife Kinder. Wie sind diese Kategorien mit adaptiven Vorstellungen in Übereinstimmung zu bringen, wie sie bei der Darstellung der technologisch bedingten Arbeitslosigkeit vorliegen? Sollen die beiden Personenkategorien ihre Entwicklung verlangsamen?

Solche Inkonsistenzen in der Begriffsbildung sind noch deutlicher in der vertikalen Dimension zu beobachten. „Above Time“, die epichronische Zeit ist die Zeit des Drogenrausches, wenn man sich „high“ fühlt. Epichronisch ist auch die Zeit der Herrschaft mit Hilfe als unveränderlich deklarierter Gesetze, die von oben („from ‚on high‘“) her kommen oder als geschichtliche Notwendigkeiten gedacht werden, welche diejenigen, die als Erkennende über ihnen („‚above them‘“[97]) stehen, legitimiert, das Schicksal der übrigen zu lenken. Es

---

[94] Ebd.

[95] Ebd., S. 119.

[96] Ebd., S. 90.

[97] Ebd., S. 86.

drängt sich schon hier der Gedanke auf, daß unter einem Begriff Verschiedenartiges assoziativ subsumiert wird. Aber dem Begriff des Epichronischen werden noch weitere Phänomene zugeschlagen. Epichronische Situationen sind dann vorhanden, wenn jemand distanziert „über" einer Sache steht. Analysiert man die Gefühle, die mit typischen Situationen, in denen die genannten Personenkategorien stehen, verbunden sind, so sind diese nicht einheitlich. Das Überlegenheitsgefühl der Drogensüchtigen ist sicher anders als das der Distanzierten, denen Angelegenheiten, die anderen überaus wichtig sind, – Gioscia nennt hier als Beispiel die Politik – als vorübergehende Nichtigkeiten trivial erscheinen. Und die Gefühle derer, die Gesetze erlassen, sind wieder davon unterschieden. Es muß auch nach der soziologischen Bedeutung solcher Analysen wie der der epichronischen Phänomene gefragt werden. Schon aus den genannten, aber auch aus weiteren bei Gioscia aufgeführten Beispielen wird deutlich, daß epichronische Erlebnisse eher für herrschende oder höhere Schichten typisch sind. Aber im Drogenrausch verschaffen sich gerade Angehörige unterer und unterster Schichten Erlebnisse, in denen sie das Bewußtsein, mißachtet und im Elend zu leben, für Stunden abstreifen können. Und hier zeigen sich die Grenzen dessen, was Begriffe wie die des Epichronischen leisten können. Sie lassen durch die Subsumierung divergenter Phänomene die fundamentalen Unterschiede, die im „oben" und „unten" liegen, außer acht, verschleiern sie. Und selbst zeitliche Unterschiede, die bei den genannten Situationen bestehen, werden verwischt. Für den Unterdrückten, der im Rausch für wenige Stunden sein Los vergißt, wird genau so Epichronie festgestellt wie für Spitzenpositionen in der Statushierarchie, die mit einem lebenslangen, in jeder Lage wirksam werdenden Überlegenheitsgefühl fast untrennbar verbunden sind. In einem Vorspann zur Arbeit werden epichronisch und catachronisch mit froh erregt („elated") und niedergedrückt („depressed"[98]) umschrieben. Die damit festgelegten Inhalte sind mit Überlegenheits- und Unterlegenheitsgefühlen nicht identisch und mit ihnen auch nicht notwendig verbunden. Weder Herrschaft noch Rausch – man denke an die sog. horror-trips – sind stets mit Fröhlichkeit verknüpft. Wie läßt sich diese Charakterisierung ferner mit überzogenen Gesetzen, der Verweigerung von Grundrechten oder einem angemessenen Anteil am Erlös aus Produktionsvermögen in Verbindung bringen, die nach Gioscia soziologisch relevante epichronische Bestandteile der Wirklichkeit sind? Diese Beispiele lassen jedoch etwas von dem politischen Impetus verspüren, der in Gioscias Abhandlung deutlich erkennbar ist, aber im Rahmen unserer Ausführungen bisher vernachlässigt wurde. Diese Intentionen sind auch geeignet, zu einer weiteren Version der Kategorie „vertikale Zeit" überzuleiten. Gioscia stellt fest: „Just as oppression prevents dialectical transformation by compressing experience into monotony, so does a liberating dialectic require a different kind of time, ‚vertical time'. If vertical time exists, the beginning of an answer to our question, ‚When do some revolt and others submit?' now begins to emerge"[99]. Vertikale Zeit ist also auch die Zeit, die durch politische Reaktionen, wie sie Revolte und Unterwerfung darstellen,

---

[98] Ebd., S. 73.

[99] Ebd., S. 102 f.

gekennzeichnet ist. Seine Hinweise auf die Dialektik, die in manchen Passagen zu einem zentralen Thema wird, verbinden Gioscia mit Gurvitch[100].

Zusammenfassend kann festgestellt werden, daß Gioscias Begriffsbildung bezüglich der Zeitformen inkonsistent ist. Diese Feststellung kann nach der Analyse von zwei der sechs Zeitformen ohne weiteres riskiert werden. Wichtiger für unseren Zusammenhang ist aber, daß bei Gioscia psychische bzw. soziale Sachverhalte ohne direkten Zeitbezug so mit der zeitlichen Dimension vermischt werden, daß die Eigenart beider Arten von Kategorien verlorengeht. Diese Kritik gilt es im folgenden weiterzuführen.

Bezüge zur Kategorie „Geschwindigkeit" fanden wir in erster Linie auf der horizontalen Ebene im Schema Gioscias. Solange das subjektive Erleben ausschlaggebend war, ist gegen eine Verwendung der Geschwindigkeitsvorstellung nichts einzuwenden, wenn auch eine notwendige Verbindung verschiedener Züge, die eine Zeitform charakterisierten, zur zeitlichen Dimension nicht deutlich wurde. Doch zieht Gioscia nicht nur subjektive Prozesse zur Bestimmung von Zeitformen heran. So präsentiert er eine 36-Feldertafel, in der jede der Zeitformen mit jeder in eine Beziehung gesetzt wird. In den Zeilen steht eine dominierende Zeitform, in den Spalten eine an Einfluß gewinnende. Als Beispiel zu einer der 36 Zellen führt er Oligarchisierungsprozesse in Athen an. Um die damit verbundene zunehmende Unterdrückung der Bürgerschaft zu mindern, konnten argwöhnische Teile der Bevölkerung entweder den Zuwachs an Einfluß auf seiten der Herrschenden verhindern oder möglichst bald selbst Macht übernehmen. Gioscia interpretiert dies so: „. . . that is, either catachronize the epichronie, or epichronize themselves . . . More prosaically, we might describe this situation as one in which the pace of political evolution is felt to require either *de*-volution or *re*-volution"[101]. Dieses letzte Zitat zeigt deutlich Schwächen der Vorstellungen Gioscias. In dem geschilderten Fall konstituieren eindeutig objektive Prozesse die Zeitform. Weiter bezeichnen „catachronize" und „epichronize" zunehmende Geschwindigkeiten; diese Begriffe sind jedoch nichts anderes als Metaphern für die Steigerungen in der Geschwindigkeit des Ablaufs der Prozesse. Spricht man „prosaisch", muß man auf diese Zeit-Metaphern verzichten und die Wandlungsprozesse selbst benennen und ihren Ablauf beschreiben.

3.4. Zeit als Bewegung oder Rahmen – die Schlüsselfrage zur Lösung der Problematik: Geschwindigkeit sozialer Zeit

Die bisherige Analyse zeigte, daß sich die Phänomene, die einzelne Soziologen als Geschwindigkeit sozialer Zeit bezeichneten, auf deren Geschichtsbild, auf Phänomene des sozialen Wandels oder einfach auf eine schnellere Abfolge von Ereignissen zurückführen lassen. Die Rede von unterschiedlich schneller

[100] Vgl. auch die Definition von Synchronität ebd., S. 119 und 120.

[101] Ebd., S. 124 (Hervorhebung von Gioscia).

Zeit ist oft lediglich eine Form der Verschleierung von sozialen Phänomenen durch den Gebrauch irreführender Metaphern. Wo etwa fundamentale Probleme des sozialen Wandels untersucht werden müßten, wird über die Geschwindigkeit von Zeit reflektiert. Gioscia spricht von epichronischen Illusionen der nachwachsenden rebellierenden Generation und erklärt sie so: „This is because the rate of change of their civilization exceeds the rate at which they are socialized“[102]. Ein Beispiel für eine unangebrachte Akzentverschiebung findet sich auch in Wilbert E. Moores Ausführungen über die Modernisierungsversuche der Entwicklungsländer: „The attempt to compress time, to *jump* a period of decades or a century may be exceptionally costly or in some instances impossible“[103]. Norbert Elias zeigt den derartigen Argumentationen zugrundeliegenden Denkfehler am Beispiel der sprachlichen Wendung „Tempo unserer Zeit“ auf. „Dieses ‚Tempo‘ ist in der Tat nichts anderes als ein Ausdruck für die Menge der Verflechtungsketten, die sich in jeder einzelnen, gesellschaftlichen Funktion verknoten, und für den Konkurrenzdruck, der aus diesem weiten und dichtbevölkerten Netz heraus jede einzelne Handlung angreift. Es mag sich bei einem Beamten oder Unternehmer in der Fülle seiner Verabredungen oder Verhandlungen zeigen, bei einem Arbeiter in der genauen Abstimmung jedes Handgriffes auf eine bestimmte Minute und Zeitlänge, hier wie dort ist das Tempo ein Ausdruck für die Fülle der Handlungen, die voneinander abhängen, für die Länge und Dichte der Ketten, zu denen sich die einzelnen Handlungen zusammenschließen wie Teile zu einem Ganzen, und für die Stärke der Wett- und Ausscheidungskämpfe, die dieses ganze Interdependenzgeflecht in Bewegung halten“[104].

Die bisher vorgetragene Argumentation führt zur Ablehnung einer Definition der Zeit als Bewegung, wie sie Gurvitch vorschlug, und – damit verbunden – vor allem zur Ablehnung der Vorstellung einer Geschwindigkeit der Zeit für soziologische Analysen. Diese Position vertritt auch MacIver, wenn er feststellt: „Time itself, being a dimension along which everything moves, cannot be thought of as being slowed or hastened. Time has no *pace* whatever“[105]. Und auch Halbwachs lehnt – dies klingt im Motto zu diesem Kapitel bereits an – die Vorstellung unterschiedlicher Geschwindigkeiten in bezug auf Zeit ab. „Es ist leicht gesagt, daß in bestimmten Milieus das Leben rascher dahinfließt, die Gedanken in schnellerem Rhythmus aufeinanderfolgen als anderswo. Können wir die Geschwindigkeit der Zeit der Anzahl von Ereignissen nach bestimmen, die die Zeit in sich einschließt? Aber wir sagten es schon – die Zeit ist etwas ganz anderes als eine Folge von Geschehnissen oder eine Summe von Unterschieden. Man fällt einer Täuschung anheim, wenn man sich einbildet, eine größere Zahl von Ereignissen oder Unterschieden bedeute dasselbe wie ei-

---

[102] Ebd., S. 105.

[103] Wilbert E. Moore, Man, Time and Society, New York – London 1963, S. 143 (Hervorhebung von mir, G. S.).

[104] Norbert Elias, Über den Prozeß der Zivilisation, Bd. II, 5. Aufl., Frankfurt/M. 1978, S. 337 f.

[105] MacIver, S. 4 (Hervorhebung von MacIver).

ne längere Zeit. Das würde heißen, man vergißt, daß die Ereignisse die Zeit wohl unterteilen, aber nicht ausfüllen"[106].

Zeit ist ein Orientierungssystem, das gerade diese Funktion kaum wahrnehmen könnte, wenn es durch unterschiedliche Geschwindigkeit im Ablauf charakterisiert wäre. Es fällt auf, daß zur Zeitpunktbestimmung vornehmlich Ereignisse gewählt werden, die sich regelmäßig wiederholen, und zur Zeitmessung solche Zeiträume, die als gleich lang angenommen werden. In bezug auf Zeitmessung, die in unserem Zusammenhang in erster Linie von Bedeutung ist, sind es nicht nur die Sekunden, Minuten und Stunden der Uhrzeit, die als gleich lang angenommen werden. Auch die schon auf früher Kulturstufe gebräuchlichen Tage, Mondmonate und Sonnenjahre[107] sind durch gleiche Längen gekennzeichnet. Die gleiche Länge haben Perioden zwischen dem jährlichen Auftauchen der Plejaden[108], die längere Zeiträume bezeichnen. Ein Beispiel für ein Gleichmaß mittlerer Länge ist die Dauer zwischen zwei Sonnenwenden[109]. Auch das Kochen von Reis, das in Madagaskar zur Messung eines Zeitraums von etwa einer halben Stunde verwendet wurde, oder das laut aufgesagte „Ave Maria", das in Chile die Kochzeit eines Eies bezeichnete[110], auch diese Maße zur Messung kurzer Zeitstrecken wurden als gleich lang und vergleichbar gedacht. Zwar gibt es sozial relevante Zeiten, die nicht durch gleiche Länge charakterisiert sind. Dazu gehören klimatische Gegebenheiten wie z.B. die Zeit der von Schnee bedeckten Erde. Es gibt kulturell bestimmte ungleiche Zeitmaße. Dazu zählen Regierungsperioden eines Herrschers in China[111] oder in unserem Kulturkreis die Monate. Aber viele Formen sozialer Zeit sind durch Gleichmaß bestimmt. Für Luhmann ist das Gleichmaß von Zeit eine Vorbedingung für die Erfüllung einer zentralen Funktion eines gesellschaftlichen Systems, der Reduktion von Weltkomplexität[112]; der Kategorie „Sinn" kommt innerhalb des Reduktionsprozesses große Bedeutung zu. „Dabei fungiert Sinn als Selektionsregel, aber nicht – oder nur sekundär, nämlich mit Hilfe von Sprache – als sich ereignender Bewußtseinsinhalt. Im prozeßmäßigen Ablauf des Erlebens treten laufend Nachrichten über die Welt über die Schwelle des Bewußtseins – sei es von außen, sei es als Selbstmitteilung aus dem Gedächtnis. Solche Nachrichten gewinnen den Charakter von Informationen, in dem sie bewußt, das heißt mit Hilfe von Sinn, als Selektion aus anderen Möglichkeiten interpretiert werden"[113]. Die Möglichkeit sinnkonstituierenden Erlebens setzt auf der sozialen

---

106 Maurice Halbwachs, Das kollektive Gedächtnis, Stuttgart 1967, S. 111.

107 Vgl. Martin P. Nilsson, Primitive Time-Reckoning, Lund – London – Oxford – Paris – Leipzig 1920.

108 Vgl. ebd., S. 110.

109 Vgl. ebd., S. 311 ff.

110 Vgl. E. P. Thompson, Zeit, Arbeitsdisziplin und Industriekapitalismus, in: Rudolf Braun u.a. (Hrsg.), Gesellschaft in der industriellen Revolution, Köln 1973, S. 83.

111 Vgl. Joseph Needham, Wissenschaftlicher Universalismus, Frankfurt/M. 1977, S. 194.

112 Zur Funktion der Reduktion von Weltkomplexität vgl. Niklas Luhmann, Soziologie als Theorie sozialer Systeme, in: Ders., Soziologische Aufklärung, 4. Aufl., Opladen 1974, bes. S. 116.

113 Niklas Luhmann, Sinn als Grundbegriff der Soziologie, in: Jürgen Habermas und

Ebene die Synchronisation der individuellen Zeitvorstellungen voraus. „Um diese Gleichzeitigkeit des Zeiterlebens zu halten, muß schließlich auch das Tempo, auch hier im Widerspruch zur unmittelbaren Erfahrung, auf einen gleichmäßigen Fluß gebracht, das heißt schnelleres oder langsameres Fließen der Zeit der rein subjektiven Perspektive zugerechnet und als Enttäuschung abgebucht werden"[114]. Das bedeutet, daß ein gewisses Gleichmaß der Zeit Voraussetzung für eine soziale Existenz überhaupt ist. Orientierung im Sozialsystem sowie die notwendige Synchronisation von Tätigkeiten scheint meist nur über vom Gleichmaß bestimmte Zeit möglich zu sein. Sie ist auch der unkomplizierteste Weg der „Umrechnung". Daher ist der Begriff der Geschwindigkeit zumindest für zentrale Bestandteile der sozialen Zeit unangebracht. Für komplexe Gesellschaften ist das Gleichmaß des Ablaufs der Zeit von größter Bedeutung, weil durch die zunehmende Differenzierung die Synchronisationsprobleme gewachsen sind. Luhmann stellt fest: „Es liegt dann auf der Hand, daß die moderne Gesellschaft sich selbst, was Zeit angeht, nicht zureichend begreifen kann, solange sie Zeit noch bewegungsbezogen sieht und nur Tempozunahmen, Verkürzungen der Gegenwart, Umwertung des Neuen gegenüber dem Alten, Beweglichkeit auch des Konstanten und dergleichen Verständnishilfen hervorkehrt"[115]. Gerade für soziologische Analysen, in denen vornehmlich moderne Gesellschaften thematisiert werden, sollte Zeit nicht in Verbindung mit der Kategorie „Geschwindigkeit" gebracht werden.

Doch auch in einer anderen, grundsätzlichen Hinsicht ist die Vorstellung einer Geschwindigkeit der Zeit abzulehnen. Die wiederkehrenden Zeitpunkte und die gleich langen Zeitstrecken bilden ein Raster, in dem man sich zeitlich orientiert und intersubjektiv über Zeit verständigt. Dieses Raster wird über die Wirklichkeit gelegt, die sich ändert. Das Raster selbst ändert sich nicht. Ereignisse, die Zeiträume bezeichnen, erstarren quasi, wenn ihre zeitliche Dimension zum Tragen kommt, und werden zu festen Maßen, an denen andere Ereignisse gemessen werden können und die erst die Feststellung unterschiedlicher Geschwindigkeiten von Ereignissen, die nicht gleichzeitig ablaufen, zulassen. So macht die Hineinnahme der Kategorie „Geschwindigkeit" in den Zeitbegriff vielfach nicht nur die intersubjektive Verständigung über Zeit, sondern auch den eindeutigen Nachweis von unterschiedlichen Geschwindigkeiten selbst unmöglich.

Durch soziale Übereinkunft ist ein relativ festgefügter Rahmen nur verstärkt und gegliedert worden. Denn Zeit, soweit sie den Menschen betrifft, ist prinzi-

---

Niklas Luhmann, Theorie der Gesellschaft oder Sozialtechnologie – Was leistet die Systemforschung?, Frankfurt/M. 1971, S. 40.

[114] Ebd., S. 55.

[115] Niklas Luhmann, Gesellschaftsstruktur und Semantik, Bd. 1, Frankfurt/M. 1980, S. 296. Ähnlich äußert sich Luhmann auch im 2. Band. Vgl. Niklas Luhmann, Gesellschaftsstruktur und Semantik, Bd. 2, Frankfurt/M. 1981, S. 281 und 283. Allerdings erscheint Luhmanns Position in der erstgenannten Schrift nicht konsistent. So schreibt er an anderer Stelle derselben Schrift: „Die Zeit beginnt schneller zu laufen bei erheblich vergrößertem, in eine unermeßliche Vergangenheit und eine unermeßliche Zukunft erweitertem Spielraum" (S. 38).

piell ein solcher Rahmen. Der Mensch kann sich – innerhalb gewisser Grenzen – einen Ort aussuchen, aber nie seine Zeit[116]. Die Lebenszeit eines Menschen ist festgelegt. Kein Moment wird ihm hinzugegeben, keiner erspart. Kinder hören mit Interesse das Märchen von „Dornröschen" oder die Sage über den „Mönch von Heisterbach"[117], weil sie das Außergewöhnliche, das „Wunderbare" des Zeitstillstands fasziniert. Und die Zeit, die durch das Gleichmaß des Ablaufs bestimmt ist, führt unerbittlich dem Tode zu. In vielen Kulturen kommt in bildlichen Vorstellungen und Darstellungen der Zeit diese Unerbittlichkeit zum Ausdruck. Die Mayas sahen Zeit als Bürde, die von einem göttlichen Träger dem anderen übergeben wird[118]. In Mesopotamien wurden den Planeten, von denen angenommen wurde, sie bestimmten die Zeit, dämonenhafte Züge zugeschrieben[119]. Der altiranische Zeitgott Zäman ist zugleich Totengott[120]. Im Mithraskult wird die Zeit als Figur mit Menschenkörper und Löwenhaupt dargestellt. Brandon interpretiert diese Gestaltung folgendermaßen: „... the lion's mask suggests ‚Time that devours all'"[121]. Die indischen Gottheiten Vishnu und Kali (oder Kala) sind auch Personifizierungen der Zeit, und in dieser Eigenschaft zeigen sie bedrohliche, furchterregende Züge. Die Göttin Kali wird bei Brandon folgendermaßen beschrieben: „She is black in colour; she wears a chaplet of severed heads, and her many hands hold symbols of her ambivalent nature – the extermination sword, scissors that cut short the thread of life, and the lotus of eternal generation. Often she is represented as trampling on the corpse-like body of Shiva, from whom she had emanated"[122]. Scheftelowitz nennt folgende Details: „Kala als eine Form Yamas wird in der Hindu-Kunst vierarmig, skelettartig dargestellt und ist teils mit einem Skorpion an der Brust, teils mit einem spitzen, breiten Messer, teils mit einem Kobra-Gürtel und einem Halsband versehen, sitzend auf 2 sterbenden Männern"[123]. Im Buddhismus gilt die Zeit als Urheber allen Unheils[124], und im Abendland wird seit dem Mittelalter der „Vater Zeit" überwiegend als alter Mann dargestellt, der Sichel und – hier kommt wieder einmal die typisch abendländische Vorstellung von der Zeit zum Ausdruck – Stundenglas in den Händen hält[125]. Pieter

[116] Vgl. G. L. S. Shackle, Decision, Order and Time, Cambridge 1961, S. 42.

[117] Vgl. Friedrich L. Boschke, Und 1000 Jahre sind wie ein Tag, München 1979, S. 94 f.

[118] Vgl. G. J. Withrow, Reflections on the History of Time, in: J. T. Fraser u.a. (Hrsg.), The Study of Time, Berlin – Heidelberg – New York 1972, S. 2.

[119] Vgl. S. G. F. Brandon, The Deification of Time, in: J. T. Fraser u.a. (Hrsg.), The Study of Time, Berlin – Heidelberg – New York 1972, S. 375. Von dieser Vorstellung her werden auch Überlegungen verständlich, die zur Astrologie führen: Die Sterne bestimmen als Dämonen nicht nur die Zeit, sondern auch das menschliche Schicksal; ihre Situation berührt die des Menschen. Ähnliche Überlegungen finden sich bei Boschke. Vgl. Boschke, S. 124.

[120] Vgl. J. Scheftelowitz, Die Zeit als Schicksalsgottheit in der indischen und iranischen Religion, Stuttgart 1929, S. 50 f.

[121] S. G. F. Brandon, History, Time and Deity, Manchester – New York 1965, S. 44.

[122] Brandon, The Deification of Time, S. 379.

[123] Scheftelowitz, S. 30.

[124] Vgl. Brandon, The Deification of Time, S. 380.

[125] Vgl. ebd., S. 381. Allerdings wird von Macey darauf hingewiesen, daß ab dem 16. Jahrhundert Vater Zeit zunehmend positive Züge erhält. So sind Darstellungen als „Vater

Brueghels Bild „Der Triumph der Zeit" aus dem 16. Jahrhundert stellt den kinderverzehrenden Saturn in den Mittelpunkt[126]. Otto Friedrich Bollnow spricht angesichts der Unerbittlichkeit der Zeit von einem „Gesetz der Zeitlichkeit". Und er kommentiert: „Das ist alles andere als eine formale, wertfrei hinzunehmende Beschreibung, sondern ist der Ausdruck einer tiefen, gar nicht beiseitezuschiebenden Bedrohung; denn Zeitlichkeit heißt Vergänglichkeit, heißt Hinfälligkeit, ja schärfer zugespitzt: heißt Nichtigkeit des Menschen im Angesicht der schwindenden Zeit"[127]. Unter diesem Gesetz verbringen wir unser Leben. Wir können, wenn wir die „Ventilsitten" nutzen, die uns in unserer Gesellschaft zugebilligt werden, wenn wir uns durch Rauschmittel in Ekstase begeben oder uns so in uns versenken können, daß die „Seele . . . in einem gegenwärtigen Nun steht" „oberhalb Zeit und Statt"[128], wie es der Mystiker Meister Eckhart ausdrückt, uns der Illusion hingeben, für diese kurzen Zeiten aus dem Rahmen der Zeit entwichen zu sein. Aber in dem weitaus überwiegenden Teil unseres Lebens sind wir auf seine feste Fügung verwiesen, die immer wieder als Widerstand spürbar wird. Wir reisen in Orte etwa Osteuropas, die aussehen wie auf vierzig Jahre alten Postkarten, und wir sagen, die Zeit sei hier stehengeblieben. Aber nur graue Fassaden blieben stehen, die Menschen wurden genauso älter wie an anderen Orten[129], und die Zeit bleibt der Rahmen für diesen Prozeß. J. A. Barnes geht auf die Vorstellung von Lévi-Strauss ein, beim Musikhören würden wir unsterblich, und er bemerkt dazu: „But when we escape musically into immortality from the familiar context of the world of events, time travels with us; we do not escape from time"[130].

der Wahrheit" erhalten, und für das 19. Jahrhundert ist die Behauptung durch eine Buchillustration belegt, in der die Zeit ein milder alter Mann ist (immerhin mit Sense und Standuhr, hinter der der Tod seinen Pfeil wirft). Vgl. S. Macey, The Changing Iconography of Father Time, in: J. T. Fraser u.a. (Hrsg.), The Study of Time III, New York – Heidelberg – Berlin 1978, S. 540–575.

[126] Vgl. die Abbildung und Erläuterung in: J. T. Fraser (Hrsg.), The Voices of Time, New York 1966, vor dem Titelblatt.

[127] Otto Friedrich Bollnow, Das Verhältnis zur Zeit, Heidelberg o.J., S. 10.

[128] Hermann Kunisch (Hrsg.), Eckhart, Tauler, Seuse. Ein Textbuch aus der altdeutschen Mystik, Hamburg 1958, S. 60.

[129] Zum gemeinsamen Altern als Bedingung für den Aufbau einer gemeinsamen Zeit vgl. Alfred Schütz, Der sinnhafte Aufbau der sozialen Welt, 2. unveränd. Aufl., Wien 1960, S. 113.

[130] J. A. Barnes, Time flies like an arrow, in: Man (NF) 6 (1971), S. 550.

4. Ansätze zu einer Theorie der Evolution der Zeitvorstellungen

„Ebenso wenn in einer Gesellschaft, die sich gewandelt hat, Überreste dessen fortbestehen, was sie ursprünglich war, können jene, die sie in ihrer ersten Form gekannt haben, gleichfalls ihre Aufmerksamkeit auf diese alten Züge heften, die ihnen den Zugang zu einer anderen Zeit und einer anderen Vergangenheit öffnen. Es gibt kaum eine Gesellschaft, in der wir einige Zeit gelebt haben, die nicht fortbesteht, die nicht zumindest irgendeine Spur ihrer selbst in den neueren Gruppen hinterlassen hat, in die wir einbezogen sind: das Fortbestehen dieser Spuren genügt, um die Permanenz und die Kontinuität der dieser früheren Gesellschaft eigenen Zeit zu erklären und es uns möglich zu machen, jederzeit in Gedanken in sie einzudringen.“

Maurice Halbwachs,
Das kollektive Gedächtnis, S. 122

4.1. Kategorien der Evolutionstheorie und ihre Anwendung auf die soziale Zeit

4.1.1. Kumulation als Entwicklungsprinzip der Zeitvorstellungen

Die soziale Evolution gehört zu den traditionellen Fragekreisen der Soziologie wie der Ethnologie. Comte, Marx und Spencer, also die Gründerväter der Soziologie im modernen Sinne, entwickelten in ihren Werken Evolutionstheorien. Ursachen, Verlauf und Qualitäten des Verlaufs der gesellschaftlichen Entwicklung sind zwar ein fundamentales Problem soziologischen Denkens, aber dennoch erlahmte der wissenschaftliche Impetus in bezug auf dieses Thema spätestens in den zwanziger Jahren dieses Jahrhunderts, denn die stets in neuen Modifikationen vorgelegten Evolutionstheorien erwiesen sich als unangemessen. Der Versuch, analog der von Darwin vorgelegten biologischen Evolutionskonzeption eine geradlinige Entwicklung der menschlichen Gesellschaften nachzuweisen, wurde weitgehend dem Fundus bedeutsamer, aber nicht lösbarer Fragen zugewiesen[1]. In den vierziger Jahren erwachte wieder das Interesse vor allem amerikanischer Ethnologen an der Evolutionsproblematik. Die sog. Neo-Evolutionisten schieden allerdings bei der Reformulierung der Evolutionstheorien wichtige Bestandteile der traditionellen Entwürfe aus, die sich als hinderlich für die Erfassung der kulturellen Entwicklung erwiesen hatten. So lehnte

[1] Vgl. S. N. Eisenstadt, Social Change, Differentiation and Evolution, in: American Sociological Review 29 (1964), S. 375.

Leslie White, der wohl den Anstoß zur Wiederaufnahme des Problemkreises gab, den Rückgriff auf biologische Erklärungsmodelle ab[2]. Ferner wurde in der Folge das Prinzip der Unilinearität der Entwicklung in Frage gestellt und durch multilineare Konzeptionen abgelöst[3]. Impulse aus der Ethnologie nahmen ab Anfang der sechziger Jahre die amerikanischen Strukturfunktionalisten[4] auf. In der Bundesrepublik war es Niklas Luhmann, trotz aller von ihm hervorgehobenen Unterschiede ein ähnlich orientierter Soziologe, der Beiträge zur Evolutionsproblematik[5] vorlegte. Für den deutschen Sprachraum am bedeutsamsten aber sind die diesbezüglichen Bemühungen von Jürgen Habermas, der auch in einen kritischen Dialog über Fragen der Evolution mit Luhmann trat[6]. Innerhalb des von ihm geleiteten Max-Planck-Instituts zur Erforschung der Lebensbedingungen der wissenschaftlich-technischen Welt in Starnberg entwickelte Habermas zusammen mit seinen Mitarbeitern eine rege Forschungstätigkeit auf dem Gebiete der Evolutionstheorie[7], wobei er sein spezielles Thema „in Vermittlungen kommunikativen Handelns, in den Konfliktregelungsmechanismen, in den Weltbildern, in den Identitätsformationen" sieht, da „die Entwicklung dieser normativen Strukturen der Schrittmacher der sozialen Evolution ist, weil neue gesellschaftliche Organisationsprinzipien neue Formen der sozialen Integration bedeuten; und diese ermöglichen ihrerseits erst die Implementierung vorhandener oder die Erzeugung neuer Produktivkräfte sowie die Steigerung gesellschaftlicher Komplexität"[8]. Neben neuen archäologischen und ethnologischen Materialien bewogen vor allem Forschungen auf dem Gebiete der Entwicklungspsychologie Habermas, die Evolutionsproblematik wieder aufzunehmen. Denn er postuliert generell bestimmte Übereinstimmungen zwischen Ontogenese und gesellschaftlicher Entwicklung, wie das folgende Zitat belegt, in dem er die Entwicklung der Zeitvorstellungen thematisiert. „Das gilt zunächst für die *kognitive Entwicklung*. In der Ontogenese lassen sich ähnliche Sequenzen von Grundbegriffen und von logischen Strukturen beobachten wie in der Evolution von Weltbildern: z.B. die Differenzierung von Zeithorizonten sowie die Trennung von physikalisch gemessener und biographisch erlebter Zeit . . ."[9]. Habermas bezieht sich in diesem Zusammenhang auf Jean Piagets Untersuchun-

---

[2] Vgl. Marvin Harris, The Rise of Anthropological Theory, New York 1968, S. 636.

[3] Vgl. ebd., S. 642 ff.

[4] 1964 erschien neben dem bereits genannten Aufsatz von Eisenstadt auch eine Arbeit von Talcott Parsons. Vgl. Talcott Parsons, Evolutionary Universals in Society, in: American Sociological Review 29 (1964), S. 339–357.

[5] Vgl. dazu u.a. Niklas Luhmann, Gesellschaft, in: Soziologische Aufklärung, 4. Aufl., Opladen 1974, S. 137–153 sowie die Beiträge „Evolution und Geschichte" und „Systemtheorie, Evolutionstheorie und Kommunikationstheorie", in: Ders., Soziologische Aufklärung 2, Opladen 1975, S. 150–169 bzw. 193–203.

[6] Zusammengefaßt in: Jürgen Habermas und Niklas Luhmann, Theorie der Gesellschaft oder Sozialtechnologie – Was leistet die Systemforschung?, Frankfurt/M. 1971.

[7] Vgl. dazu u.a. Jürgen Habermas, Zur Rekonstruktion des Historischen Materialismus, Frankfurt/M. 1976; Rainer Döbert, Systemtheorie und die Entwicklung religiöser Deutungssysteme, Frankfurt/M. 1973; Klaus Eder, Die Entstehung staatlich organisierter Gesellschaften, Frankfurt/M. 1976.

[8] Habermas, Zur Rekonstruktion des Historischen Materialismus, S. 35.

[9] Ebd., S. 17 (Hervorhebung von Habermas).

gen, die in „Die Bildung des Zeitbegriffs beim Kinde"[10] zusammengefaßt sind. In zahlreichen Untersuchungsreihen zeigt Piaget auf, wie das Kind mit zunehmendem Alter immer besser die Kategorien der Reihenfolge und der Gleichzeitigkeit, die Einschachtelung von Zeitstrecken, die Addition von Zeitstrecken usw. erfaßt und Probleme der psychologischen Zeit bewältigt.

In diesem Kapitel soll der Versuch unternommen werden, auf drei Ebenen eine Entwicklung der Zeitvorstellungen im Laufe der sozialen Evolution zu umreißen. Diese drei Ebenen sind

1. Zeitpunkt – Zeitraum
2. Zyklische – lineare Zeit
3. Vergangenheit – Gegenwart – Zukunft.

Eine Dimensionierung der Zeit in ähnlicher Form finden wir auch in Arbeiten von Rammstedt, Schöps und Bergmann. Rammstedt unterteilt „das *Zeitbewußtsein* in:

1. occasionales,
2. zyklisches,
3. lineares mit geschlossener Zukunft und
4. lineares mit offener Zukunft,

und damit korrespondierend die *rationale Form der Zeiterfahrung* in:

a) Jetzt/Nicht-Jetzt
b) Vorher/Nachher
c) Vergangenheit/Gegenwart/Zukunft und
d) kontinuierliche Bewegung/Beschleunigung"[11].

Das occasionale Zeitbewußtsein entspricht in manchen Zügen der Orientierung nach Zeitpunkten. Möglich, wenn auch qualitativ nicht so divergent wie die anderen Kategorien, ist die Unterteilung des linearen Zeitbewußtseins. Rammstedt trennt die verschiedenen Formen des Zeitbewußtseins analytisch nicht so streng, wie dies in der vorliegenden Arbeit geschieht. So schließt er in das lineare Zeitbewußtsein mit geschlossener Zukunft zyklische Vorstellungen ein[12]. Unangemessen scheint die Zuordnung von linearem Zeitbewußtsein bei offener Zukunft zu Bewegungsformen. Abgesehen davon, daß auch lineare Zeit mit geschlossener Zukunft verschieden schnell erlebt werden kann (z.B. Verlangsamung des Zeiterlebens bei Naherwartung des eschatologischen Ziels ohne Zeichen des Anbruchs der ersehnten Endphase), gelten hier die in Kap. 3 explizierten Vorbehalte. Außerdem unterscheiden sich Rammstedts Arbeit und die vorliegende Untersuchung darin, daß Zusammenhänge zwischen der Dominanz eines bestimmten Zeitbewußtseins und Denk- sowie Gesellschaftsformen unterschiedlich gesehen werden. So ist für Rammstedt z.B. das mythische Denken, das in der vorliegenden Arbeit in einen Bezug zur zyklischen Zeit gestellt wird, typisch für ein occasionales Zeitbewußtsein[13]. Von Rammstedt abhängig ist die Einteilung in „aktuelle Zeitordnung" und „aktuelles Zeitbewußtsein",

[10] Jean Piaget, Die Bildung des Zeitbegriffs beim Kinde, Zürich 1955.

[11] Otthein Rammstedt, Alltagsbewußtsein von Zeit, in: Kölner Zeitschrift für Soziologie und Sozialpsychologie 27 (1975), S. 49 f. (Hervorhebung von Rammstedt).

[12] Vgl. ebd., S. 54.

[13] Vgl. ebd., S. 51 f.

„zyklische Zeitordnung" und „zyklisches Zeitbewußtsein" und „lineare Zeitordnung" und „lineares Zeitbewußtsein" bei Schöps[14]. Sie gliedert die zyklische und lineare Zeitordnung jeweils in mehrere Erscheinungsformen auf, die aber für unseren Zusammenhang nicht von Bedeutung sind; die sieben Formen linearer Zeitordnung könnten evtl. in der Kleingruppenforschung Anwendung finden. Eine sehr differenzierte Unterteilung, die ein „vollständiges Schema für die Analyse sozialer Zeit"[15] sein will, legt Bergmann vor.

„Dimension	Variationsmöglichkeiten
1. Zeithorizonte	
a) Zeitorientierung	Schwerpunkt in: V – G – Z
b) Weite der Horizonte	groß – klein
c) Tiefenschärfe	groß – klein
2. Zeittempo	schnell – langsam
3. Kontinuität	kontinuierlich – diskontinuierlich
4. Qualität	qualitativ – quantitativ (Grad der Meßbarkeit und Vergleichbarkeit)
5. Zeitdauer	normative Dauer von Ereignissen: kurz – lang
6. Zeitrichtung	reversibel – irreversibel (Formen: alternierend, zyklisch, linear)"[16].

Bergmann fügt seinem Schema keine Erläuterungen zu den Dimensionen bei. Die nähere Bedeutung einzelner Dimensionen bleibt daher fraglich. Unter „Tiefenschärfe" (1c) versteht er wahrscheinlich die Durchgliederung der Zeit[17]. „Zeitdauer" (5) ist besonders schwierig zu bestimmen. Ist damit die Norm, etwas habe kurz oder lang zu dauern, oder das Messen als Normsetzung für kurz oder lang gemeint? Im Rahmen dieses Kapitels wird bei der Erörterung der drei zuvor angegebenen zeitlichen Ebenen auf folgende bei Bergmann aufgeführten Dimensionen Bezug genommen: Zeitorientierung (1a), Weite der Horizonte (1b), Tiefenschärfe (1c) in dem oben erläuterten Sinne, Kontinuität (3) und Zeitrichtung (6). Die unter Punkt 6 bei Bergmann genannte Form „alternierend" wird jedoch nicht berücksichtigt, da sie gegenüber den beiden anderen Formen von untergeordneter Bedeutung ist. Sie ist wohl zur Kennzeichnung von dialektischen Vorgängen gedacht.

Bevor die genannten drei zeitlichen Ebenen und ihr Zusammenhang mit der Evolution des Zeitbewußtseins detailliert erörtert werden, sollen wichtige Cha-

---

[14] Vgl. Martina Schöps, Zeit und Gesellschaft, Stuttgart 1980, S. 111 ff.

[15] Werner Bergmann, Die Zeitstruktur sozialer Systeme, Berlin 1981, S. 102 (Bei Bergmann Hervorhebung).

[16] Ebd. (Bei Bergmann Hervorhebung von „Dimension" und „Variationsmöglichkeiten").

[17] Vgl. die Verwendung des Begriffs „Tiefenschärfe" bei Niklas Luhmann, Weltzeit und Systemgeschichte, in: Ders., Soziologische Aufklärung 2, Opladen 1975, S. 109.

rakteristika sozialer Evolution in bezug auf die Zeitvorstellungen diskutiert werden.

Ein zentrales Problem der gesellschaftlichen Evolution stellt die Frage des Verhältnisses der einzelnen Entwicklungsstufen zueinander dar. Am Marxismus orientierte Evolutionstheorien neigen dazu, den einzelnen Etappen nicht nur jeweils eine eigene Qualität zuzubilligen, sondern auch eine Aufhebung der vorhergehenden in der folgenden Stufe zu postulieren[18]. In der Entwicklungspsychologie werden ebenfalls solche Vorgänge der Aufhebung vorangehender Stufen in folgenden konstatiert. So spricht Hildegard Hetzer vom „Zusammenbruch des physiognomischen und Aufbau des magischen Weltbildes“[19]. Habermas schließt sich solchen Sichtweisen an, wenn er beispielsweise die Aufeinanderfolge von Legitimationsweisen charakterisiert. „Mit Niveaus der Rechtfertigung meine ich also formale Bedingungen der Akzeptabilität von Gründen, welche den Legitimationen Wirksamkeit, ihre konsenserzielende und motivbildende Kraft verleihen. Diese Niveaus lassen sich hierarchisch anordnen. Die Legitimationen einer überwundenen Stufe, gleichviel wie sie inhaltlich aussehen, werden mit dem Übergang zum nächsthöheren Niveau entwertet: nicht dieser oder jener Grund, die *Art* der Gründe ist es, die dann nicht mehr überzeugt. Eine solche Entwertung von Legitimationspotentialen ganzer Überlieferungsmassen ist in den Hochkulturen bei der Ablösung vom mythischen Denken, in der Moderne bei der Ablösung von kosmologischen, religiösen und ontologischen Denkfiguren eingetreten“[20]. Es gibt Anzeichen dafür, daß Habermas auch für die Entwicklung der Zeitvorstellungen annimmt, mit dem Aufkommen neuer Formen verlören alte ein für allemal ihre Gültigkeit. Bei den von ihm gesehenen Homologien zwischen Onto- und Phylogenese bezieht er sich – wie oben belegt wurde – auf Zeit und dabei auf Piagets Darlegungen über Zeit. Und nach Piaget

---

[18] Marx selbst äußerte sich zu diesem Fragenkreis recht differenziert. So finden wir bei ihm auch die Auffassung, daß in fortgeschrittenen Formen vorangehende enthalten und erkennbar sind. In der Schrift „Einleitung zu einer Kritik der politischen Ökonomie“ heißt es: „Die bürgerliche Gesellschaft ist die entwickeltste und mannigfaltigste historische Organisation der Produktion. Die Kategorien, die ihre Verhältnisse ausdrücken, das Verständnis ihrer Gliederung, gewährt daher zugleich Einsicht in die Gliederung und die Produktionsverhältnisse aller der untergegangenen Gesellschaftsformen, mit deren Trümmern und Elementen sie sich aufbaut, von denen teils noch unüberwundene Reste sich in ihr fortschleppen . . .“ (Karl Marx, Einleitung zu einer Kritik der politischen Ökonomie, in: Ders., Ökonomische Schriften, 3. Bd., hrsg. von Hans-Joachim Lieber und Benedikt Kautsky, Stuttgart 1964, S. 824). Stärker als in diesem Zitat wird in dem folgenden die Gegensätzlichkeit und Neuheit betont, die die bürgerliche Gesellschaft gegenüber den bisherigen Formationen auszeichnen: „Da ferner die bürgerliche Gesellschaft selbst nur eine gegensätzliche Form der Entwicklung, so werden Verhältnisse früherer Formen oft nur ganz verkümmert in ihr anzutreffen sein, oder gar travestiert. Z.B. Gemeindeeigentum. Wenn daher wahr ist, daß die Kategorien der bürgerlichen Ökonomie eine Wahrheit für alle anderen Gesellschaftsformen besitzen, so ist das nur cum grano salis zu nehmen. Sie können dieselben entwickelt, verkümmert, karikiert etc. enthalten, immer im wesentlichen Unterschied“ (ebd., S. 825).

[19] Hildegard Hetzer, Kind und Jugendlicher in der Entwicklung, 4. durchges. und erw. Aufl., Berlin – Hannover – Darmstadt 1958, S. 55 (Bei Hetzer Hervorhebung).

[20] Habermas, Zur Rekonstruktion des Historischen Materialismus, S. 278 (Hervorhebung von Habermas).

lassen im Zuge der Weiterentwicklung gewonnene Einsichten vorangehende wertlos werden. Die beim kleinen Kind bestehende Vorstellung, das Lebensalter sei „unabhängig von der Reihenfolge der Geburten, und die Altersunterschiede könn(t)en sich mit der Zeit ändern"[21], wird später revidiert und endgültig den falschen Vorstellungen zugeschlagen. Diese im Gange der Entwicklung des kindlichen Bewußtseins auftretenden Vorgänge sowie die von Habermas in bezug auf Legitimationsformen vorgetragene Annahme einer Aufhebung alter Vorstellungen durch neue gelten auf keinen Fall – und das ist die grundlegende These in diesem Kapitel – für die Entwicklung der Zeitvorstellungen. Neue Zeitvorstellungen ersetzen nicht bisherige, sondern treten hinzu. Die Entwicklung des Zeitbewußtseins hat kumulativen Charakter, d.h. das Zeitbewußtsein ändert sich im Laufe der Evolution nicht durch die Ersetzung alter Formen durch neue, sondern durch Hinzufügung von neuen zu älteren, durch Kombination, bisweilen aber auch durch Vermengung älterer und neuer Formen. Eine ähnliche Auffassung vertritt Rezsohàzy in einer Abhandlung über soziale Zeit: „. . . all industrial societies comprise traditional elements, just as traditional societies may contain elements which will set them in motion"[22]. Und Rammstedt stellt fest: „Ein historischer Rekurs auf die Geschichte . . . sowohl der jeweils herrschenden Zeitbewußtseinsformen, die sich mit geringer zeitlicher Verschiebung in der Zeitrechnung wiederfinden und aufweisen lassen, als auch die rationalen Formen, wie Zeit erfahren wird, zeigt, daß historisch Formen aufeinanderfolgen, die nicht die jeweils vorhergehenden negieren – weder sind sie genereller oder differenzierter noch lösen sie die vorhergehenden total ab . . ."[23]. In der Frage der Generalität und Differenzierung besteht allerdings keine Übereinstimmung. Es gibt im Laufe der Geschichte, aus der Warte westlicher Gesellschaften gesehen, z.B. Gewinne der Generalität (z.B. umfassende Datierung), aber auch Verluste an Differenzierung (z.B. im Rechnen nach jahreszeitlichen Änderungen der Umwelt).

Die hier vertretene Auffassung soll mit dem Begriff „Kumulationsthese" etikettiert werden. Sie ist zwar gegenüber den traditionellen Konzepten der Evolution weniger spezifisch, will aber in ihrer allgemeineren Fassung dem derzeitigen Kenntnisstand entsprechendes Wesentliches und Zutreffendes über den Prozeß der Evolution der Zeitvorstellungen aussagen[24].

Die Kumulationsthese besagt natürlich nicht, daß in fortgeschrittenen Gesellschaften alle vorhandenen Zeitformen gleich hoch eingeschätzt werden oder gleich häufig verwendet werden wie in auf niedrigerer Entwicklungsstufe stehenden Gesellschaften. Traditionelle Zeitvorstellungen besitzen in Industrie-

---

[21] Piaget, S. 282.

[22] Rudolf Rezsohàzy, The concept of social time: its role in development, in: International Social Science Journal 24 (1972), S. 29.

[23] Rammstedt, S. 49.

[24] Eine in ähnlicher Weise konzipierte Kumulation konstatiert Luhmann auch für Formen des Helfens sowie für Differenzierungsformen. Vgl. Niklas Luhmann, Formen des Helfens im Wandel gesellschaftlicher Bedingungen, in: Ders., Soziologische Aufklärung 2, Opladen 1975, S. 144 sowie Luhmann, Systemtheorie, Evolutionstheorie und Kommunikationstheorie, S. 198.

gesellschaften oft nicht mehr den Stellenwert, der ihnen etwa in Naturvolkgesellschaften zukommt. Ein Beispiel dafür ist das genealogische Wissen, das Wissen um die Aufeinanderfolge der Generationen innerhalb der Familie, die für uns eine der vielen Möglichkeiten darstellt, die Zeit einzuteilen. Die Bedeutung, aber auch der Umfang genealogischen Wissens war bei den Salteaux-Indianern und den Balubas in Afrika ungleich größer als bei uns[25]. In verschiedenen Kulturen dominieren ferner zeitliche Orientierungen, die uns zunächst völlig fremd erscheinen und für die es keinerlei Entsprechungen in unserem Kulturraum zu geben scheint. Wir feiern als Geburtstag den Tag im Jahr, an dem die Geburt stattfand. Nach Goody ist für die Akan in Westafrika allein der Wochentag von Bedeutung, an dem ein Kind geboren wird; von diesem Tag erhält das Kind seinen Namen, und der Wochentag wird als ein wichtiger Faktor in der Ausbildung des Charakters betrachtet[26]. Sind uns diese Vorstellungen wirklich so fremd, wie sie auf den ersten Blick anmuten? Bedenken wir die mit dem Begriff „Sonntagskind“ verbundenen Konnotationen, dann sind sie es sicher nicht mehr. Wenn Vorstellungen, wie sie den Akan so bedeutungsvoll erscheinen, bei uns nicht in einer ephemeren Bedeutung weiterleben würden, dann würde auch ein literarisches Kunstwerk wie Wilhelm Hauffs Märchen „Das kalte Herz“ nicht mehr ohne weiteres verstanden werden, in dem nur die Geburt während einer bestimmten Zeit am Sonntag den Zugang zu dem drei Wünsche erfüllenden Waldgeist ermöglicht. So sind bei aller Prominenz von bestimmten Formen des Zeitbewußtseins – und es sind meist die neueren Formen, die dominieren – die übrigen, entwickelten nie völlig verdrängt, nie völlig aufgehoben oder vergessen. Im Zuge der Erörterung der Kategorien „Reversibilität vs. Irreversibilität“, „Evolution vs. Diffusion“ sowie „Stadien hin zu einem Endzustand“ werden weitere Belege gegeben werden.

Ein anderer Weg, die Kumulationsthese anhand von konkretem Material plausibel zu machen, ist der folgende Vergleich der Zeitvorstellungen einer schriftlosen Gesellschaft mit solchen in einem Ausschnitt moderner Gesellschaften. Als Beispiel für eine primitive Gesellschaft wurden die Ainu an der Nordwestküste von Sachalin gewählt, die Emiko Ohnuki-Tierney erforscht hat[27]. Aus der komplexen Welt der industriellen Gesellschaften sollen die Zeitvorstellungen eines Berufes herangezogen werden, der nicht nur in bezug auf den Zeitpunkt seines Entstehens als ein moderner bezeichnet werden muß. Es sind dies die Zeitvorstellungen des Fernsehredakteurs und Fernsehreporters, die Philip Schlesinger untersucht hat[28].

[25] Vgl. dazu A. Irving Hallowell, Temporal Orientation in Western Civilization and in a Pre-literate Society, in: American Anthropologist NF 39 (1937), S. 666 f. sowie Newell S. Booth jr., Time and Change in African Traditional Thought, in: Journal of Religion in Africa 7 (1975), S. 86.

[26] Vgl. Jack Goody, Time: Social Organization, in: David L. Sills (Hrsg.), International Encyclopedia of the Social Sciences, Bd. 16, o.O. 1968, S. 657 f.

[27] Vgl. Emiko Ohnuki-Tierney, Concepts of Time among the Ainu of the Northwest Coast of Sakhalin, in: American Anthropologist 71 (1969), S. 488–492 sowie Emiko Ohnuki-Tierney, Sakhalin Ainu Time Reckoning, in: Man (NF) 8 (1973), S. 285–299.

[28] Vgl. Philip Schlesinger, Newsmen and their time-machine, in: British Journal of Sociology 28 (1977), S. 336–350.

Für die Ainu stellt Ohnuki-Tierney fest, daß sie mythisches Wissen besitzen, aber kein geschichtliches. Für den Bereich des Fernsehens existiert aber das Phänomen Geschichte und verlangt eine Auseinandersetzung, da das Bestreben, aktuell zu sein, die geschichtliche Dimension zu verdrängen sucht. Ist den Ainu Zeitdruck so gut wie unbekannt, so unterstehen ihm Fernsehredakteure und Reporter ständig. Dieser Zeitdruck resultiert aus der obersten Norm des Mediums, aktuell berichten zu müssen. Beziehen die Ainu ihre zeitlichen Bezüge aus der Natur, aus dem Wechsel der Tages- und Jahreszeiten, so dominiert beim Fernsehen die Uhr: Redaktionsschlüsse und Sendetermine erfordern das stete Präsenthalten der Uhrzeit. Zeit, bei den Ainu qualitativ, hat im Fernsehbetrieb durchgehend eine quantitative Dimension; z.B. wird bei der Redaktion einer Nachrichtensendung beschlossen: „‚A one-minute piece on the industrial situation or . . ., Twenty seconds on the Queen'“[29]. Der Zeitdruck beim Fernsehen bringt nicht nur Hetze, sondern oft auch Einschränkung der Produktionsweise durch die zeitliche Dimension. Der Wettbewerb zwischen den Massenmedien und insbesondere die Konkurrenz zu anderen Fernsehanstalten können die Reporter und Redakteure zwingen, ihre eigenen Ansprüche an die Qualität der Produktion zu senken. Die Uhrzeit steht über der Aufgabe. Bei den Ainu kann man dagegen von aufgabenbezogener Zeit in doppelter Hinsicht sprechen. Viele Zeitvorstellungen entspringen den Aufgaben, die zu einer bestimmten Zeit zu bewältigen sind, aber die Zeiteinteilung ist gleichzeitig von der Aufgabe und ihrer als sachgerecht angesehenen Erfüllung bestimmt. Dominieren Gestirne und Jahreszeiten sowie sich stets wiederholende Tätigkeiten das Zeitbewußtsein, so ist in erster Linie zyklische Zeit Bewußtseinsinhalt. Dies trifft für die Ainu zu. Für den Fernsehreporter und den Redakteur ist die Nachricht eine verderbliche Ware. Was aktuell ist, muß gesendet werden: „Yesterday's story belongs . . . to the dustbin of history: the news archive“[30]. Die Zeit läuft stets weiter, einmal Aufgenommenes, ob gesendet oder nicht, wird abgelegt, und es besteht nur eine vage Hoffnung, daß es wieder einmal auftaucht, um als Parallele eines Neuen herangezogen zu werden oder – hier zeigen sich Ansätze von zyklischer Zeit – bei einem Jahrestag an das Ereignis zu erinnern. Aber ansonsten ist die Zeit des Fernsehbetriebs lineare Zeit par excellence.

Diese Gegenüberstellung typischer Zeitvorstellungen einer Stammeskultur und einer Berufskultur[31] in der modernen Gesellschaft scheint auf den ersten Blick ein Beleg gegen die hier vertretene These von einer Akkumulation der Zeitvorstellungen im Laufe der Entwicklungsgeschichte zu sein. Sind nicht die Zeitvorstellungen in beiden Kulturen so verschieden, daß von Akkumulation nicht die Rede sein kann? Doch bei näherem Zusehen erweist sich das als unrichtig. Den Ainu mag die historische Dimension im Zeitbewußtsein fehlen; sie mögen keinem nennenswerten Zeitdruck ausgesetzt sein; quantitative Zeit, lineare Zeit, Uhrzeit mag bei ihnen keine Rolle spielen. Aber sind nicht in modernen Gesellschaften neben der Geschichte auch noch die Mythen – sakrale wie

[29] Ebd., S. 341 f.

[30] Ebd., S. 340.

[31] Ebd., S. 336 gebraucht Schlesinger den Begriff „occupational culture“.

profane – am Werke, wenn Weltbilder aufgebaut werden? Orientieren wir uns nicht auch an Gestirnen und Natur; bestimmen nicht Sonnenstand und Jahreszeiten unser Lebensgefühl? Gibt es nicht Aufgaben, denen wir uns – trotz aller Aussagen von pessimistischen Kulturkritikern – ohne Blick auf die Uhr und ohne Zeitdruck hingeben? Nicht nur der Mensch in der Freizeit, der Angler, der Bastler, der Leser, sondern auch der Mensch in den gruppenhaften Beziehungen, vor allem in der Familie, lebt diese Seite seines Zeitbewußtseins. So zeigt auch diese Gegenüberstellung von Zeit in primitiven und modernen Gesellschaften wieder, daß mit der Entwicklung der Gesellschaft der Umfang der Zeitvorstellungen zunimmt.

4.1.2. Die Anwendung weiterer Kategorien in Evolutionstheorien auf soziale Zeit

Immer im Bezug auf die Kumulationsthese sollen weitere Aspekte der Evolutionstheorie, die sich im Laufe der Theoriegeschichte als bedeutsam erwiesen haben, auf die Entwicklung der Zeitvorstellungen angewendet werden. Die Ausformung der ersten der folgenden Kategorien wurde durch die Festlegung auf die Kumulationsthese bereits entschieden; bei den anderen Kategorien steht eine Klärung noch aus.

Die Aufhebung von früheren Phasen durch spätere, wie sie Habermas für die Legitimationsformen annimmt, bedeutet zugleich das Postulieren der Irreversibilität von Legitimationsformen. Diese Irreversibilität gilt für die Zeitvorstellungen nicht. Regression ganzer Gesellschaften auf bestimmten Gebieten wird in der Literatur immer wieder festgestellt[32]. Was etwa bei Staatenbildungen oder auch bei materieller Kultur verzeichnet wurde, dürfte auch für Zeitvorstellungen gelten. Es können im Zuge solcher Regressionen frühere, zurückgedrängte Zeitvorstellungen wieder in den Vordergrund treten und Weiterentwicklungen nur noch latent wirksam sein. Aber auch das Individuum kann in mythische Zeitvorstellungen regredieren oder ohne Anstrengung in das Zeitbewußtsein von Stammeskulturen zurückfallen. Ethnologen berichten davon, wie leicht es für sie war, sich nach kurzer Zeit dem Zeitempfinden und der Zeitvorstellung von Naturvölkern anzupassen. Maxwell schreibt, daß es ihn wenig bekümmert habe, als seine Uhr nach einigen Monaten Feldforschung in Samoa nicht mehr ging[33]. Ähnliches berichtet Hallowell von seinem Aufenthalt bei den Pekangikum-Indianern am Berens-River in Kanada. Neben der Uhrzeit hätten auch die Wochentage für ihn jede Bedeutung verloren. Und er interpretiert diese Erlebnisse durchaus im Sinne unserer Hypothese als Rückgriff auf geläufige Strukturen des Zeitbewußtseins. „From personal experience I may say that ‚regression' to temporal norms less elaborate than our own is an entirely painless and

[32] Vgl. dazu Eisenstadt, S. 379 sowie Arnold Gehlen, Urmensch und Spätkultur, Bonn 1956, S. 219 f. Auch Habermas konzediert prinzipiell die Möglichkeit der Regression; vgl. dazu Habermas, Zur Rekonstruktion des Historischen Materialismus, S. 155.

[33] Vgl. Robert J. Maxwell, Anthropological Perspectives, in: Henri Yaker u.a. (Hrsg.), The Future of Time, London 1972, S. 55.

not unpleasant process"[34], und „My re-orientation simply involved the substitution of new, less elaborate but no less culturally determined, reference points for the old"[35]. Aus Hallowells Bericht über die Zeitvorstellungen der Salteaux-Indianer wird aber gleichzeitig deutlich, daß der umgekehrte Weg von der Zeitrechnung eines Naturvolkes zu unserer modernen Zeitrechnung keinesfalls so einfach und problemlos gemeistert werden kann und oft mehrere Generationen beansprucht[36]. Die positiven Gefühle, die die genannten Ethnologen mit der Regression des Zeitbewußtseins verbanden, erwuchsen aus der ebenso positiv definierten Situation der Felderhebung, vielleicht auch aus Entlastungserlebnissen. Daß Regression nicht immer positiv empfunden werden muß, zeigt die Studie von Marie Jahoda u.a. über „Die Arbeitslosen von Marienthal". Mit dem Verlust der bisherigen Orientierungspunkte aus der Arbeitswelt kam es „zu einem primitiveren, undifferenzierteren Zeiterlebnis"[37]. Die Regression, in der beispielsweise die Wocheneinteilung viel an Bedeutung verlor, wurde im Zusammenhang mit einem weitgehenden Sinnverlust erlebt und war so von Apathie und Resignation gefärbt, also von eindeutig negativ bewerteten Emotionskomponenten begleitet[38].

Evolution wird seit Spencer in Zusammenhang mit einem Sachverhalt gestellt, der je nach Nuance mit „Differenzierung", „Spezialisierung" oder „Komplexität" benannt wird[39]. Dieser Sachverhalt bestimmt auch das von Spencer formulierte allgemeine Prinzip der Evolution: „Entwicklung ist definierbar als ein Wandel von unzusammenhängender Gleichartigkeit zu zusammenhängender Verschiedenartigkeit"[40]. Der „zusammenhängenden Verschiedenartigkeit" entspricht als Prozeß am besten der Begriff der *Spezialisierung*: Spezialisierung heißt Unterschiedlichwerden in bezug auf andere. Spezialisierung ist somit qualitativ unterschieden von der *segmentären Differenzierung*, die eine Unterteilung und Trennung in selbständige Gebilde meint, die gleichartig sind. Die Rollenzeiten etwa veranschaulichen die Spezialisierung auf zeitlichem Sektor. Beim Begriff der *funktionalen Differenzierung* wird der Schwerpunkt auf die Beiträge der verschiedenartigen Teile für das Funktionieren des Ganzen gelegt; wird bei der Spezialisierung stärker das Auseinanderstreben in verschiedene Funktionen gesehen, so wird bei der funktionalen Differenzierung wieder stärker die

---

34 Hallowell, S. 650.

35 Ebd., S. 651.

36 Vgl. ebd., S. 657 ff. sowie die Berichte über die Kinder von australischen Eingeborenen bei: G. J. Withrow, Reflections on the History of the Concept of Time, in: J. T. Fraser u.a. (Hrsg.), The Study of Time, Berlin – Heidelberg – New York 1972, S. 1.

37 Marie Jahoda u.a., Die Arbeitslosen von Marienthal, 3. Aufl., Frankfurt/M. 1975, S. 92.

38 Vgl. dazu Aussagen von Arbeitslosen ebd., S. 86; vgl. ferner Reinhard Bahnmüller, Die ohnmächtige Wut, Frankfurt/M. – New York 1981, S. 82 ff. Auch einzelne Befunde einer neueren Untersuchung von Heinemann lassen sich als „Regression" interpretieren. Vgl. dazu Klaus Heinemann, Arbeitslosigkeit und Zeitbewußtsein, in: Soziale Welt 33 (1982), S. 87–101, bes. S. 94 ff.

39 Vgl. Eisenstadt, S. 376.

40 Herbert Spencer, First Principles, 1862, nach: Helmut Klages, Geschichte der Soziologie, München 1969, S. 87 (Erscheinungsort der Spencerschen Schrift sowie Seitenangabe sind bei Klages nicht vermerkt).

dadurch entstandene neue Einheit ins Blickfeld gerückt, die auch durch den Begriff der *Komplexität* gekennzeichnet werden kann. Dieser Begriff, der die Bezüge zwischen den verschiedenartigen Einheiten hervorhebt, wird in systemtheoretisch orientierten Abhandlungen zur Evolutionstheorie zum Zentralbegriff. Niklas Luhmann definiert: „Soziale Evolution ist Steigerung der Komplexität der Gesellschaft, d.h. Steigerung der Komplexität, die die Gesellschaft im Verhältnis der einzelnen Sozialsysteme zu ihrer Umwelt tragbar machen kann"[41]. Akkumulation, wie sie expliziert wurde, ist weder mit Spezialisierung noch mit Differenzierung oder Komplexität gleichzusetzen. Akkumulation hat nichts von dem qualitativen Aroma dieser Begriffe. Sie wird quantitativ verstanden und will eine Minimalaussage über den Verlauf der Entwicklung der Zeitvorstellungen sein. Aber im Rahmen der folgenden Analysen wird immer wieder auch eine zunehmende Komplexität der Zeitbestimmungen deutlich werden. Schon bei der Erörterung der Dimension: Zeitpunkt – Zeitraum steht eine wachsende Interdependenz der Elemente zeitlicher Orientierung im Mittelpunkt der Argumentation. Der keineswegs stets in der Evolution der Zeitvorstellungen auftretende Aspekt der Komplexitätszunahme steht im Einklang mit der anfangs postulierten Einbettung der Zeitfestlegungen in die Kultur, die auch eine Einpassung der Zeit in die Kulturentwicklung bedeutet. Dementsprechend verlangt zunehmende Komplexität der Gesellschaft eine zunehmende Komplexität der Zeitbestimmungen. So ist es z.B. notwendig, daß Uhr- und Kalenderzeit eine Überbrückung der verschiedenen Zeitvorstellungen in einer durch Arbeitsteilung differenzierten Gesellschaft übernehmen und so einen Beitrag zur Erhaltung des Systemniveaus leisten.

Bei der Kumulationsthese kann nicht zwischen der Alternative: Evolution versus Diffusion entschieden werden, die Ende des 19. Jahrhunderts den Inhalt einer der wichtigsten Kontroversen in der Ethnologie bildete[42]. Streitpunkt war die Frage, ob bestimmte Einzelheiten einer Kultur, vor allem Züge der materiellen Kultur, fast ausschließlich in jeder Gesellschaft für sich entwickelt oder fast ausschließlich von einem Zentrum, in dem sie entwickelt worden waren, über weite Strecken verbreitet wurden. Für die Zeitvorstellungen als Kulturgut kann angenommen werden, daß die zeitlichen Einteilungen, die aus dem täglichen Sonnenlauf, aus dem Zu- und Abnehmen des Mondes, aus den jahreszeitlichen Veränderungen in der Natur abgeleitet sind, in jeder Gesellschaft selbständig entwickelt wurden, zumal Phänomene des Himmels und Phasen der Natur überall auf der Welt beobachtbar sind und das soziale Leben grundlegend und durchgehend beeinflussen[43]. Für den Tag-Nacht-Rhythmus ist sogar belegt, daß er den menschlichen Körper endogen bestimmt[44]; dement-

---

[41] Luhmann, Gesellschaft, S. 151: zur Kritik am Komplexitätsbegriff vgl. Habermas, Zur Rekonstruktion des Historischen Materialismus, S. 156.

[42] Vgl. V. Gordon Childe, Soziale Evolution, Frankfurt/M. 1968, S. 24 ff. sowie Alexander Alland, Evolution und menschliches Verhalten, Frankfurt/M. 1970, S. 157.

[43] Vgl. Martin P. Nilsson, Primitive Time-Reckoning, Lund – London – Oxford – Paris – Leipzig 1920, S. 2.

[44] Vgl. Karl Daumer, Die biologische Uhr, in: R. W. Meyer (Hrsg.), Das Zeitproblem im 20. Jahrhundert, Bern – München 1964, S. 182 f.

sprechend nimmt dieser Rhythmus überall Einfluß auf das soziale Leben und gliedert die Zeit. Tag, Mondmonat und Sonnenjahr sind nahezu universal. Bei der Zeiteinteilung durch andere astronomische Phänomene, wie das in vielen Gebieten beobachtete erste Auftauchen der Plejaden[45], ist Diffusion schon wahrscheinlicher. Einteilungen der Zeit durch bestimmte Tätigkeiten oder Strukturen in einer Gesellschaft wiederum, also ökologische und strukturelle Zeit im Sinne Evans-Pritchards, erwachsen direkt aus den Tätigkeiten und Strukturen einer Gesellschaft. Allerdings können die zugrundeliegenden Tätigkeiten und Strukturen selbst durchaus diffundiert sein. Hier bereitet die feste Einbindung der Zeit in eine Kultur Schwierigkeiten bei der Unterscheidung zwischen Evolution und Diffusion. Eindeutiger diffundiert werden vor allem nicht an natürlichen Phänomenen orientierte Zeiteinteilungen sein. Gut belegt ist das für die Wocheneinteilung, zumal in der Moderne dieser Diffusionsprozeß in größtem Ausmaß zu beobachten ist, nämlich bei der Übernahme der Siebentagewoche mit dem Sonntag als Ruhetag in vielen Ländern der Erde[46]. Auch mit der Wanderung oder der gewaltsamen Verbreitung von Mythen, von Vorstellungen über den Ablauf der Geschichte, von Religionen als konsistenten Systemen der Welterklärung überhaupt wurden bestimmte Inhalte und Wertungen von Zeitvorstellungen vermittelt. Im Kumulationsprozeß dürften diffundierte zu den in einer Gesellschaft selbst entstandenen Zeiteinteilungen hinzukommen, so daß in der Regel ein Bestand von Zeitvorstellungen von außen her angereichert wird.

Entwürfe der gesellschaftlichen Entwicklung sehen in der Regel ein Ziel vor. Dieses Ziel können zunächst gegenwärtige Gesellschaften sein, von denen angenommen wird, sie seien der bisherige Endpunkt gesellschaftlicher Evolution. In der Regel repräsentieren die Industriegesellschaften diesen Typus. Dies ist die durchgehende Auffassung früher Evolutionisten; wir finden sie bei Spencer und bei Tyler, aber dieser Ethnozentrismus ist explizit oder implizit auch bei Parsons, Habermas und Luhmann nachzuweisen. In dieser Annahme waren stets auch politische Einflüsse unverkennbar. Deutlich stellt etwa Benjamin Kidds 1894 erschienene Schrift „Social Evolution“[47] in erster Linie eine Argumentationsreihe zur Rechtfertigung des englischen Kolonialismus, zur Demonstration der Überlegenheit der christlichen Religion und der weißen Rasse dar. In der Gegenwart gibt es unterschiedliche Standpunkte in der Frage, ob die kommunistischen Länder des Ostblocks gegenüber den westlichen Staaten ein fortgeschrittenes Stadium der gesellschaftlichen Entwicklung erreicht haben oder nicht. Noch gravierender sind weltanschauliche Einflüsse, wenn das Ziel gesellschaftlicher Entwicklungen in künftige Gesellschaften verlegt wird, die heute noch nicht realisierte Qualitäten aufweisen, wie z.B. umfassende Gleichheit aller. Für unseren Zusammenhang werden als *ein*, wenn auch für den Soziologen sehr bedeutsamer Endpunkt die gegenwärtigen Industriegesellschaften

---

[45] Vgl. Nilsson, S. 110 sowie Claude Lévi-Strauss, Das Rohe und das Gekochte (Mythologica I), Frankfurt/M. 1971, S. 281 ff., wo der bei verschiedenen Ethnien vorgefundene Bezug Plejaden — Sirius thematisiert wird.

[46] Vgl. Goody, S. 37.

[47] Vgl. Benjamin Kidd, Social Evolution, London 1894.

angenommen. Ein wichtiges Merkmal ist die Verbreitung einer naturwissenschaftlich orientierten Uhrzeit, die den Rhythmus dieser Gesellschaften bestimmt. Hierin gleichen sich die Industriegesellschaften weitgehend. War in den westlichen Ländern eine Dominanz der Uhrzeit schon früh festzustellen, so hat sich die Sowjetunion als erstes kommunistisches Land bald nach der Revolution von 1917 intensiv und systematisch bemüht, die Bevölkerung zur Beachtung der Uhrzeit zu erziehen. Lenin wird der Ausspruch zugeschrieben: „Zeit gewinnen heißt alles gewinnen"[48], und mit gezielten Kampagnen sollten nach dem Willen der sowjetischen Machthaber Prämissen von Karl Marx realisiert werden, der den Fortschritt der Produktion ganz eng mit dem Sparen von Zeit verband[49]. In den sowjetischen Städten existierten um 1925 sog. Zeitligen, Vereinigungen, deren Mitglieder über Zeitverbrauch und Zeitplanung Buch zu führen hatten, und die Zeitungen enthielten eine Rubrik „Kampf um die Zeit"[50].

Im folgenden soll der Weg zu einem in der Gegenwart oder in der Zukunft angenommenen Ziel Gegenstand der Erörterungen sein. Die Unilinearität der traditionellen Evolutionstheorien war einhelliger Kritik ausgesetzt und einer der Gründe dafür, daß die soziale Evolution lange Zeit zu den vernachlässigten Forschungsgebieten gehörte. Heute ist man sich weitgehend einig darüber, daß kein einzelner Pfad vom Stadium einer durch bestimmte Merkmale definierten Wildheit, von einer Urhorde in die modernen Industriegesellschaften führt. Die Vielfalt kultureller Bildung wird durch die willkürlichen Stadieneinteilungen nicht erfaßt. Die Akkumulationsthese stellt primär nicht Qualitäten fest, sondern sie meint, wie schon oben betont, eine quantitative Anreicherung des Zeitbewußtseins im Laufe der Kulturgeschichte. Diese Anreicherung kann in ganz verschiedenen Formen geschehen. Im Westen bildete sich mit der Kalender- und Uhrzeit eine Dimension des Zeitlichen aus, die sich bis zu einem gewissen Grade von einzelnen Kulturphänomenen, von Tätigkeiten, Strukturen und Ideologien löste, um in ihrer relativen Eigenständigkeit alle Phänomene und Zusammenhänge einer komplexen Welt ungeachtet ihrer unterschiedlichen Qualitäten in eine zeitlose Dimension zu stellen. Wenn man der heute noch oft zitierten Darstellung von Marcel Granet aus dem Jahre 1934 über „Das chinesische Denken" folgt, so hat die Entwicklung in China einen entgegengesetzten Verlauf genommen. Dort wurden Zeiteinteilungen zusammen mit anderen Gliederungen in einem Komplex gebündelt, so daß mit der Nennung der Zeiteinteilung stets auch die anderen Bestandteile mitgedacht wurden. Granet beschreibt den Komplex, in dem die Jahreszeit Herbst und die geschichtliche Epoche der Yin-Dynastie enthalten sind, folgendermaßen: „Demgegenüber gibt es im Westen (Chinas, G. S.) nicht nur zahlreiche für die Himmelsrichtung typische Berge, sondern auch viele Bucklige, die ebenso wie die Tragkörbe auf den

[48] Nach: Raija Julkunen, A Contribution to the Categories of Social Time and the Economy of Time, in: Acta Sociologica 20 (1977), S. 10 (Bei Julkunen keine Angabe der Originalquelle).

[49] Vgl. ebd., S. 8 ff.

[50] Vgl. dazu Karl Pütz, Zeitbudgetforschung in der Sowjetunion, Meisenheim 1970, S. 10 f.

Herbst hinweisen. Ein Buckel ist ein Auswuchs der Haut, die Haut steht zu den Lungen, die Lungen zum Herbst und der Herbst zur weißen Farbe in Beziehung. Mit dem Begriff der Haut verbindet sich aber auch der des Leders und der Rüstungen – und damit wieder der Gedanke der Kriegsführung und der Strafexpeditionen. Darum wird den Barbaren des Westens ein kriegerisches Gemüt zugeschrieben, und man verschiebt die Kriegszüge und Exekutionen auf den Herbst, da doch der durch weißes Haar gekennzeichnete Genius der Strafen im Westen seinen Sitz hat. Die Haare stehen mit der Haut in Verbindung, und das weiße Emblem ist Kennzeichen des Herbstes und des Westens wie auch der Zeit der Yin-Dynastie. Diesen Zeitabschnitt eröffnete und charakterisierte die Herrschaft des siegreichen T'ang, des Herrn, der seine Berühmtheit den von ihm vollzogenen Strafen verdankte, wie auch der Art, mit ganz gekrümmtem Körper einherzuwandeln"[51]. Diese Charakterisierungen westlicher und chinesischer Zeitvorstellungen sind idealtypischer Art, d.h. sie verabsolutieren vorhandene Schwerpunkte zur Verdeutlichung der Unterschiede. In der Realität aber sind die beschriebenen Eigenarten in beiden Kulturbereichen vorhanden: Auch bei uns hat z.B. die Jahreszeit ein Bündel von beigefügten Konnotationen, und auch in China wurden Uhren entwickelt[52]. Die Akkumulation vollzog sich mit anderen Schwerpunkten, aber die verschiedenen Zeitvorstellungen wurden im Laufe der Kulturentwicklung auch in ganz verschiedenen Kulturkreisen entwickelt oder übernommen.

War bisher der Akkumulationsprozeß vorwiegend unter quantitativen Gesichtspunkten gesehen worden, so sollen ihm nun Qualitäten zugeschrieben werden. Die erste dieser Qualitäten führte der englische Soziologe Leonard Trelawny Hobhouse in die Evolutionstheorie ein. War Spencer noch von einem nicht beeinflußbaren Evolutionsprozeß ausgegangen, so nahm – nach der Interpretation von Klages – Hobhouse an, „der Fortgang der sozialen Evolution hänge zunehmend von ihrer bewußten Kontrolle und Steuerung durch den menschlichen Intellekt ab"[53]. So wie Umwelt, aber auch staatliche und wirtschaftliche Institutionen einer stets zunehmenden Steuerung und Kontrolle unterworfen werden, so ist auch für die Zeit eine Ausweitung der bewußten Einflußnahme zu beobachten. Sie dürfte überall dort einsetzen, wo über die unübergehbaren augenscheinlichen Einteilungen nach natürlichen Phänomenen

---

[51] Marcel Granet, Das chinesische Denken, München 1971, S. 64. Ähnlich charakterisieren auch Durkheim und Mauss das chinesische Zeitdenken. Vgl. Émile Durkheim und Marcel Mauss, De quelques formes primitives de classification, in: L'Année sociologique 6 (1901/1902), S. 55 f. Der Thematik ihrer Arbeit entsprechend sehen sie in dieser Art, die Welt aufzugliedern, einen in einer zivilisierten Gesellschaft auftretenden Typus der Klassifikation, der in wesentlichen Merkmalen mit primitiven Formen übereinstimmt. Ein Beispiel aus einer Naturvolkgesellschaft für eine derartige „Bündelung", in der auch zeitliche Kategorien enthalten sind, findet sich bei Claude Lévi-Strauss, Das wilde Denken, Frankfurt/M. 1968, S. 165.

[52] So baute bereits im 11. Jahrhundert der chinesische Wissenschaftler Su Sung eine Uhr mit technischen Details, wie sie bisweilen erst Jahrhunderte später im Abendland zum zweiten Mal erfunden wurden. Vgl. dazu Joseph Needham, Wissenschaftlicher Universalismus, Frankfurt/M. 1977, S. 339 ff.

[53] Vgl. Klages, S. 148 f.

sowie relevanten Tätigkeiten und Strukturen hinaus Zeit eingeteilt wird. Beobachtungen der Sterne bei den alten Babyloniern ebenso wie die verschiedenen abendländischen Kalenderreformen dienten dieser Steuerung und Kontrolle, die in unserer Zeit durch staatliche Stellen und internationale Kommissionen wahrgenommen wird. So wurde 1884 die internationale Datumslinie festgelegt[54]. In der Bundesrepublik Deutschland trat am 25. Juli 1979 ein Zeitgesetz in Kraft[55], das eine entsprechende Regelung vom 12.3.1893 ablöste[56], mit der lediglich für das gesamte Deutsche Reich die Mitteleuropäische Zeit eingeführt wurde. Dieses „Gesetz über die Zeitbestimmung" enthält dagegen sechs Paragraphen, die u.a. die Einführung einer sog. Schaltsekunde, die Darstellung und Verbreitung der gesetzlichen Zeit durch die Physikalisch-Technische Bundesanstalt und die Sommerzeit betreffen. Durch derartige Steuerungsmaßnahmen werden zwar wichtige Teile der Zeitvorstellungen erfaßt, vor allem solche, die der gesamtgesellschaftlichen und sogar der internationalen Koordination dienen. So haben etwa die vor 100 Jahren eingeführten Zeitzonen inzwischen an Bedeutung erheblich gewonnen; und viele Personen, die häufiger weite Strekken im Flugzeug zurücklegen oder als Fernsprechteilnehmer über große Distanzen telefonieren, können in Zeitzonen denken. Aber insgesamt ist nur ein ganz geringer Ausschnitt der sozialen Zeit derartiger Kontrolle ausgesetzt. Von diesen Steuerungsmaßnahmen zu unterscheiden ist die soziale Kontrolle im engeren Sinne, die informelle Kontrolle durch die Mitmenschen, der Zeitvorstellungen durchaus unterworfen sind. Mit der Verbreitung der Uhrzeit als Regelungsinstanz hat auch die soziale Kontrolle der zeitlichen Dimension des Verhaltens zugenommen; diese Art der Kontrolle besteht natürlich schon auf der Ebene ökologischer Zeit.

Morris Ginsberg, der Nachfolger von Hobhouse auf dem Lehrstuhl für Soziologie an der London School of Economics, vertrat ein sehr eingeschränktes Evolutionskonzept. Aber er erweiterte die Vorstellung seines Vorgängers über die zunehmende Steuerung der Evolution und spezifizierte sie folgendermaßen: „Der Fortschritt der menschlichen Entwicklung liegt in der zunehmenden Rationalität, d.h. in der systematischen Organisation der Erfahrung"[57]. Sicher läßt sich auch für die Zeit eine solche zunehmende Rationalität nachweisen, z.B. im Gleichmaß der Stunden, in der Anpassung von Mond- und Sonnenzyklus, von Tageslauf und Jahreslauf durch Schaltjahre u.ä. Aber die Zeitrech-

---

[54] Vgl. Bergmann, S. 145.

[55] Vgl. Gesetz über die Zeitbestimmung (Zeitgesetz – ZeitG), in: Bundesgesetzblatt 1978, Teil I, S. 1110 f. sowie Berichtigung des Gesetzes über die Zeitbestimmung (Zeitgesetz – ZeitG), in: Bundesgesetzblatt 1978, Teil I, S. 1262.

[56] Vgl. Joachim W. Ekrutt, Gesetzliche Regelung der Zeitmessung, in: Neue Juristische Wochenschrift 31 (1978), S. 1844.

[57] Morris Ginsberg, Das Problem einer soziologischen Entwicklungstheorie, in: Hans Peter Dreitzel (Hrsg.), Sozialer Wandel, Neuwied – Berlin 1967, S. 140. Die These einer zunehmenden Rationalisierung vertraten auch Émile Durkheim und Max Weber. Vgl. dazu Émile Durkheim, Über die Teilung der sozialen Arbeit, Frankfurt/M. 1977, S. 330 ff. Zur Frage der Rationalisierung bei Max Weber vgl. Walter M. Sprondel und Constans Seyfarth (Hrsg.), Max Weber und die Rationalisierung sozialen Handelns, Stuttgart 1981; dort finden sich auch die entsprechenden Belegstellen bei Weber.

nung ist, vielleicht gerade auf Grund der in langen Zeiträumen erfolgten Akkumulation, ein in den Grundeinteilungen nur schwer revidierbares Kulturgut. So konnte sich die Kalenderreform der Französischen Revolution nicht durchsetzen, obwohl sie, wie Zerubavel[58] nachgewiesen hat, gegenüber dem bestehenden Kalender eine sehr viel rationalere Einteilung darstellte, aber so alte und festverwurzelte Traditionen wie die Siebentagewoche beseitigte[59]. Und als 1752 in England aus sehr plausiblen Gründen der gregorianische Kalender eingeführt wurde, kam es zum Aufruhr; und die Menge, die durch die Straßen zog, rief: „Give us back our fourteen days"[60].

4.1.3. Das sprachliche Relativitätsprinzip Whorfs als Einwand gegen die Kumulationsthese

Gravierende Einwände gegen die These von der Entwicklung der Zeitvorstellungen als einem Prozeß kultureller Akkumulation sind in den Grundannahmen bekannter Metalinguisten enthalten. Sie postulieren, daß Sprache das Denken und dadurch die Weltsicht, ja das gesamte Weltbild bestimmt. Benjamin Lee Whorf, der diese These nach Ansätzen seines Lehrers Edward Sapir zuspitzte, spricht in diesem Zusammenhang von „einem neuen Relativitätsprinzip, das besagt, daß nicht alle Beobachter durch die gleichen physikalischen Sachverhalte zu einem gleichen Weltbild geführt werden, es sei denn, ihre linguistischen Hintergründe sind ähnlich oder können in irgendeiner Weise auf einen gemeinsamen Nenner gebracht werden"[61]. Und da die Sprachen oft völlig unterschiedliche Strukturen aufweisen, sind nach dieser Auffassung auch die Weltbilder völlig verschieden. Brücken zwischen diesen Weltbildern oder das Enthaltensein einfacherer in komplexeren Weltbildern werden abgelehnt.

Die Arbeiten von Benjamin Lee Whorf sind für unseren Argumentationsgang von Bedeutung, nicht nur weil Whorf einer der meistzitierten Vertreter der Metalinguistik ist, sondern auch weil er sich ausführlich mit dem Phänomen der Zeit auseinandergesetzt hat, um an ihm die Divergenz sprachlicher und gedanklicher Auffassungen in verschiedenen Kulturen zu demonstrieren. Er stellt der Sprache der Hopi, eines Indianerstammes im US-Staat Arizona, die europäischen gegenüber, deren wesentliche Charakteristika er in einem von ihm gebildeten Konstrukt, dem „Standard Average European"[62] (abgekürzt: SAE) zu-

---

[58] Eviatar Zerubavel, The French Republican Calendar: A Case Study in the Sociology of Time, in: American Sociological Review 42 (1977), S. 868–877.

[59] Daher irrt sich H.-J. Krysmanski auch, wenn er annimmt: „Kalenderreform, lange Zeit etwas Undenkbares oder sakrales (nämlich päpstliches) Privileg, ist heute als Bemühung eine Lappalie, da der Kalender schon längst nicht mehr ‚ernst' genommen wird." (H.-J. Krysmanski, Metrische Vorstellungen – Zur wissenssoziologischen Beschreibung modernen Bewußtseins, in: Soziale Welt 14 (1963), S. 301).

[60] Vgl. Edward T. Hall, The Silent Language, Garden City 1973, S. 89 (TB-Ausgabe; Originalausgabe 1959). Weitere Beispiele für Proteste gegen Änderungen der Zeitrechnung finden sich bei Amos H. Hawley, Human Ecology, New York 1950, S. 300.

[61] Benjamin Lee Whorf, Sprache – Denken – Wirklichkeit, Reinbek 1963, S. 12.

[62] Ebd., z.B. S. 78.

sammengefaßt haben will. Damit möchte er die Unvereinbarkeit indianischer und abendländischer Zeitauffassungen nachweisen. Wenn ihm das stringent gelänge, wäre dies ein ernsthafter Einwand gegen die Kumulationsthese.

Natürlich ließe sich schon von vornherein gegen Whorfs Position einwenden, daß keine westlichen Lesern vermittelbaren Darstellungen der Hopi-Position möglich sind, wenn die ihr zugrundeliegende Sprache sich so fundamental von den europäischen unterscheidet. Whorf scheint diese Problematik gesehen zu haben, wenn er, seine eigene Position relativierend, ausführt: „Wir müssen für unseren Versuch einer sicherlich nicht ganz adäquaten Annäherung (an die Hopi-Metaphysik, G. S.) mittels unserer eigenen Sprache daher vor allem solche Begriffe gebrauchen, die wir relativ dem System angepaßt haben, das der Hopi-Ansicht vom Universum zugrunde liegt"[63]. Mit diesem Argument in engstem Zusammenhang ist ein von Kritikern immer wieder aufgewiesener Zirkelschluß zu sehen, „der darin besteht, daß die behauptete totale Sprachabhängigkeit des Denkens, wenn sie tatsächlich zuträfe, überhaupt nicht erkannt werden könnte. Denn da sich der Beobachter damit zugleich selbst zum Gefangenen seiner eigenen Sprache erklärt, kann er keine Vergleichsmöglichkeit gewinnen"[64].

Wir wollen den beiden genannten Einwänden noch keine Entscheidungskraft über die Whorfsche These völlig divergenter Weltbilder und damit auch völlig verschiedener Zeitauffassungen zuerkennen, sondern am Detail zeigen, daß die Zeitvorstellungen der Hopi, so wie Whorf sie darlegt, von einem Angehörigen der abendländischen Kultur nachvollzogen werden können, weil in der abendländischen Zeitauffassung vergleichbare Vorstellungen enthalten sind.

Der Sprachwissenschaftler Helmut Gipper hat die Whorfschen Belege sorgfältig untersucht. Im Anschluß an zwei Studienaufenthalte bei den Hopi stellte er fest, daß die Zeitauffassung der Hopi am Geschehen in der Natur ausgerichtet ist und der anderer Bauernkulturen entspricht. Wenn sich auch unsere Zeitvorstellungen vielfach an anderen Anhaltspunkten orientieren, „so treten diese Naturgegebenheiten doch wieder wirkungsvoll in unser Bewußtsein, sobald wir unsere mit künstlichem Licht erhellten, mit Klimaanlagen ausgestatteten Arbeitsstätten, Fabriken, Büros und Geschäfte verlassen und daran erinnert werden, daß auch wir in einer von kosmischen Gesetzen beherrschten Natur leben"[65]. Wir wollen von einem anderen Aspekt her aufzuzeigen versuchen, daß bestimmte Gesichtspunkte im Zeitdenken der Hopi, die uns zunächst fremdartig erscheinen, von einer bestimmten, in unserem Bewußtsein mehr oder weniger, aber doch stets mindestens rudimentär vorhandenen Weltsicht verständlich sind. Die Hopi-Welt ist eindeutig stärker von religiösen Handlungen und Vorstellungen bestimmt als die moderne europäische[66]. Aber auch in der europäischen Welt ist Religion vorhanden, und ihre Inhalte können gedanklich nachvollzogen werden, selbst wenn sie nicht mehr zu den Grundüberzeugungen

63 Ebd., S. 103.

64 Helmut Gipper, Gibt es ein sprachliches Relativitätsprinzip?, Frankfurt/M. 1972, S. 79 f.

65 Ebd., S. 230.

66 Vgl. ebd., S. 192.

vieler Europäer gehören, zumal diese religiösen Inhalte oft in profanen Formen weiterleben. Wir wollen an verschiedenen Sachverhalten aufzeigen, wie Zeitauffassungen, die von Whorf als für die Hopi spezifisch angenommen werden, auch im europäischen religiösen Denken und Tun präsent sind[67].

Zunächst wählen wir exemplarisch die Zeitperspektive der Zukunft. Der Bereich des „Subjektiven", der weitgehend mit unserer „Zukunft" kompatibel sein soll, drückt „Erwartung, Wunsch, Zweck"[68] und „Streben"[69] aus. Dies sind Beschreibungen von Bedeutungen, die auch in unseren Zukunftsvorstellungen enthalten sind. Aber das Subjektive „kommt nicht aus der Zukunft auf uns zu, sondern ist IMMER SCHON MIT UNS in vitaler und geistiger Form"[70]. Dies ist in der Tat eine bei uns seltene Vorstellung; aber sie existiert. Religiöse Weltsichten wie die des Johannesevangeliums sind ein Beleg, wenn dort von dem kommenden Gericht und der kommenden Herrlichkeit gesagt wird, daß sie schon sind[71]. Auch bei Paulus finden sich Stellen, in denen die eschatologische Zukunft als schon gegenwärtig dargestellt wird[72]. Whorf stellt weiter im Zusammenhang mit der Zukunft die Bedeutung heraus, die die Hopi auf Hoffnung und Vorbereitung legen. Die Hoffnung gehört nach christlicher Lehre traditionell zu den herausgehobenen, sog. göttlichen Tugenden[73], und auch Vorbereitung ist im christlichen Leben eine weitverbreitete Handlungsweise. Es gibt Vorbereitungszeiten für die Aufnahme in die religiöse Gemeinschaft, es gibt Vorbereitungszeiten für die großen Feste des Jahreskreises. Und die Macht von Wunsch und Gedanken, die Whorf im Rahmen der Vorbereitung betont, entspricht der Macht, die im christlichen Bereich (wie bei den Hopi) dem Gebet zugeschrieben wird. Aus den vorgelegten Beispielen geht hervor, daß Whorf nur deshalb Unterschiede zwischen den Zeitvorstellungen im Abendland und bei den Hopi konstatieren kann, weil er es versäumt, das spezifisch Religiöse in den Zeitvorstellungen hervorzuheben. Bei den Hopi kennzeichnet er nicht religiös bestimmte Zeitvorstellungen, im abendländischen Raum vernachlässigt er sie. So kann er denn auch beispielsweise behaupten, daß die Zeit bei den Hopi als etwas gesehen werde, das sich akkumuliert, während im Bereich der SAE-Sprachen nur die Vorstellung der Zeit als einer Aufeinanderfolge diskreter Teile vorzufinden sei[74]. Dem widersprechen wiederum biblische Vorstellun-

---

[67] Den Zugang zu fremden Kulturen gerade über religiöse Kategorien unter besonderer Berücksichtigung des Gebets zu suchen, schlägt auch Peter Winch vor. Vgl. dazu Peter Winch, Was heißt „Eine primitive Gesellschaft verstehen?", in: Rolf Wiggershaus (Hrsg.), Sprachanalyse und Soziologie, Frankfurt/M. 1975, S. 91 f.

[68] Whorf, S. 105.

[69] Ebd., S. 104.

[70] Ebd., S. 105 (Majuskeln von Whorf).

[71] Vgl. Jo. 13, 31; 16, 11.

[72] Vgl. 2 Kor. 5, 17 und 2 Kor. 6, 2. Den Hinweis auf diese Stellen fand ich bei Gerhard Ebeling, Zeit und Wort, in: R. W. Meyer (Hrsg.), Das Zeitproblem im 20. Jahrhundert, Bern – München 1964, S. 353.

[73] Vgl. Karl Rahner und Herbert Vorgrimler, Kleines Theologisches Wörterbuch, 12. neu bearb. Aufl., Freiburg/B. 1980, S. 423.

[74] Vgl. Whorf, S. 93 ff.

gen der „Fülle der Zeit“[75]. So gilt nach der Analyse Gippers und den von uns zusammengestellten Beispielen: Nicht prinzipielle, unüberbrückbare Unterschiede, sondern unterschiedliche Akzentsetzungen, Schwerpunktbildungen sind das in der detaillierten Analyse Vorzufindende.

Zuletzt muß auf einen Verdacht eingegangen werden, der Whorfs These vollends äußerst zweifelhaft erscheinen läßt. Helmut Gipper hat in seinen Feldstudien bei den Hopi festgestellt, daß zahlreiche Abweichungen der Hopi-Sprache von den SAE-Sprachen, von denen Whorf ausgeht, gar nicht vorhanden sind[76]. Das gilt u.a. für das Fehlen von Kardinalzahlen, von dem aus Whorf wichtige Schlußfolgerungen für die Zeitauffassung der Hopi zieht, ebenso wie für die von uns in den Beispielen angesprochene Unterscheidung in „subjektiv“ und „objektiv“. Der dringende Wunsch, Belege für seine These zu finden, brachte wohl Whorf dazu, Unterschiede auch dort zu sehen, wo sich eine Interpretation in Richtung der Übereinstimmung aufdrängte. Derartige „Überreaktionen“ besitzen in der Wissenschaftsgeschichte einen hohen Stellenwert. Denn sie stellen eine der wenigen Chancen dar, einer neuen Sichtweise Raum zu schaffen. Und es war sicherlich ein Verdienst Whorfs, mit Nachdruck darauf hingewiesen zu haben, daß das Denken in hohem Maße von der Struktur der Sprache abhängig ist. Es ist dann nach der Durchsetzung neuer Gedanken die Aufgabe der Nachfolgenden, wieder das rechte Maß der Argumentation herzustellen.

4.2. Die Dimension: Zeitpunkt – Zeitraum[77]

4.2.1. Präzisierung der These

Der schwedische Archäologe und Historiker Martin P. Nilsson legte 1920 mit seinem Buch „Primitive Time-Reckoning“ die bisher umfassendste Sammlung ethnologischer Materialien über die Zeitvorstellungen in sog. primitiven Gesellschaften vor. Die Schrift ist überwiegend deskriptiv orientiert und enthält nur wenige theoretische Grundannahmen. In einer der wichtigsten wird festgestellt, daß jedem Zeitrechnungssystem vorläufige Zeitbenennungen vorausgehen[78]. Zeiteinheiten werden in primitiven Kulturen oft zwar erwartet und wahrgenommen, aber nicht gezählt; so hat in verschiedenen Gesellschaften die Kenntnis der Einheit „Jahr“ noch nicht das Zählen der Jahre zur Folge[79]. Vor allem aber werden bei sog. Primitiven die verschiedenen Zeitbezeichnungen nicht in ein System gebracht, sie stehen ohne Verbindungen nebeneinander[80].

[75] Vgl. dazu bes. Gal. 4, 4 und Eph. 1, 10 sowie die bei Franz Mußner, Der Galaterbrief, Freiburg – Basel – Wien, 3. erw. Aufl., 1977, S. 268 f. genannten weiteren Stellen.

[76] Vgl. dazu Gipper, S. 215–227.

[77] Der Begriff „Zeitraum“ wird hier gegenüber dem der „Zeitstrecke“ bevorzugt, um anzuzeigen, daß sich das soziale Leben auf verschiedenen Ebenen abspielt.

[78] Vgl. Nilsson, S. 3 und 9.

[79] Vgl. ebd., S. 92, 359.

[80] Vgl. ebd., S. 356.

Nilsson resümiert: „The conception of continuity, the immediate fusion of the chronological phenomena into one another, is lacking: the time-indications are discontinuous"[81]. Diese These Nilssons ist oft übernommen worden. So legt der Ethnologe Bohannan detailliert dar, daß die Tiv in Nigeria Zeit bezeichnen, aber nicht messen[82]. Ähnliches berichtet Eickelman von den Bni Battu in West-Marokko[83]. Und Goody schreibt in seinem zusammenfassenden Beitrag in der „Encyclopedia of the Social Sciences": „Systems of time reckoning have developed from concrete time indications of a discontinuous kind to increasingly abstract, numerical, and regular divisions linked to a continuous calendar based primarily on diurnal and annual movements"[84]. Bei Goody kommt sehr prägnant das Evolutionäre des Vorgangs zum Ausdruck. Er sieht eine Entwicklung auf zwei Ebenen. Zunächst werden konkrete Zeitbezeichnungen durch abstrakte und numerische abgelöst. Diesen äußerst wichtigen Aspekt der Evolution der Zeitvorstellungen haben wir bereits eingehend erörtert. Wir legen nun den Schwerpunkt auf den zweiten Entwicklungsstrang, nach dem auf die Diskontinuität die Kontinuität, auf einzelne Zeitbezeichnungen ein durchgehendes Zeitrechnungssystem folgt. Wir wollen diese These entsprechend der vorgeschlagenen Dimensionierung variieren und entsprechend der Akkumulationsthese akzentuieren. In der neuen Formulierung lautet die These: Die in den Zeitvorstellungen ursprünglich dominierende Orientierung an Zeitpunkten wird durch eine umfassende Orientierung an Zeiträumen erweitert. Zwischen der Nilssonschen These und der hier vorgelegten bestehen enge Beziehungen. Ein systematisiertes Zeitrechnungssystem stellt sozusagen ein Raster oder ein Netz dar, das über die Zeiträume gelegt wird und das die Erfassung der Zeiträume durch ihre Gliederung möglich macht. Hier wird auch die Bedeutung der oben erwähnten Zählung von Zeiteinheiten ersichtlich, deren Fehlen Nilsson in primitiven Zeitvorstellungen feststellte. Die Zählung ist neben der Fixierung gleicher Maße Voraussetzung für die Erfassung von Zeiträumen. Sind im Zeitbewußtsein lediglich vereinzelte Punkte vorhanden, die anvisiert oder wahrgenommen werden, so ist der Raum zwischen diesen Punkten nicht erfaßbar, er bleibt vage oder leer. Dann liegt, um eine Begriffsbildung aus der Geologie heranzuziehen, eine „relative Zeitbestimmung" vor, „die nur über die gegenseitigen zeitlichen Beziehungen zweier Ereignisse, über Gleichzeitigkeit oder zeitliches Nacheinander, Auskunft gibt, ihre Dauer aber offenläßt"[85]. Bestimmte Hinweise in Nilssons Schrift deuten darauf hin, daß die hier aufgewiesenen Beziehungen zwischen Zeitbenennung und Zeitpunkt sowie zwischen Zeitrechnung und Zeitraum von ihm schon ansatzweise gesehen wurden. Im Zusammenhang mit der Einteilung des Tages bemerkt er: „The times of day are often

[81] Ebd., S. 357.

[82] Vgl. Paul Bohannan, Concepts of Time among the Tiv of Nigeria, in: South Western Journal of Anthropology 9 (1953), S. 251 und 262.

[83] Dale F. Eickelman, Time in a Complex Society: A Morrocan Example, in: Ethnology 16 (1977), S. 43.

[84] Goody, S. 36.

[85] Otto H. Schindewolf, Die Entfaltung des Lebens im Rahmen der geologischen Zeit, in: Studium Generale 8 (1955), S. 489.

given by reference to the position of the sun. In northern countries, where the length of the daily course of the sun varies so greatly, points on the horizon are sought out as an aid. Both these methods of indicating the times of day may seem to afford a foundation for a continuous reckoning, but this is not the case, since they always refer only to the position of the sun at the immediate moment . . ."[86].

4.2.2. Demonstration der These anhand von Materialien aus Stammes- und Industriegesellschaften

Die in der vorgelegten These postulierte Orientierung primitiver Gesellschaften an Zeitpunkten soll zunächst anhand von weiteren ethnologischen Forschungsberichten demonstriert und expliziert werden. Panoff stellt für die Maenge fest, daß sie lediglich Zeiteinschnitte betonen, aber kein Bewußtsein der Dauer entwickelt hätten[87]. Das Bewußtsein der Dauer ist die Basis für das Erfassen von Zeiträumen. Auch Hallowell fiel bei den Salteaux-Indianern auf, daß standardisierte Einheiten fehlen, die sich auf die Dauer beziehen[88]. Besonders beachtenswert erscheint ein Hinweis auf die extreme Flexibilität der Zeit bei den Salteaux. Bei ihnen gibt es für die Mahlzeiten keine festen Zeitpunkte im Tageslauf, auch für einzelne rituelle Tänze fehlen Termine[89]. Der „Besitzer" des *potáte*-Tanzes fordert mit vier Sängern und Trommlern die Stammesangehörigen zum Tanzen auf, wann er es für gegeben hält. Kommen nicht genügend Personen, wird der Tanz nach einiger Zeit abgebrochen. Von Bedeutung für unseren Zusammenhang ist vor allem das Fehlen fester Termine für die Mahlzeiten; dieses Fehlen bewirkt nach Hallowell den weitgehenden Ausfall eines Sensus für den Zeitverlauf. Die Salteaux kennen schon bestimmte durch Gestirne und Änderungen der Umwelt festgelegte Zeitvorstellungen. Aber die fehlende Koordination der Zeitvorstellungen mit wichtigen sozialen Aktivitäten nimmt diesen Zeiteinteilungen viel von ihrer Bedeutung, und selbst Zeitpunkte haben in dieser Kultur kein sonderliches Gewicht. Die Salteaux sind Jäger und Fischer, und ihre Versorgung mit Nahrungsmitteln ist oft ungewiß, so daß die Orientierung an bestimmten Zeitpunkten weitgehend belanglos ist. Der bei den Salteaux gewonnene Befund läßt sich dahingehend verallgemeinern, daß bei Jägern und Sammlern auf Grund der ökonomischen Situation Zeitfestlegungen – oft sogar der Festlegung von Zeitpunkten – keine große Bedeutung zukommt. Lediglich die Einteilung nach Jahreszeiten spielt bei Jägern und Sammlern – vor allem, wenn sie in den nichttropischen Gebieten leben – eine Rolle. Dieses Beachten von Jahreszeiten ist mit der Sicherung der Existenz verbunden; das Reifen von Früchten und die Züge von Jagdtieren etwa erfordern eine diesbezügliche Aufmerksamkeit[90]. Der Übergang zum Ackerbau verlangt die Beob-

[86] Nilsson, S. 357.

[87] Vgl. M. Panoff, The notion of time among the Maenge people of New Britain, in: Ethnology 8 (1969), S. 154.

[88] Vgl. Hallowell, S. 653.

[89] Vgl. ebd., S. 656 f.

[90] Vgl. Hawley, S. 300.

achtung von mehreren festen Zeitpunkten[91], von denen die wichtigsten die Zeitpunkte der Aussaat und der Ernte sind. Für die optimale Versorgung ist aber das Erfassen von längeren Zeiträumen erforderlich. Das läßt sich mit Material nachweisen, das Evans-Pritchard vorgelegt hat. Nach seiner Auffassung fehlt den Nuer der Überblick über Zeiträume. „They may be able to state in what month an event occurred, but it is with great difficulty that they calculate the number of months that have since intervened"[92]. Die Nuer sind eine halbnomadische Ethnie, die während der Regenzeit Ackerbau betreibt. Die mangelnde Übersicht über Zeiträume könnte der Grund dafür sein, daß in den Monaten vor der Ernte stets großer Mangel an Nahrungsmitteln bei den Nuer herrscht[93]. Neben lagerungsfähigen Lebensmitteln und der Schaffung von Lagerungsmöglichkeiten gehört auch die Kenntnis der Bevorratungsdauer zu den Voraussetzungen für eine durchgehend ausreichende Nahrungsmittelversorgung.

Mit der vorgelegten These zu Zeitpunkten und Zeiträumen ist keine ausschließliche Zuordnung dieser Kategorien zu verschiedenen Stufen der Kulturentwicklung gemeint. Schon die ursprüngliche These Nilssons, daß in primitiven Gesellschaften Zeitbezeichnungen unverbunden nebeneinanderstehen, während in den modernen Gesellschaften ein Zeitrechnungssystem, in dem die Zeitbenennungen aufeinander bezogen sind, besteht, ist nicht in jedem Falle zutreffend. So ist beispielsweise in unserem Zeitrechnungssystem die Woche nicht mit dem Monat und dem Jahr gekoppelt. Vor allem aber ist das Leben in modernen Gesellschaften vielfach auf bestimmte Zeitpunkte ausgerichtet. Damit sind nicht nur jene sich wiederholenden Zeitpunkte gemeint, aus denen das Zeitrechnungssystem besteht und die zur Erfassung des Zeitraums unabdingbar notwendig sind. Zu diesen Punkten gehört auch ein Fixpunkt für die Zeitrechnung, wie er in unserem Kulturkreis von dem Geburtsjahr des Religionsstifters hergeleitet wird. Das Rechnen mit derartigen Fixpunkten ist noch nicht einmal 3000 Jahre alt[94]. Als ganz offensichtliche Beispiele für vereinzelte Zeitpunkte sollen weiter Festtage oder Wahltermine genannt werden. Prinzipiell läßt sich sogar feststellen, daß die Zeitpunkte, auf die unser Leben ausgerichtet ist, gegenüber dem Leben in primitiven Gesellschaften zahlenmäßig zugenommen haben. Es soll noch einmal auf die Kalender- und vor allem auf die Uhrzeit als Koordinationsinstrument für die verschiedenen Zeitpunkte verwiesen werden. Die Organisation großer Gesellschaften erfordert *Pünkt*lichkeit, d.h. Fixierung auf bestimmte Zeitpunkte, seien es Abfahrtszeiten von Zügen, Beginn von Fernsehsendungen oder Bürostunden. Allerdings sind gerade diese beiden letzten Beispiele eher dazu geeignet, diese Aussage zu relativieren als zu stützen. Sie können als gerade in jüngster Zeit sehr deutlich auftretende Indikatoren für

---

[91] Zum Zusammenhang von verfeinerter Zeiteinteilung und dem Übergang zum nahrungsmittelproduzierenden Wirtschaften vgl. S. G. F. Brandon, Time and Mankind, London – New York – Melbourne – Sydney – Cape Town 1951, S. 21 f. Vgl. ferner Nilsson, S. 109 ff.

[92] E. E. Evans-Pritchard, Nuer Time-Reckoning, in: Africa 12 (1939), S. 209.

[93] Vgl. ebd., S. 193, wo auf dem Schaubild für die Monate Mai, Juni und Juli „scarcity of food" angegeben ist.

[94] Zu Details des Anfangspunktes der Zeitrechnung vgl. Abschnitt 4.3.4.

zeitliche Orientierungen vom Zeitpunkt zum Zeitraum im Sinne unserer Hypothese genutzt werden. Denn prinzipiell scheint in modernen Industriegesellschaften die Tugend, die für die zeitliche Dimension des Verhaltens erwartet wird, immer weniger die Pünktlichkeit als Fixierung auf einen Zeitpunkt, sondern in entsprechend steigendem Maße die Meisterung, der Überblick und die Planung von Zeiträumen zu sein. In vielen Bereichen der Berufswelt wurde die gleitende Arbeitszeit eingeführt, die eine vom Arbeitnehmer vorgenommene Einteilung der Arbeitszeit innerhalb bestimmter Grenzen ermöglicht. Mögen auch praktische Gesichtspunkte, wie die Konzentration der Verkehrsmittel während der rush-hours, zu solchen Regelungen geführt haben, so wird von den Betroffenen der eigentliche Vorteil der sog. Gleit-Zeit in der eigenverantwortlichen Disposition der Zeiträume gesehen. Ähnliche Tendenzen sind im Freizeitbereich zu beobachten. In vielen Haushalten ist der Beginn von Fernsehsendungen der Angelpunkt der abendlichen Zeiteinteilung. Mit Hilfe von Aufzeichnungsgeräten, die sich z.T. schon programmieren lassen und sich automatisch zur festgelegten Sendezeit einschalten, wird der Zwang zur Pünktlichkeit aufgehoben; der zum Sehen des Videobandes erforderliche Zeitraum jedoch bleibt der gleiche wie der zum Sehen der Originalsendung. Diese Möglichkeit der eigenmächtigen Zeitplanung war es wohl, die die Werbeabteilung eines Elektro-Konzerns bewog, ihr neuestes Modell eines Video-Recorders „Zeitmaschine" zu nennen[95]. Das Videoband teilt die Eigenschaft, Zeit disponibel zu machen, mit Tonträgern wie z.B. Tonkassette und Schallplatte. Auch sie machen unabhängig von einer Originaldarbietung, und es entspricht der damit zustandegekommenen Orientierung vom Zeitpunkt auf den Zeitraum, wenn auf Hüllen von Schallplatten, die auf einer Seite mehrere Beiträge enthalten, die Zeit, die für das Abspielen benötigt wird, bis auf die Sekunde genau abgedruckt wird. Die Fixierung auf Zeiträume findet sich ferner im Sport, und ein Großteil der seltsamen Rekorde, die im „Guiness-Buch der Weltrekorde" abgedruckt sind, beziehen sich auf Zeiträume für Dauertanzen, Dauerkegeln, Dauerskat usw.

So wie – trotz gleitender Arbeitszeit und Videokassetten – die Fixierung auf Zeitpunkte aus dem Leben moderner Gesellschaften nicht wegzudenken ist, so sind auch zumindest Rudimente von Zeiträumen in sog. Naturvolkgesellschaften zu finden. Die Zeit der Tageshelle und der Mond-Monat scheinen die ältesten längeren Zeiträume zu sein, wobei der Mond-Monat schon als eine Art gemessener Zeitraum gelten kann. Zu ihnen kommt in vielen Gebieten der Erde der jahreszeitliche Wechsel in der Natur, der wohl als Zeitraum erlebt wird, wie aus Monatsnamen hervorgeht, die nach jahreszeitlichen Eigenheiten benannt sind[96]. Ähnliches kann für die Einteilung des Jahres in zwei Hälften angenommen werden. Wie Mauss am Beispiel der Eskimos aufgezeigt hat, hat diese Einteilung nicht nur Auswirkungen auf der ökonomischen Ebene, sondern auch auf die Wohn- und Sozialformen, ja selbst auf das religiöse Leben und die

[95] Vgl. dazu Dietrich Zwätz, Bei den Trompetern von Jericho, in: Deutsche Zeitung Nr. 36 v. 31.8.1979, S. 32.

[96] Vgl. dazu etwa Hallowell, S. 660 f., Evans-Pritchard, S. 199 ff. sowie zahlreiche Beispiele bei Nilsson, S. 173 ff.

Rechtsvorstellungen[97]. Wie schwer sich aber in vielen Kulturen die Vorstellungen von Zeiträumen durchsetzen können, zeigen sprachliche Eigenheiten, die Nilsson unter dem Begriff des pars-pro-toto-Prinzips gefaßt hat[98]. In den damit bezeichneten sprachlichen Wendungen werden längere Zeiträume mit Wörtern benannt, die ursprünglich für kürzere Zeiträume oder Zeitpunkte benutzt wurden. Beispiele neben dem deutschen Wort „Tag" sind in der hebräischen Sprache das Wort *chodesh*[99] für Monat, das ursprünglich den Neumond bezeichnete, und das alte bulgarische Wort *nedelja*[100] für Woche, das zunächst für den Sonntag vorbehalten war. Für Nilsson zeigt das pars-pro-toto-Prinzip, daß der Mensch in primitiven Kulturen nur vereinzelte Phänomene, aber nicht den Ablauf der Zeit wahrnimmt. „As he always directs his attention to the single phenomena in itself, and not to its duration as given by the limitations imposed by other phenomena, so he does not reckon the periods of time as a continuous whole, but only counts an isolated phenomenon recurring but once in the same period"[101]. Eine Relativierung der Fixierung primitiver Kulturen auf Zeitpunkte könnte darin gesehen werden, daß die Teile, die für das Ganze genommen werden, nicht Zeitpunkte im Sinne von Momenten sind, sondern kürzere Zeiträume (Zeit der Tageshelle, Sonntag); diese müssen jedoch in sich als eine Einheit betrachtet werden und sollten auch als Punkte aufgefaßt werden. In diesem Sinne ist das Statement Bourdieus über die Zeitvorstellungen der Kabylen zu interpretieren: „Each of the temporal units is an indivisible block juxtaposed to the others"[102].

Wo beginnen neue Stufen in der Erfassung und Gliederung der Zeiträume? In schriftlosen Gesellschaften sind Kenntnisse über die Vergangenheit in der Regel recht vage[103]. Oft bleiben sie auf mythische Vorstellungen über den Anfang der Welt und der menschlichen Existenz sowie auf genealogisches Wissen beschränkt, das insofern Zeitpunktwissen ist, als es auf dem Ereignis „Geburt" basiert. Die Schrift schafft die Möglichkeit der Aufzeichnung und damit der Aufbewahrung vergangenen Geschehens; der vergangene Zeitraum erhält so eine Gliederung. In einer der frühesten Schriftkulturen, der ägyptischen, ist bereits ein Zeitrechnungssystem vorhanden, das eine Voraussetzung der Erfassung durchgegliederter Zeiträume ist[104].

In der wissenschaftlich zuverlässigen Erfassung der geschichtlichen Vergangenheit lassen sich zwei Wendepunkte bezeichnen. Es sind dies einmal die Bemühungen der Griechen, für die der Name Herodots (490 bis ca. 420 v. Chr.) stehen soll. Nach Brandon verdanken wir der griechischen Geschichtsschrei-

---

97 Vgl. Marcel Mauss, Soziologie und Anthropologie, Bd. 1, München 1974, S. 211–276.

98 Vgl. Nilsson, z.B. S. 10 sowie zusammenfassend S. 358 f.

99 Ebd., S. 235 (Auch bei Nilsson Hervorhebung).

100 Ebd., S. 359 (Auch bei Nilsson Hervorhebung).

101 Ebd., S. 358.

102 Pierre Bourdieu, The attitude of the Algerian peasant toward time, in: Julian Pitt-Rivers (Hrsg.), Mediterranean countrymen, Paris 1963, S. 59.

103 Zu Formen geschichtlichen Wissens in Naturvolkgesellschaften vgl. Abschnitt 4.3.3.

104 Vgl. Brandon, S. 21 f.

bung die Konzeption der Universalgeschichte, Ansätze zur methodischen Datensammlung sowie den Anfang der geschichtlichen Kausalforschung[105]. Die Datierungen dienten allerdings mehr dem Aufzeigen von Zusammenhängen als der Festlegung von exakten Zeitpunkten und Zeitstrecken, die mit den Geschehnissen verbunden sind[106]. Der zweite Wendepunkt ist mit der Romantik gegeben; schon in den ersten literarischen Zeugnissen ist die Besinnung auf die historischen Dimensionen des Daseins in Form des Rückbezugs auf das Mittelalter zu finden. Unter den aus der Romantik erwachsenen Strömungen ist besonders der Historismus von Bedeutung, mit dessen Konzeption eines aus einmaligen Ereignissen bestehenden Geschichtsverlaufs[107] die Bemühung verbunden ist, jede Lücke im Raum der Geschichte auszufüllen, wobei die chronologische Bestimmung zu einer zentralen Aufgabe wird. Archäologie, Geologie und Astronomie versuchen, diese Aufgabe für die Menschheits-, Erd- und Weltallgeschichte zu übernehmen. Die zeitlichen Dimensionen in den letztgenannten Wissenschaften übersteigen aber bald das Vorstellungsvermögen des Durchschnittsmenschen und sind auch für Wissenschaftler oft eher Hypothesen als präzise Angaben.

Planungen sind in modernen Gesellschaften wichtige Bezugspunkte für Denken und Handeln. Stufen dieser Form der Zukunftsgliederung sollen im Detail erörtert werden.

4.2.3. Planung als Beherrschung von Zeiträumen und Grenzen der Planung

Eine neue Stufe der Zukunftserfassung war mit dem Übergang zum Ackerbau erreicht worden, der in den meisten Gebieten der Erde Kenntnisse über die Gliederung des Jahres voraussetzt. Kommt es zu Stadtbildungen, so differenzieren sich notwendig die Planungszeiträume, denn neben der Produktion ist auch der Vertrieb der im Umland erzeugten Überschüsse zu regeln. Dieses Entwicklungsstadium ist wahrscheinlich zum ersten Mal in Babylonien um 3000 v.Chr. erreicht worden[108]. Die jüdische Religion brachte – wie noch detailliert aufgewiesen werden soll – eine neuartige Zukunftsperspektive hervor: Der Geschichte wurde ein Ziel unterstellt, auf das hinzustreben die Aufgabe der Juden war. Eine solche teleologische Sicht wurde vom Christentum übernommen. Aber noch bis in das Mittelalter existierten neben diesen Zukunftsvorstellungen für die meisten Menschen im Abendland keine weiteren Zukunftsperspektiven. Das Leben des Bauern, das Leben des Handwerkers in der Zunft nahmen immer den gleichen Verlauf; die Zukunftsperspektive bezog sich auf die nächste Ernte bzw. die nächsten Aufträge und den erlebten Geschäftsgang. Eine Ausnahme

105 Vgl. ebd., S. 139.

106 Vgl. Gustav Jahoda, Children's Concept of Time and History, in: Educational Review 15 (1963), S. 95.

107 Zur Konzeption des Historismus vgl. Karl Löwith, Die Dynamik der Geschichte und der Historismus, in: Eranos-Jahrbuch 21 (1952), S. 217–254.

108 Vgl. Rudolf Wendorff, Zeit und Kultur, Opladen 1980, S. 20.

dürften die Kaufleute darstellen. Sie überschritten schon früh die bekannten geographischen Grenzen, betrieben Handel mit neuen Waren, erprobten neue Geschäftsformen usw., was bewußte Planung und Ausweitung der Planungszeiten mit sich brachte. Norbert Elias spricht von der „Langsicht, an die Funktionen im Handelsgeflecht selbst den Menschen gewöhnen"[109]. Elias weist auf eine weitere Quelle moderner „Langsicht" hin: den Hof, an dem der Adel eines Staates konzentriert war. Die Notwendigkeit, die Gunst des Monarchen zu erhalten sowie die zahlreichen Intrigen am Hofe erforderten Wege der Planung, in die schon psychologische Erkenntnisse einbezogen werden mußten. Norbert Elias zeigt am Beispiel des Herzogs von St.-Simon, der den Dauphin für sich gewinnen wollte, wie langfristig Aktionen der Beeinflussung angelegt sein mußten. „St.-Simon . . . geht also mit äußerster Beherrschtheit und Überlegtheit zu Werke. Er will nichts mit Gewalt erreichen; er arbeitet auf längere Sicht. Er hält sich zurück, um den Anderen unmerklich, aber nachhaltig mit seinen Gefühlen zu ‚impregnieren'"[110]. Besonders ausgeprägt aber ist die Langsicht, die vom Monarchen gefordert wird. Die Leitung eines zentralen Staates verlangt das Bedenken jeder Aktion in Hinsicht auf ihre langfristigen Folgen. „Es drängt direkt und indirekt aus dem gesamten Herrschaftsgebiet auf den Zentralherrn und seine engere Umgebung so viel ein, jeder seiner Schritte, jede seiner Gesten ist unter Umständen von so folgenschwerer und weitreichender Bedeutung, gerade weil und wenn die Monopole noch sehr stark den Charakter von privaten oder persönlichen Monopolen haben . . ."[111]. Im weiteren Verlaufe der Neuzeit blieb die Langsicht nicht auf die Machtelite beschränkt, sondern griff auf weite Bevölkerungskreise über. Diese Ausweitung ist auch im Zusammenhang mit zwei Faktoren zu sehen, die im folgenden zu explizieren sind.

Zunächst muß der seit der Renaissance aufgekommene und in der Romantik zu einem gewissen Kulminationspunkt gelangte Gedanke der Individualität genannt werden. Der Mensch ist ein einzelner und soll als solcher sich selbst gestalten. Hemmungen, die einer solchen Selbstgestaltung im Wege gestanden hatten, wurden im Gange der sog. Aufklärung, der zunehmenden Rationalisierung beseitigt. Traditionale Orientierung hieß Befolgung des Hergebrachten; rationale Orientierung, besonders in der Extremform der zweckrationalen Orientierung, wie sie Max Weber verstand, bedeutet Bedenken von Folgen der zu treffenden Entscheidung, bedeutet detaillierte, auch Innovationen einbeziehende Planung hin zu einem Ziel. Die ungewissen Zeiträume der Zukunft müssen in geistiger Anstrengung erschlossen werden. Dies war die Aufgabe des Frühkapitalisten und des Staatsmannes in den traditionellen liberalen Demokratien. Aber nicht nur für Inhaber von Führungspositionen, sondern für jeden einzelnen gilt, daß er seine Individualität zu entfalten hat; und der Entfaltungsprozeß ist stets ein geplanter. Beruflich heißt das primär: geplante Aufwärtsmobilität, Karriere in einer Gesellschaft, in der Standesprivilegien weitgehend abgeschwächt sind. Im Privatleben bedeutet dies Planung künftigen Glücks durch

---

[109] Norbert Elias, Über den Prozeß der Zivilisation, Bd. II, 5. Aufl., Frankfurt/M. 1978, S. 384.

[110] Ebd.

[111] Ebd., S. 352 f.

die Prüfung der romantischen Liebe, wobei dieser Prüfungsvorgang ein rationales Element in einem gewollt irrationalen Prozeß darstellt, und in moderner Zeit Planung der Kinderzahl durch die Methoden der Empfängnisverhütung, aber auch detaillierte Planung des Lebensweges der Kinder. Die Lebenspläne auf den verschiedenen Sektoren und die Lebenspläne der in enger Verbindung stehenden Personen (vor allem in der Familie) sind noch aufeinander abzustimmen[112].

In diesem Planungsvorgang ist ein weiteres Element hervorzuheben. In traditionalen Gesellschaften war Zukunft das auf einen Zukommende, das aber nicht der steten gedanklichen Durchdringung bedurfte. Dieses selbstverständliche Hinnehmen oder auch die schicksalhafte Ergebenheit oder gar das in manchen Gesellschaften vorhandene Verbot[113] der intensiven Beschäftigung mit der Zukunft ist in den modernen Industriegesellschaften der Betonung des persönlichen Einflußnehmenkönnens gewichen, dem das Bewußtsein zugrunde liegt, daß jeder sein Schicksal in die eigenen Hände nehmen kann, daß jeder, wie es im Sprichwort heißt, „seines eigenen Glückes Schmied ist“[114].

Planungsvorgänge vollziehen sich auf allen sozialen Ebenen, auch auf der Ebene des Staates. Die Futurologie als eine wissenschaftliche Bemühung um die inhaltliche Strukturierung der Zukunft[115] oder das Verfassen von scenarios als analytisches Mittel zur Erhellung der Zukunft gehören zu den in den westlichen Ländern üblichen Formen einer, wie man als Gegensatz zu Reflexion formulieren könnte, Pro-flexion auf gesamtgesellschaftlicher Ebene. Die kommunistischen Länder versuchen, vorwiegend mit Fortschreibungsmethoden die Detailplanung der Zukunft zu perfektionieren. Während etwa die Futurologie keiner starken Erfolgskontrolle unterliegt und von der Öffentlichkeit eher als ein esoterisches Spiel mit den Möglichkeiten betrachtet wird, stehen im Ostblock die wirtschaftlichen und politischen Zukunftsperspektiven bedeutend stärker im Mittelpunkt des Interesses. Denn sie werden als Etappe hin zum utopischen Ziel gewertet. Ein Ziel im Zukunftsraum gibt diesem Raum zusätzliche Bedeutung. Es könnte dieses Nahelegen der Beschäftigung mit Zukunftszielen sein, das die Bewohner der Ostblockstaaten (ausgenommen Jugoslawien) die künftige Weltsituation optimistischer einschätzen läßt als Bürger westlicher Staaten. Dies ist das Ergebnis von empirischen Untersuchungen aus den 60er und 70er

---

112 Vgl. dazu Peter L. Berger u.a., Das Unbehagen in der Modernität, Frankfurt/M. – New York 1975, S. 65 ff. Berger u.a. haben für den Sachverhalt der Abstimmung von Zukunftsplänen in verschiedenen Lebensbereichen den Begriff der „multi-relationalen Synchronisation“ (ebd., S. 65; bei Berger u.a. Hervorhebung) geprägt.

113 Vgl. Hall, S. XVI.

114 Lyman und Scott bezeichnen diesen Sachverhalt der eigenen Kontrolle über die Zeit als – im Gegensatz zur fatalistischen („fatalistic“) – humanistische („humanistic“) Dimension der Zeit (Stanford M. Lyman und Marvin B. Scott, A Sociology of the Absurd, New York 1970, S. 191).

115 Zur Futurologie vgl. Ossip K. Flechtheim, Teaching the Future, in: Henri Yaker u.a. (Hrsg.), The Future of Time, London 1972, S. 498–507. In dem dort entworfenen Programm der Futurologie wird m.E. die Leistungsfähigkeit derartiger Konzepte überschätzt. Zur Kritik an der Futurologie vgl. A. M. Klaus Müller, Die präparierte Zeit, 2. Aufl., Stuttgart 1973, S. 83 f.

Jahren[116]. Im Westen kann die Zukunft nie die Bedeutung erreichen wie in den kommunistischen Planungsgesellschaften, denn hier existieren solche Ziele nur in viel mehr verdünnter Form.

Trotz aller publizistischen Vertuschungsversuche gehören die Planung durchkreuzende Rückschläge zu den täglichen Erfahrungen der Menschen im Kommunismus. Aber auch das Individuum in jeder modernen Gesellschaft erlebt Rückschläge in seinem Lebensplan. Und es erfährt sie in der Regel als existentiell bedrohlich, wenn sie seine Lebensziele (glückliche Ehe, Entwicklung der Kinder nach seinen Vorstellungen, berufliche Position oder geschäftlichen Erfolg) betreffen. Zeitgeschichtliche Ereignisse, wie Kriege und Wirtschaftsdepressionen, können ebenso wie Schicksalsschläge im Privatbereich oder individuelles Unvermögen der Grund für derartige Rückschläge sein. Werden sie als ausweglos erlebt, können sie den einzelnen zum Selbstmord treiben, wie ihn Durkheim als Form des anomischen Selbstmords beschrieben hat[117]. Aber das ist immer noch die Extremlösung. Normal ist der Wiederaufbau eines die neuen Faktoren einbeziehenden Zukunftsplans. Julius A. Roth hat dies in seinem Buch „Timetables“[118] eindrucksvoll belegt. Personen, die durch eine Tuberkulose aus dem Lebensplan geworfen werden, bauen in der TB-Heilstätte eine neue „Karriere“ auf, deren Ziel die möglichst baldige Entlassung ist. Es werden Erfahrungen von Patienten, die schon einen längeren Aufenthalt hinter sich haben, erfragt, und daraus wird ein Plan für den Aufenthalt in der Klinik entworfen. Dieser Plan wird umso detaillierter ausgestaltet, je mehr Stufen in einer Klinik für die verschiedenen Grade der Gesundung eingerichtet sind. Aber auch fiktive Abstufungen, die nicht mit dem Grad der Krankheit in Verbindung stehen, werden bereitwillig aufgegriffen und als Elemente in den Ablaufplan eingefügt. Der Zeitplan besteht dann aus den angenommenen Graden der Heilung und damit verbundenen Privilegien (Aufstehen, Wochenendurlaub usw.), die zum kalendarischen Ablauf in Beziehung gesetzt werden. Dieser Plan dient als Grundlage des Verhaltens gegenüber dem Arzt, wobei Patient und Arzt bezüglich der Länge des Aufenthalts divergierende Vorstellungen haben. Fast jeder der Patienten wendet Taktiken an, um den Arzt in seinem Sinne zu beeinflussen und zumindest ein zeitliches Zurückfallen hinter den Plan zu verhindern. Diese Taktiken reichen von Drohung und Medikamentenverweigerung bis zu einer geschäftsmäßigen Verhandlung. Dabei erzielen Patienten zum Teil beachtliche Erfolge, indem sie den Arzt bisweilen zu prekären Entscheidungen drängen. Schon das Vorhandensein solcher Taktiken zeigt an, daß die Patienten sich auch in ihrer Situation nicht den Einfluß auf die Zukunft nehmen lassen wollen.

Roth hat ähnliche Tendenzen bei anderen „Karrieren“, u.a. bei Polioerkrankten, Wehrdienstpflichtigen, Schülern und Piloten, vorgefunden. Und alle zeigen sie die modernen Menschen als solche, die die Zukunft detailliert erkunden wollen, indem sie sie planen, aber auch gliedern. Roth ist der Auffas-

---

[116] Vgl. Gisela Trommsdorf u.a., Erziehung für die Zukunft, Düsseldorf 1978, S. 44.

[117] Vgl. Émile Durkheim, Der Selbstmord, Neuwied – Berlin 1973, S. 273 ff.

[118] Vgl. Julius A. Roth, Timetables, Indianapolis – New York 1963.

sung, daß die Voraussicht auf lange Zeiträume wie auch das langfristige Anstreben eines Zieles nur durch Gliederung der Zeit und das Erreichen von Teilerfolgen zu ertragen oder, wie er es mit einem unübersetzbar erscheinenden Ausdruck charakterisiert, „psychologically manageable"[119] sind. Dieses Bewußtseinserfordernis ist aber auch nach Roth kulturspezifisch[120]. Erst in den industriellen Gesellschaften bestimmt die kalendermäßige Zeiteinteilung, also das über den Zeitraum gelegte Netz der Zeitrechnung, die Zukunftssicht. In primitiven Gesellschaften ergibt sie sich aus den auf den einzelnen und die Gesellschaft zukommenden, wahrgenommenen und kulturell interpretierten Erfordernissen.

Zusammenfassend läßt sich konstatieren: War der Jäger und Sammler lediglich an bestimmten Zeitpunkten interessiert, an dem Zeitpunkt des Beginns der Tageshelle, des Reifens der Beeren, des Auftauchens des Wildes usw., so erfaßt der moderne Mensch Zeiträume, auch den Raum der Zukunft, den er bis in seine Einzelheiten planen will. Aber in diesem Erfassen der Zeiträume sind auch dem modernen Menschen noch enge Grenzen gesetzt. Diese Grenzen sind erstens psychisch bedingt. In der Erinnerung fällt es uns oft schwer, die vergangenen Zeiträume wieder zu „dehnen", um die verschiedenen Ereignisse genau lokalisieren zu können. Selbst 100 Tage in der Zukunft müssen wir uns veranschaulichen, wie es der Soldat tut, der Tag um Tag einen Zentimeter von dem Maßband schneidet. Die Grenzen sind weiter ausbildungsmäßig bedingt. Geschichtsvorstellungen etwa werden beim Durchschnittsbürger um so vager, je weiter die Ereignisse von der Gegenwart entfernt sind. Und die Grenzen werden drittens durch die Beherrschung der Umwelt gezogen, d.h. sie liegen auch in den Planungsfähigkeiten, in der inhaltlichen Erfassung der künftigen Zeiträume. Noch nicht beherrschbare Mechanismen wie „self-fulfilling-" bzw. „self-destroying prophecy"[121] können jede Planung zunichtemachen. Man sollte Mängel, die in der Realisierung individueller wie kollektiver Planungen auftreten, nicht nur als Ärgernisse angesichts der zunehmenden wissenschaftlichen Durchdringung der Welt betrachten, sondern auch als Räume, die eine bestimmte Art von Freiheit gewähren, die Freiheit, sich in jeder Phase wieder neu entscheiden zu können. Dieses spezifische Humanum, aber auch andere wie das Staunen vor dem Neuartigen und Verblüffenden und seine innovative Bewältigung müßten im Zuge totaler Planbarkeit verlorengehen, zumal wenn sich planende Instanzen, die sich als die Verkörperung der Vernunft betrachteten und die über ausreichende Mittel verfügten, sich die vollständige Konzeption des einzelnen Menschenlebens anmaßten und so das Individuum zum „programmierten Menschen" reduzieren würden.

---

[119] Ebd., S. 115.

[120] Vgl. ebd., S. 95 ff., bes. S. 97.

[121] Vgl. Robert K. Merton, Social Theory and Social Structure, 9. überarb. und erw. Aufl., New York – London 1964, S. 421 ff.

4.3. Die Dimension: Zyklische Zeit – lineare Zeit

4.3.1. Anthropologische Grundlagen der zyklischen Zeit

Eine Anthropologie, die, wie die Gehlens, zwischen Biologie und Philosophie plaziert ist, sieht die Besonderheit des Menschen in seiner „Instinktreduktion"[122] begründet, die ihn zu einem „weltoffenen" Wesen macht. „Der Mensch ist weltoffen heißt: er *entbehrt* der tierischen Einpassung in ein Ausschnitt-Milieu"[123]. Es ist sein Charakteristikum, das – wie Nietzsche formulierte – „noch nicht festgestellte Tier"[124] zu sein. Positiv gewendet bedeutet die Weltoffenheit und die mangelnde Festlegung, daß der Mensch in der Lage ist, Verhaltensbereiche, die beim Tier durch Instinkte festgelegt sind, durch eigene Leistung auszufüllen. Um sich von dem dauernden Zwang, für ein bestimmtes Verhalten optieren zu müssen, befreien zu können sowie um sein Verhalten mit den Mitmenschen zu koordinieren, sucht und entwickelt er Regelmäßigkeiten, stabile Verhaltensmuster und Institutionen, die eine Entscheidungsentlastung sowie ein soziales Leben ermöglichen. Gehlen umreißt den Umfang der Gewohnheitsbildung folgendermaßen: „Gewohnheiten gibt es auf jeder Höhenlage, natürlich auch im Geistigen und Moralischen, sie sind also nicht ‚unbewußt', ihre Pointe ist vielmehr die Entlastung vom Aufwand improvisierter Motivbildung"[125]. Institutionen als vom Menschen geschaffene Bündel von Verhaltensmustern, die bestimmte zentrale Funktionen erfüllen, sind genuine Kulturschöpfungen. Aber dabei wählt der Mensch auch aus der Umwelt Regelmäßigkeiten aus. Diese „Veränderung *beliebiger* Naturdaten ins Zweckdienliche"[126] erfüllt über den offensichtlichen Zweck hinaus ebenfalls stets Funktionen der Verhaltensverfestigung. Zu diesen das Verhalten steuernden Daten aus der Umwelt zählen auch die Phänomene, die dem Verhalten eine zeitliche Dimension geben. Die Folge von Tag und Nacht ist wohl die grundlegendste Zeiteinteilung überhaupt, der Menschen wie Tiere und Pflanzen folgen[127]. Der Sonnenstand bestimmt den Tageslauf, der Mondzyklus bietet die ältesten Gliederungspunkte für längere Zeiträume als den Tag. Dazu kommt in den nichttropischen Gebieten der Jahreslauf der Sonne, der mit den jahreszeitlichen Schwankungen verbunden ist. Diese Zeiteinteilungen mit Hilfe von astronomischen Phänomenen fixieren Handlungen an bestimmte Stellen im Ablauf der Zeit und bilden zusammen mit diesen einen Komplex, den Evans-Pritchard als „ökologische Zeit" bezeichnet hatte. Auf diese Weise ist also die Zeit in die Regelmäßig-

---

122 Dieser Begriff spielt eine wichtige Rolle in der Anthropologie Gehlens; vgl. dazu z.B. Arnold Gehlen, Der Mensch, 7. durchges. Aufl., Frankfurt/M. – Bonn 1962, S. 26 sowie Gehlen, Urmensch und Spätkultur, S. 142.

123 Gehlen, Der Mensch, S. 35.

124 Nach: ebd., S. 10 (Quelle bei Gehlen nur angegeben mit: XIII, 276).

125 Gehlen, Urmensch und Spätkultur, S. 25.

126 Arnold Gehlen, Mensch und Institutionen, in: Ders., Anthropologische Forschung, Reinbek 1961, S. 69 f. (Hervorhebung von Gehlen).

127 Vgl. Goody, S. 31 sowie Daumer, S. 180–192.

keiten eingereiht, die dem sozialen Leben Struktur und dem Individuum Verhaltenssicherheit geben. Zeitliche Einteilungen der genannten Art erlauben Voraussicht und Planung und erbringen damit eine gewisse Sicherheit in künftigen Fällen. Zeit als Regelmäßigkeit, als Wiederkehr von Phänomenen, als zyklische Zeit erfüllt damit wichtige soziale Funktionen.

Es muß angenommen werden, daß zyklische Zeit einer früheren Epoche angehört als lineare Zeit, daß lineare Zeit eine relativ späte Entwicklung ist. Eine Reihe von kulturhistorischen Materialien, von denen in den folgenden Abschnitten eine Auswahl besonders prägnanter vorgestellt werden soll, legt diese Auffassung zwingend nahe. Auch die Etymologie des Wortes „Zeit" gibt einen Hinweis in diese Richtung. Goody führt an, daß die Wörter „time" und „tide" eine gemeinsame Wurzel besitzen[128]. Ähnlicher Art dürfte die Verwandtschaft von „Zeit" und „Gezeiten" sein, letztere ein zyklisches Ereignis par excellence.

Lineare Zeit als Zeit der Nicht-Wiederkehr erfüllt nicht nur keine sozialen Funktionen, wie sie in den bisherigen Darlegungen der zyklischen Zeit zugeschrieben wurden, sie ist auch in der sozialen Umwelt des Menschen nicht so häufig zu beobachten. Der Mensch, auch der moderne, lebt vor allem in Zyklen; Familie, Beruf, Freizeitgruppen und der vom Kalender vorgegebene Jahreskreis weisen viele zyklische Elemente auf, die das Erleben bestimmen. Der wichtigste Prozeß, der linear verläuft, ist das Altern des Menschen, das mit dem fundamental und existentiell anrührenden Ereignis des Todes endet. Aber auch dieser Prozeß wird in den meisten Kulturen zyklisch umgedeutet. Der Tod ist dann der Anfang eines neuen Lebens im Jenseits. Am deutlichsten aber ist diese zyklische Umdeutung des Lebens in der Lehre von der Wiedergeburt.

4.3.2. Formen zyklischer Zeit in archaischen Gesellschaften[129]

Die Verwobenheit der Zeit in die Kultur brachte es mit sich, daß gerade zyklische Zeitformen durch andere Kulturzüge stabilisiert und mit besonderer Bedeutung für das soziale Leben versehen wurden. So werden zahlreiche Verhaltensweisen in archaischen Gesellschaften als Wiederholung der in mythischer Vorzeit von einem Gott oder einem Heros exemplarisch demonstrierten Handlungen gesehen. Das betrifft nicht nur Rituale als Handlungen, die einen Bezug zum Transzendenten herstellen sollen, sondern auch die alltäglichen Handlungen zur Nahrungsbeschaffung und Nahrungsbereitung oder das sexuelle Verhalten. Mircea Eliade spitzt diesen Zug im Verhalten auf die Aussage zu: „. . . in den Einzelheiten seines bewußten Verhaltens kennt der ‚Primitive', der archaische Mensch keine Handlung, die nicht von einem andern gesetzt und vorgelebt worden wäre, *von einem anderen, der kein Mensch gewesen ist*"[130]. Nach Elia-

[128] Vgl. Goody, S. 31.

[129] Ich übernehme den Begriff „archaisch" von Eliade, auf dessen Ausführungen über zyklische Zeit in dem Abschnitt 4.3.2. immer wieder Bezug genommen wird. Mit der Kennzeichnung „archaisch" faßt Eliade sowohl primitive Kulturen als auch frühe Hochkulturen zusammen. Vgl. dazu Mircea Eliade, Der Mythos der ewigen Wiederkehr, Düsseldorf 1953, S. 11.

[130] Eliade, S. 14 (Hervorhebung von Eliade).

de entbehrt alles, was nicht Wiederholung ist, sogar des Wirklichkeitscharakters[131]. Handlungen, die als Wiederholungen gelten, verbinden den Agierenden nicht nur mit dem Geschehen in früher Vorzeit, sondern sie stellen oft auch den Zusammenhang mit dem im Kosmos ablaufenden Geschehen dar. So wird in verschiedenen Kulturen der Beischlaf als Reproduktion der Vereinigung zwischen Himmel und Erde gedeutet[132]. Ernst Cassirer weist darauf hin, daß bestimmte Verhaltensweisen ebenso wie Eigenarten in der Natur als „erklärt" gelten, wenn ein Bezug zum mythischen Ursprung gesetzt ist. Über mythische Weltbilder führt er aus: „Hier ist eine Stufe erreicht, auf welcher der Gedanke sich bei der bloßen *Gegebenheit*, sei es der Dinge, sei es der Gebräuche und Vorschriften, bei ihrem einfachen Dasein und ihrer einfachen Gegenwart nicht mehr beruhigt, während er andererseits alsbald stille steht, sowie es ihm gelungen ist, diese Gegenwart auf irgendeine Weise in die Form der Vergangenheit umzusetzen. Die Vergangenheit selbst *hat* kein ‚Warum' mehr: sie *ist* das Warum der Dinge"[133].

Durch derartige Verankerung in mythischen Urbildern und in kosmischen Abläufen werden Verhaltensweisen in einer Weise stabilisiert, die eine Abweichung kaum in Betracht kommen läßt. Die gesamte Denkweise ist auf Wiederholung angelegt, so daß einmalig erscheinende Vorkommnisse in der Interaktion der von ihnen Betroffenen mit der Zeit zu Begebenheiten werden, die nach dem Vorbild von Mythen umgestaltet sind. Eliade berichtet über ein zeitgenössisches Beispiel; in einer ländlichen Gegend Rumäniens wurde noch in diesem Jahrhundert ein Unglücksfall in eine an den Mythen orientierte Ballade umgeformt[134]. Trotz dieser durchgehenden Tendenzen, alles Wahrgenommene und alle Aktivitäten zyklisch zu interpretieren, erscheint es unangebracht, bei archaischen Gesellschaften von einer „Auflehnung gegen die konkrete, historische Zeit"[135] zu sprechen, wie dies Eliade tut. Es dürfte sich nicht um Verdrängung linearer Zeit handeln, sondern um eine zwanglose Sicht, um die Interpretation von „Selbstverständlichem", um die Einreihung von Vorkommendem in vorgegebene Muster und damit um Bewußtseinsvorgänge, die sich auch im modernen Alltag ständig abspielen[136].

4.3.2.1. Feste als Ereignisse in einem Zyklus

In besonderer Weise dienen Feste als wiederkehrende Ereignisse der Befestigung des Zyklus' und der Verankerung des Bewußtseins der Wiederkehr. Die gedanklichen Prinzipien, die solchen Festen zugrunde liegen, bedeuten für ihnen folgende Menschen nicht nur Unterwerfung unter heilige Gesetze, sondern sie

[131] Vgl. ebd., S. 55.

[132] Vgl. ebd., S. 40 ff.

[133] Ernst Cassirer, Philosophie der symbolischen Formen, II. Teil, 3. Aufl., Darmstadt 1958, S. 130 (Hervorhebung von Cassirer).

[134] Vgl. Eliade, S. 71 ff.

[135] Vgl. ebd., S. 5.

[136] Ähnliche Argumente Eliades kritisiert auch Booth jr. auf diese Weise. Vgl. Booth jr., S. 91.

vermitteln auch das Gefühl der Macht. Denn die mythische Zeit kann „zu einer Macht, die nicht nur den Menschen, sondern die auch die Dämonen und Götter bindet“[137], werden. Und über Verhalten, das auf mythischem Wissen basiert, kann man auf die Natur einwirken, deren Gang wir uns heute in vielen Fällen machtlos gegenübersehen. Dagegen lebten die Teilnehmer an bestimmten Riten zur Sonnenwende im Bewußtsein, das kosmische Geschehen zu ihren Gunsten beeinflußt zu haben[138].

Erfüllen Feste per se eine integrative Funktion, so ist dieser Zug bei den sog. rites de passage besonders ausgeprägt. Denn neben der Integration aller Teilnehmer wird derjenige, dessen gesellschaftlicher Status sich wandelt, in diesem neuen Status in die Gesellschaft integriert. Die mit verschiedenen Initiationsriten in allen Kulturen verbundene Vorstellung vom Sterben und Auferstehen[139] bringt deutlich das Zyklische zum Ausdruck. Bei der Taufe des christlichen Kulturbereichs oder bei dem Pubertätsritus eines Naturvolks dominiert im erlebenden Bewußtsein nicht das Unwiederbringliche des Vergangenen und das Hervorgehen eines Neuen, sondern die Wiederholung in neuen Formen[140]. Die Wiederholung zeigt sich nicht nur darin, daß der physischen Geburt eine rituelle folgt[141], sondern auch im Bezug auf die Riten und den Zustand, der in den Mythen als Anfangszustand konstatiert wird. Die Riten werden oft als Überlieferungen göttlichen Ursprungs und die Zeit der Initiation als Zeit der Schöpfung betrachtet. Selbst ein wichtiges Sinnelement der christlichen Taufe, die Wegnahme der Erbschuld und damit die partielle Rückführung in den paradiesischen Zustand zeigt den Rekurs auf die mythische Vorzeit an. Sehr viel deutlicher ist jedoch in archaischen Kulturen das Hineintauchen in die Welt, „wo die Dinge zum ersten Mal geschehen sind“[142].

Es gibt zahlreiche Feste, in denen die Erinnerung bzw. Wiederherstellung der mythischen Vergangenheit direkt im Mittelpunkt steht. Diese Feste ermöglichen es, „sich zu jener heroischen Vorzeit in ein *Verhältnis zu setzen*, nämlich sich ihres Nochdaseins zu vergewissern, sie also festzumachen“[143]. In vielen Kulturen war das Neujahrsfest eine wichtige Gelegenheit dieser Art. Das Zyklische kommt vor allem dadurch zum Ausdruck, daß das neue Jahr als jeweils gänzlich neue Schöpfung betrachtet und der Jahreswechsel mit Bräuchen gefeiert wurde, die die Vernichtung des alten Jahres darstellten. Damit verbunden waren oft Reinigungsriten, die die einzelnen von den Verfehlungen des vergan-

---

[137] Cassirer, S. 138.

[138] Vgl. ebd., S. 135 f.

[139] Vgl. Mircea Eliade, Das Mysterium der Wiedergeburt, Zürich — Stuttgart 1961, z.B. S. 13, 16. Wir beziehen in unsere Erörterungen nicht die Aufnahmeriten in einen Bund oder die mystische Berufung ein, die Eliade ebenfalls zu den Initiationen zählt.

[140] Vgl. dazu auch Brandon, S. 181.

[141] Eliade teilt diese Ansicht nicht, obwohl er zugibt, daß sich in den Initiationsriten „Symbole der Geburtshilfe“ finden (Eliade, Mysterium der Wiedergeburt, S. 17).

[142] Eliade, Mysterium der Wiedergeburt, S. 18 (Hervorhebung von Eliade).

[143] Gehlen, Urmensch und Spätkultur, S. 116 (Hervorhebung von Gehlen).

genen Jahres befreiten[144], oder aber Maskeraden und Orgien, die das Chaos vor der Welterschaffung darstellten. Mit dem Anbruch des neuen Jahres wurden dann Riten vollzogen, die die Erschaffung der Welt symbolisieren oder wenigstens an sie erinnern sollten[145]. Denken wir an die in unserem Kulturkreis üblichen Maskeraden und Feiern am Silvesterabend, wobei die Mitternachtsstunde oft einen besinnlichen, manchmal sogar feierlichen Einschnitt bildet, dann zeigt sich, auf welch alten Traditionen diese manchem vielleicht modisch erscheinenden Feiern ruhen[146]. Und die weit verbreiteten Neujahrsvorsätze sind dann nicht profanierte Bußvorsätze, sondern sie sind Partizipation an „der von den archaischen Gesellschaften gespürten Notwendigkeit, sich periodisch durch die Annullierung der Zeit zu regenerieren"[147].

Die kosmische Überhöhung, die für den Neujahrstag charakteristisch war, kann auch Einschnitten in längeren und kürzeren Zeiträumen zukommen. So wurde sowohl in Sumer wie im Alten Ägypten als auch auf den Fidschi-Inseln[148] angenommen, daß mit dem Amtsantritt eines neuen Herrschers die Welt von neuem beginnt. Goody weist in diesem Zusammenhang darauf hin, daß die Regimes während der Französischen Revolution sowie der Faschismus in Italien diese Vorstellung einer völlig neuen Ära wieder aufgegriffen hatten und daß letztlich auch demokratische Wahlen mit säkularisierten Vorstellungen vom Anfang einer neuen Zeit in Verbindung stehen würden[149]. Ein kürzerer Zeitraum, innerhalb dessen ein Neuanfang angenommen wurde, war der Mondmonat. In primitiven Gesellschaften wurde das Zu- und Abnehmen des Mondes vielfach als Leben und Sterben des Mondes interpretiert. Besondere Beachtung erfuhren oft die Tage des Neumondes[150]; in den damit zusammenhängenden astronomischen Vorgängen wurde Vergehen und Wiedergeburt erlebt. Am Beispiel dieser mit den Mondphasen verknüpften Vorstellungen läßt sich auch demonstrieren, daß die Weltsicht, die aus zyklischem Denken erwächst, nicht notwen-

---

[144] Vgl. dazu etwa die Notiz bei E. C. Baker, Tribal Calendars, in: Tanganyika Notes and Records 33 (1952), S. 33.

[145] Vgl. dazu Eliade, Der Mythos der ewigen Wiederkehr, S. 77 ff.; eine kritische Auseinandersetzung mit den Auffassungen Eliades zum Neujahrsfest unter besonderer Berücksichtigung des babylonischen Neujahrsfestes bietet Brandon. Vgl. S. G. F. Brandon, History, Time and Deity, Manchester 1965, S. 71 ff.

[146] Zum Zusammenhang zwischen modernen Silvesterfeiern und der zyklischen Zeit sowie entsprechenden Riten vgl. E. R. Leach, Zwei Aufsätze über die symbolische Darstellung der Zeit, in: Wilhelm E. Mühlmann und E. W. Müller (Hrsg.), Kulturanthropologie, Köln – Berlin 1966, bes. S. 402–407.

[147] Eliade, Der Mythos der ewigen Wiederkehr, S. 125.

[148] Vgl. Goody, S. 35 sowie Eberhard Otto, Zeitvorstellungen und Zeitrechnung im Alten Orient, in: Studium Generale 19 (1966), S. 747 und Eliade, Der Mythos der ewigen Wiederkehr, S. 117 ff. Für China muß ähnliches gegolten haben. Granet vermerkt: „Im Zeremoniell des Thronantritts besteht die entscheidende Handlung in der Verkündigung des *Kalenders*, dem Erlaß, durch welchen eine Regierungszeit eröffnet wird. Doch noch ehe eine neue Zeit anbrechen kann, muß zuvor die alte Zeitordnung aufgehoben werden. Jede Etappe der Zeit bedingt eine mit der Neuschaffung verknüpfte Austreibung" (Granet, S. 72; Hervorhebung von Granet).

[149] Vgl. Goody, S. 35.

[150] Vgl. Nilsson, S. 167.

dig pessimistisch sein, zu Apathie und Resignation führen muß. Wir sind von unserem linearen Zeitverständnis her, das mit Fortschrittsoptimismus verbunden werden kann, geneigt, dies anzunehmen. Ein zyklisches Zeitverständnis, wie es sich aus der Beobachtung und Interpretation des Mondzyklus herleitet, ist sogar besonders gut geeignet, das für alles menschliche Denken fundamentale Problem des Bösen zu bewältigen. Denn die als Unheil erfahrene Situation ist Vorbedingung einer Besserung und eines neuen Aufschwungs, so wie der Neumond Voraussetzung einer neuen Mondsichel und eines neuen Vollmonds ist[151].

Die Dimension des Wiedervollzugs oder zumindest die Erinnerung des in mythischen Zeiten Geschehenen, die wir bei Neujahrsfeiern vorfanden, ist ebenso anderen Festen des Jahres eigen, wobei jedes Fest einen bestimmten Aspekt des Geschehens betont. Diese Dimension der Erinnerung und Reaktualisierung ist auch noch im christlichen Festkalender vorhanden. Die aus der jüdischen Sabbatruhe herrührende Sonntagsruhe wiederholt die Gott am siebten Tag der Schöpfung zugeschriebene Verhaltensweise[152]. Vom Mythos entfernter und der historischen Dimension näher, stellen die großen Feste des christlichen Kirchenjahres die Erinnerung der Heilsgeschichte und des Lebens Jesu dar. Auch in kürzeren Zeiteinheiten wiederholt sich dieser Zyklus. Der Sonntag wird im Christentum als Tag der Auferstehung gefeiert, und die Abendmahlsfeier ist, zumindest nach katholischem Verständnis, eine Wiederholung des Kreuzesopfers Jesu.

In der Entwicklung von den archaischen Riten zum christlichen Festkalender sind zwei die Bestimmung der Termine betreffende Veränderungen bemerkenswert. Die Verlagerung der Festtermine von lokalen Festlegungen auf rein kalendarische Daten geschah unter dem Einfluß von verschiedene geographische Räume umfassenden Religionen, vor allem von sog. Weltreligionen[153]. Im Zuge der Expansion derartiger Religionen wird in der Regel ein einheitlicher Kalender eingeführt, da gemeinsame, zu einem bestimmten Termin abgehaltene Feiern die zentralen Gehalte der Religion zum Ausdruck bringen und ein Gefühl der Verbundenheit zwischen den entfernt voneinander wohnenden Anhängern aufkommen lassen. Weiterhin kommt traditionellen Festterminen oft eine Art Eigenleben zu, das über bestimmte Inhalte hinausgeht. So erwies es sich auch nach der Durchsetzung neuer Religionen oft als zweckmäßig, Termine beizubehalten. Die Daten verschiedener christlicher Feste sind Füllungen alter Termine (allerdings oft auch überlieferter Formen) mit neuem Sinn[154].

---

[151] Eine derartige Deutung langer Zeitzyklen im indischen Denken stellt Pocock fest. Vgl. David F. Pocock, The Anthropology of Time-Reckoning, in: Contributions to Indian Sociology 7 (1964), S. 26 f.

[152] Vgl. Eliade, Der Mythos der ewigen Wiederkehr, S. 39.

[153] Vgl. Goody, S. 37.

[154] So wird ein in der katholischen Kirche üblicher Bittgang durch die Felder an dem Tag (25. April) abgehalten, an dem schon die heidnischen Römer um die Fluren zogen und anschließend ein Opfer darbrachten. Vgl. dazu Rupert Berger, Kleines Liturgisches Wörterbuch, Freiburg/B. 1969, S. 67. Auch der Termin des Weihnachtsfestes wird auf einen römischen Festtag zurückgeführt, der dem Sonnengott gewidmet war. Vgl. ebd., S. 467.

4.3.3. Exkurs: Zur Zeitstruktur des Mythos

Als besonders bedeutsam für unseren Zusammenhang erwiesen sich aus der Gesamtheit der Mythen die Ursprungsmythen; sie schildern, wie Welt, Gesellschaften, Institutionen und Dinge entstanden sind[155]. Zu den Grundzügen vieler traditioneller Gesellschaften gehört es, das mythische Geschehen durch Ritus oder Alltagshandlung zu rekapitulieren und so den einmal in Gang gesetzten Lauf der Dinge „sachgerecht" fortzusetzen. Die zeitliche Dimension des Ursprungsmythos besteht darin, daß er für den, der in seinem Denken befangen ist, den unüberbietbaren Anfang markiert[156]. Er ist zugleich die Tradition per se. Neben diesen Vergangenheitsschichten besteht die zeitliche Dimension noch aus einer Gegenwartsschicht. Der Mythos hat in der Gegenwart Bedeutung und wird handelnd nachvollzogen. Im Extremfall werden Urzeit und der aktuelle Bezug auf sie, die stets gültige Ordnung und das gegenwärtige Erleben gleichgesetzt; eine solche Nivellierung kommt im *alcheringa* zum Ausdruck, einem Zentralbegriff des Denkens australischer Ureinwohner, den Stanner mit „Dreaming" übersetzt[157].

Diese oben entwickelte Auffassung von der zeitlichen Struktur des Mythos soll in Kontrast zu Argumentationsgängen gesetzt werden, in denen dem Mythos eine zeitliche Dimension abgesprochen wird. Lévy-Bruhl schreibt in einer Zusammenfassung seines Beitrags „Le temps et l'espace du monde mythique": „La ‚période mythique' est en quelque sorte étrangère au temps, transcendante. Elle est extra-temporelle ou pré-temporelle. Ce ne sont pas les faits mythiques qui se placent à un certain moment du temps. C'est plutôt la période qui participe à la nature du monde mythique"[158]. Und Niklas Luhmann stellt fest, indem er sich auf Mythen *und* Eschatologien bezieht: „Ohne abstrakten Zeitbegriff können auch Vergangenheit und Zukunft keine Tiefenschärfe gewinnen ... Weit verbreitet findet man auf dieser Grundlage eine ausgeprägte Unterscheidung von naher und ferner Vergangenheit (bzw. Zukunft), wobei Fernzeiten nicht im eigentlichen Sinne Zeiten sind, sondern Dunkelzonen, für die andere Regeln der Glaubwürdigkeit und der Relevanz gelten"[159]. Wir beschränken im folgenden „Fernzeiten" auf Mythen und lassen Eschatologien außer Betracht.

Die Argumentation von Luhmann enthält verschiedene Komponenten. Fernzeiten sind zumindest teilweise durch von der aktuellen Wirklichkeit unter-

---

155 Ungewöhnlich ist die Position Blumenbergs, der in seiner umfangreichen Studie „Arbeit am Mythos" feststellt: „Der Mythos spricht also nicht vom Anfang der Welt" (Hans Blumenberg, Arbeit am Mythos, Frankfurt/M. 1979, S. 144).

156 Als ethnologischen Beleg dieser Anfangs- und Grenzsetzung vgl. Evans-Pritchard, S. 215.

157 Vgl. W. E. H. Stanner, The Dreaming, in: William A. Lessa und Evon Z. Vogt (Hrsg.), Reader in Comparative Religion, 3. Aufl., New York – Evanston – San Francisco – London o.J. (1972), S. 270; über ähnliche Phänomene berichtet Jensen. Vgl. Ad. E. Jensen, Mythos und Kult bei den Naturvölkern, Wiesbaden 1951, S. 145 f.

158 L. Lévy-Bruhl, Le Temps et l'espace du monde mythique, in: Scientia 57 (1935), S. 139.

159 Luhmann, Weltzeit und Systemgeschichte, S. 109.

schiedliche „Regeln der Glaubwürdigkeit und Relevanz" gekennzeichnet. Die Relevanz der mythischen Wirklichkeit kann insofern die der aktuellen übertreffen, als die letztere an der ersteren orientiert sein muß. Jensen ordnet das Phänomen, daß Angehörige des afrikanischen Ibo-Stammes von einem ihnen zugeordneten Baum „gerufen" werden können, dem mythischen Denken zu, und bei einer Explikation dieses „Gerufenwerdens" stellt er fest: „Warum sollten die Naturvölker bei ihren mythischen Aussagen jedesmal ausdrücklich hinzufügen, daß sie nicht wörtlich – d.h. in der alltäglichen Bedeutung des Wortes – gemeint seien, daß z.B. unter dem tierischen Stammvater nicht ein gewöhnliches Tier, sondern ein Geist-Tier, d.h. ein göttliches Tier oder ein Gott in Tiergestalt oder was sonst auch immer zu verstehen sei"[160]. Damit thematisiert Jensen das von Luhmann betonte Kriterium der unterschiedlichen Glaubwürdigkeit, das sich auch mit verschiedenen Details einer „wunderbaren" Welt des Mythos belegen ließe, in der die Dinge nicht sind, sondern in seltsamer Metamorphose entstehen, in der der direkte Kontakt zu Gott und Tier möglich ist und in der aus Wünschen ohne weiteres Zutun Realität wird. Aber da der Mythos in der Gegenwart wiederholt werden muß, darf der Unterschied zwischen der mythischen und der aktuellen Welt nicht radikal sein. Lévi-Strauss sieht darin für den Mythos „das Paradox, von der Gegenwart zugleich losgelöst und mit ihr verbunden zu sein. Losgelöst, da die frühesten Ahnen von anderer Natur waren, als die Menschen heute sind: jene waren Schöpfer, diese sind Nachahmer, und verbunden, da sich seit dem Erscheinen der Ahnen nichts geändert hat, es sei denn Ereignisse, deren Rekurrenz periodisch die Besonderheit auslöscht"[161]. Aber selbst Unterschiede in der Weltstruktur besagten noch nichts über die Außerzeitlichkeit des Mythos. Sie besagen bestenfalls etwas über die Distanz zum heute; der Mythos markiert eindeutig den Anfang.

Die Zeit des Mythos und die aktuelle Zeit können durch den Einschub der historischen Tradition getrennt werden. Historie ist bei manchen Naturvölkern nur in Rudimenten vorhanden und verschwimmt, wie noch gezeigt werden soll, oft mit Mythen. Aber generell müssen Geschichte und Mythos analytisch getrennt werden; und Luhmann hat dann (und nur dann) recht, wenn er, was nach dem Kontext möglich ist, Zeit als Geschichtszeit versteht; solche Zeit ist zumindest atypisch für den Mythos. In diesem Sinne schreibt Peter L. Berger über kosmische Legitimationen der Institutionen, die als eine der Funktionen des Mythos verstanden werden können: „Denn sie gründen in einer heiligen Zeit, in der Geschichte nur Episode ist"[162]. Selbst bei Naturvölkern findet man bisweilen eine sprachliche Differenzierung zwischen der Zeit des Mythos und der zeitlichen Bestimmung jener Epochen, die durch mehr oder weniger differenziertes Wissen erfaßt werden. So wurden bei den Nunamiut-Eskimos in Alaska verschiedene Zeitbestimmungen

[160] Jensen, S. 36.

[161] Lévi-Strauss, Das wilde Denken, S. 273.

[162] Peter L. Berger, Zur Dialektik von Religion und Gesellschaft, Frankfurt/M. 1973, S. 36.

a) für die mythischen Ereignisse,
b) für die Spanne zwischen einer Eiszeit und den heute Lebenden, in der auch historische Reminiszenzen enthalten sind, und
c) für die persönliche Erinnerung festgestellt[163].

Vergleichbare Unterscheidungen fand Firth auf Tikopia in Polynesien[164]. Prinzipiell bestehen Unterschiede zwischen Geschichte und Mythos. Man kann Geschichte und Mythos dadurch trennen, daß man der Geschichte die Aussagen zuordnet, die mitteilen wollen, wie es „wirklich" war, die Vergangenheit in den Kategorien der aktuellen Wirklichkeit (im Gegensatz zur Wirklichkeit am „Morgen der Welt") darstellen wollen. Aber dann muß man auch fragen, ob nicht der Geschichte (wie dem Mythos) andere „Regeln der Glaubwürdigkeit und Relevanz" zugrunde liegen, und dies um so mehr, je weiter entfernt das historische Ereignis vom Heute ist. Geschichtliches Denken neigt ferner zur Linearität. Den Gegensatz charakterisiert Mühlmann folgendermaßen: „Diese mythische Denkweise ist ihrer Struktur nach völlig ahistorisch, sie ist vielmehr, wegen ihres beständigen Zurücklenkens auf die ‚Urzeit', zyklisch"[165]. Weiter entzieht sich der Mythos der Chronologie, einer Fixierung der Ereignisse in einem Zeitrechnungssystem. Von einer völligen Undifferenziertheit innerhalb der zeitlichen Ebene des Mythos bei den Nuer geht E. E. Evans-Pritchard aus: „Beyond tradition lies the horizon of myth which is always seen in the same time perspective. One mythological event did not precede another mythological event, for myths are not stratified by structure . . . The world and human customs alike were created by God on an undifferentiated plane"[166]. Eine stärkere Strukturierung sieht Blumenberg: „Im Mythos gibt es keine Chronologie, nur Sequenzen. Was sehr weit zurückliegt, aber inzwischen nicht dementiert oder verdrängt worden ist, hat die Annahme der Zuverlässigkeit für sich"[167]. Zwei Gesichtspunkte aus diesem Zitat sollen hervorgehoben werden. Die von Blumenberg sog. Sequenzen müssen als sachliche Zusammenhänge interpretiert werden; sobald der Anspruch erhoben wird, etwas über Gleichzeitigkeit und andere als logische Aufeinanderfolge auszusagen, ist ein Ansatz für Chronologie vorhanden. So vermischt Mbiti Geschichte und Mythos unzulässig, wenn er feststellt: „Wenn Sie afrikanische, mündlich überlieferte Geschichte lernen müßten, brauchten Sie sich keine Daten einzuprägen! Die Geschichte stellt uns den Ursprung des Stammes und der Nation dar. Im afrikanischen Geschichtsbegriff schaut der Mensch auf seinen Ursprung zurück und ist überzeugt, daß nichts diese Welt zu einem Schluß bringen kann. Die Urzeit ist voller Mythen"[168]. Auch Booth geht von einem afrikanischen Begriff der Geschichte aus.

---

[163] Vgl. Nicholas J. Gubser, The Nunamiut Eskimos. Hunters of Caribou, New Haven – New York 1965, S. 28 ff.

[164] Vgl. Raymond Firth, History and Traditions of Tikopia, Wellington/New Zealand 1961, S. 10 ff.

[165] Wilhelm E. Mühlmann, Chiliasmus und Nativismus, 2. Aufl., Berlin 1964, S. 294.

[166] Evans-Pritchard, S. 215.

[167] Blumenberg, S. 142.

[168] John Mbiti, Afrikanische Begriffe der Zeit, Geschichte und des Todes, in: Afrika heute 5 (1967), S. 41.

Doch ist sein Beleg stichhaltiger: „The Baluba . . . can give, in order, the names of eighteen kings, with significant events which took place during their reign“[169]. Hier liegt ein Ansatz für Chronologie vor, und das qualifiziert die Daten als geschichtliche. Daher ist seine Scheidung überzogen: „In other words, they have history but not chronology“[170]. Weiter ist die Bedeutung hervorzuheben, die Blumenberg dem Zeitabstand zumißt. Der extrem lange Zeitabstand konstituiert den Mythos und läßt ihn wirksam werden. Gerade auch diese Funktion des Mythos, durch einen möglichst weiten Abstand zum Heute eine Deutung und Sicherung der Realität zu ermöglichen, ist neben der anderen, einen Anfangspunkt zu setzen, der Gültigkeit behält, typisch für den Mythos, und diese Funktion hat eine unbestreitbare zeitliche Komponente, die sozial wirksam ist, so daß einer Zuordnung der mythischen Zeit zur sozialen Zeit, wie sie im Rahmen dieser Abhandlung immer wieder vorgenommen wurde, keine stichhaltigen Gründe entgegengesetzt werden können.

Für Luhmanns Statement und wahrscheinlich auch für Lévy-Bruhls konnte durch die Distinktion von Mythos und Geschichte bzw. mythischer und geschichtlicher Zeit eine gewisse Plausibilität erreicht werden. Nun ist aber diese Distinktion eine analytische, der konkrete Phänomene gegenüberstehen, in denen diese Distinktion unterlaufen wird. Die Nuer kannten eine Ahnenreihe von zehn bis zwölf Generationen, in denen der mythische Stammvater und der verstorbene Vater eines Familienoberhaupts enthalten waren[171]. Die Zeit der Schaffung des ersten Menschen war für sie keine ferne „Dunkelzone“, da der Baum, unter dem dies geschehen war, erst wenige Jahre vor den Untersuchungen Evans-Pritchards niedergebrannt war[172]. Claude Lévi-Strauss stellt eine Erzählung der nordamerikanischen Cree vor, die eindeutig Züge eines Mythos trägt, aber letztlich die historische Tatsache der Begegnung mit den Weißen zum Ausdruck bringt. Lévi-Strauss spricht von einer „Wiederverwendung (des Mythos, G. S.) zu Zwecken der historischen Legitimation“[173]. Und Rüdiger Schott resümiert nach einer Auseinandersetzung mit Überlieferungen über einen Häuptling und einen Kulturheros im Südseeraum: „Die Übergänge zwischen Mythe, Sage und Geschichte sind hier, wie in vielen anderen Fällen, fließend, keinesfalls bestimmt aber allein das mythische Denken diese Erzählungen“[174]. Lévy-Bruhl, der die Vor- und Außerzeitlichkeit des Mythos postuliert hatte, berichtet von den Papuanern auf Dobu, daß sie die mythische Zeit als vier bis fünf Generationen entfernt von der Gegenwart annehmen[175]. Und er

[169] Booth jr., S. 85.

[170] Ebd.; in diesem Zusammenhang unterschätzt Booth jr. auch grundsätzlich die Bedeutung der Chronologie, die er nur bei Kulturvergleichen für notwendig hält. Vgl. dazu ebd., S. 86.

[171] Vgl. Evans-Pritchard, S. 213 f.

[172] Vgl. ebd., S. 216.

[173] Claude Lévi-Strauss, Strukturale Anthropologie II, Frankfurt/M. 1975, S. 301.

[174] Rüdiger Schott, Das Geschichtsbewußtsein schriftloser Völker, in: Archiv für Begriffsgeschichte 12 (1968), S. 179.

[175] Vgl. Lévy-Bruhl, S. 141. Ähnliches postuliert Jensen für die „meisten Völker“ (Jensen, S. 358).

konzediert, daß von den Angehörigen eines australischen Stammes kaum Unterschiede zwischen den mythischen und den jüngeren Vorfahren gemacht werden, wenn sie charakterisiert werden sollen[176]. Diese beiden Daten sprechen gegen die von Lévy-Bruhl angenommene Außerzeitlichkeit des Mythos. Von diesen Fällen einer Mischung von Mythos und historischer Tradition ist eine Variante zu unterscheiden, bei der der Mythos chronologisiert wird. Wir finden diese Variante in der israelitischen Tradition. Schon in vorchristlicher Zeit wurde die Schöpfung der Welt auf einen bestimmten Tag datiert[177]. Dadurch soll dem Mythos die Dignität des historischen Faktums unbezweifelbar zugeschrieben werden; er wird endgültig aus der Dunkelzone herausgehoben. Diese Belege, in denen historische Traditionen und Mythen amalgamiert wurden, in denen die Mythe sogar chronologisiert wurde[178], zeigen auf eine weitere Weise, wie Mythen in die Zeitrechnung des Menschen einbezogen sind. Was dann noch nach Luhmann „im eigentlichen Sinne Zeit" ist, ist für unseren Argumentationsgang belanglos.

4.3.4. Die Entstehung linearer Zeitvorstellungen unter besonderer Berücksichtigung des israelitisch-jüdischen Beitrags

Als eine der quasi-technischen Voraussetzungen für das Entstehen linearer Zeitvorstellungen ist im westlichen Kulturkreis die Festsetzung bestimmter Punkte anzunehmen, von denen aus die Jahre gezählt werden. Als frühester Fixpunkt für die Jahreszählung soll die Ära von Nabuchodonosor im Jahre 777 v.Chr. gedient haben[179]. Manche Forscher nehmen auch die Seleukidenära (312 v.Chr.) als einen derartigen Punkt an[180]. Prinzipiell ist eine lineare Zeitrechnung von einem Anfangspunkt nicht notwendig, wenn man mehrere Jahre überschauen will. Wie mit Hilfe zyklischer Vorstellungen eine Erfassung längerer Zeiträume möglich ist, zeigen die Olympiaden im griechischen und die Jobeljahre im jüdischen Kulturraum. Auch ist ein einmaliger Anfang nicht unabdingbare Voraussetzung für Linearität. In China wurde nach aufeinanderfolgenden Regierungen gezählt, ohne einen absoluten Fixpunkt anzunehmen[181]. Aber ein fixer Anfang begründet auf jeden Fall Linearität. Die Rechnung von einem festen Datum aus besagt in den meisten bekannten Fällen, daß man in der eigenen Geschichte einen Fixpunkt gefunden hat, der über alle noch so wichtigen, aber wiederkehrenden Ereignisse, wie z.B. die Inthronisierung eines neuen Herrschers, hinaus Gültigkeit behält. Gehlen nimmt an, daß eine solche Wer-

---

[176] Vgl. Lévy-Bruhl, S. 14.

[177] Vgl. Wendorff, S. 31. Blumenberg nimmt die Datierung erst für das 4. nachchristliche Jahrhundert an; vgl. Blumenberg, S. 141.

[178] Es gab auch im griechischen Kulturraum Versuche, die Mythen zu historisieren. Vgl. Blumenberg, S. 141 f.

[179] Vgl. Goody, S. 31.

[180] Vgl. Ahasver von Brandt, Historische Grundlagen und Formen der Zeitrechnung, in: Studium Generale 19 (1966), S. 727.

[181] Vgl. Needham, S. 194.

tung und ein damit entstehendes Geschichtsbewußtsein die Schrift voraussetzt. „Der archaische Mythos vermag historische Erinnerungen in seine Urzeiterzählungen einzuflechten, aber was ihm völlig fehlt, ist das historische Bewußtsein selbst. Dieses besteht, kurz gesagt, in der Fähigkeit, ein *gegenwärtiges* Ereignis als epochemachendes, also mit den Augen *künftiger* Generationen zu sehen ... Diese Fähigkeit aber ist gleichursprünglich mit der Entwicklung der ägyptischen Schrift"[182]. Schrift ist ebenso wie Anfangspunkte der Zeitrechnung eine Leistung abstrahierenden Geistes, sie schafft wie diese Dauer für eine Festlegung (zumal bei Materialien wie Ton und Stein), und das bewirkt Objektivität in „Richtung auf überindividuelle oder konventionelle Allgemeingültigkeit, so wie die Schrift für ‚beliebige Leser' dasteht"[183].

Mit der Festlegung eines Anfangspunktes war die Idee der linearen Zeit verbunden; neben der vertrauten Vorstellung der Rückkehr des ewig Gleichen trat die neue des stets Anderen, des Stroms, in den man nie zweimal steigen kann, weil er immer weiterfließt, des Einmaligen, das der Überlieferung wert ist. Solche Vorstellungen sind im Alten Ägypten ab 3100 v.Chr. eindeutig nachweisbar; Könige lassen ihre speziellen Leistungen für die Nachwelt dokumentieren[184]. Auch im Mumienkult zeigen sich Ansätze linearen Denkens[185]. Daß aber in bestimmten Kulturen lineare Zeit das Geistesleben sowie das Bewußtsein des einzelnen tiefgehend prägen konnte, dazu gehörte vor allem das Pendant zum Anfangspunkt, nämlich ein Zielpunkt, auf den Zeit hinläuft. Vorstellungen von einem Zielpunkt der Geschichte waren wiederum in der israelitischen Religion in Formen entwickelt worden, die die Wirkung der linearen Zeit in besonderer Weise verstärkten und über das Christentum die westlichen Kulturen bis in unsere Tage zutiefst beeinflußten.

Zielpunkt des jüdischen Denkens sind die Verheißungen Jahwes, die die Macht des jüdischen Gottes offenbaren. Nun sind Vorstellungen vom Erscheinen Gottes und seinem Wirken, von Verheißungen und ihrer Erfüllung in vielen Religionen vorhanden. Aber in der Regel sind sie in eine mythische Zeit verlegt, die zu fern ist, um in der Weise handlungsmotivierend und stark integrierend zu wirken wie die zentralen Bezugspunkte im israelitischen Denken. Deutlich wird dieser Unterschied schon, wenn man bestimmte Aspekte der jüdischen Vergangenheitsbetrachtung heranzieht. Die Rettung Israels vor den Ägyptern und die Gesetzgebung Gottes werden an einem bestimmten Ort und über eine bestimmte, als historisch angenommene Person vollzogen[186]. Und von dem

---

182 Gehlen, Urmensch und Spätkultur, S. 258; ähnlich argumentiert auch Otto, S. 743.

183 Gehlen, Urmensch und Spätkultur, S. 260. Den Zusammenhang von Schrift und der Rechnung in längeren Zeiträumen betont auch Goody, S. 31 und 38. Zur Bedeutung der Schrift für das Zeitbewußtsein vgl. ferner Bergmann, S. 240 ff.

184 Vgl. Brandon, History, Time and Deity, S. 67.

185 Vgl. Siegfried Morenz, Ägyptische Religion, Stuttgart 1960, S. 79.

186 Vgl. dazu auch Berger, Zur Dialektik von Religion und Gesellschaft, S. 114 f. Berger hebt besonders auf die historische Orientierung des Alten Testaments ab, wie sie „kein anderes großes Buch der Weltreligionen (auch *nicht* das Neue Testament)" kennt (ebd., S. 114, Hervorhebung von Berger).

dem Moses übergebenen Gesetz erhält jedes Ereignis in der jüdischen Geschichte seine Bewertung. Diese Ereignisse waren nicht Wiederholungen, sondern je einzigartig und werden so auch von Jahwe jeweils einzeln bewertet. So wird die nationale Geschichte zu einer Geschichte der Taten Jahwes, der über allem steht und nicht an eine ursprüngliche Ordnung, wie das für die griechischen Götter angenommen wurde, gebunden ist. Jedes Ereignis zeigt sein Gefallen oder Mißfallen an, kann aus seiner Perspektive gesehen werden. Erstes Ziel der Verheißungen Jahwes, die vor allem in den Patriarchengeschichten immer wiederkehren, war die Überlassung des Landes Kanaan. Nach Auffassung der biblischen Autoren hat Gott den Duktus der Geschichte auf dieses konkrete Ereignis hingelenkt. Brandon hat dieses Konzept, das beispielhaft in den Schichten der Genesis enthalten ist, die dem sog. Jahwisten zugeschrieben werden, sorgfältig analysiert und sieht folgende weitreichende Bedeutung: „In essence the concept is extremely nationalistic, but it contained an intellectual dynamic fraught with consequence for the future of human thought; for it applied to human experience the basic category of purpose, thereby bringing into history the teleological motif, from the influence of which history has never since been able completely to emancipate himself“[187].

Der Jahwist faßte sein Werk wahrscheinlich zwischen 950 und 900 v.Chr. ab[188]. Die bei ihm angelegte Konzeption der Linearität erhielt durch die Propheten eine wesentliche, in ihrem Rang gar nicht hoch genug einzuschätzende Komplementierung. Nach Auffassung wichtiger Propheten will Gott die Geschichte auf einen Punkt hinleiten, an dem seine Macht und damit die des jüdischen Volkes aller Welt offenbar wird. Machte der Jahwist vor allem die Erfüllung der Verheißungen Gottes in der Vergangenheit deutlich, so liegt ein Schwerpunkt der prophetischen Aussagen in der Zukunft[189]. Ein Höhepunkt dieser Ausrichtung sind die dem sog. Deutero-Jesaja zugeschriebenen Teile des Buches Jesaja, die zwischen 553 und 538 v.Chr. abgefaßt wurden[190]. Hier wird in anschaulichen Bildern (z.B. vom Weiden des Wolfs neben dem Lamm, vom Beifall der Berge, Hügel und Feldbäume, von der Flut der Kamele, die den Reichtum der Welt nach Jerusalem bringen[191]) ein Reich des Friedens ohne Ende ausgemalt. In diese Zukunftshoffnungen wird über das Volk Gottes hinaus die gesamte Menschheit einbezogen[192], wenn auch die dominierende Stellung Israels als Orientierungspunkt erhalten bleibt[193]. Die prophetischen Aussagen sind in einem Zusammenhang mit den Bedrängnissen der Zeit vor, während und nach dem Babylonischen Exil (597–538 v.Chr.) zu sehen und werden

---

187 Brandon, Time and Mankind, S. 83.

188 Vgl. O. Plöger, Jahwist, in: Kurt Galling (Hrsg.), Die Religion in Geschichte und Gegenwart, Bd. 3, 3. Aufl., Tübingen 1959, Sp. 517.

189 Vgl. Brandon, History, Time and Deity, S. 136.

190 Vgl. O. Kaiser, Jesajabuch, in: Kurt Galling (Hrsg.), Die Religion in Geschichte und Gegenwart, Bd. 3, 3. Aufl., Tübingen 1959, Sp. 606.

191 Vgl. Jes. 65, 25 sowie 55, 12 sowie 60, 6.

192 Vgl. z.B. ebd., 66, 18 ff. oder 55, 5.

193 Vgl. z.B. ebd., 59, 20 oder 62, 1 ff.

oft als Kompensation für die Leiden gedeutet[194]. Im Sinne dieser Deutung ist eine weitere Schärfung des teleologischen Konzepts im Buch Daniel verständlich, das um 200 v.Chr. verfaßt wurde, als das Spätjudentum durch die Seleukiden einer äußerst scharfen Verfolgung ausgesetzt war. Die Weltgeschichte wird im Buch Daniel als eine Abfolge von vier Reichen konzipiert. Den vier Weltreichen der Babylonier, Meder, Perser und Griechen wird sich das Reich Gottes anschließen[195]. Weiter wird der Zeitpunkt, an dem die endgültige Herrschaft Gottes anbricht, als unmittelbar bevorstehend gedacht. Es entsteht die sog. jüdische Apokalyptik. In diesem Zusammenhang werden Berechnungen durchgeführt, in denen unter Benutzung bestimmter symbolischer Zahlen wie 3, 4, 7, 10, 12 und 70 konkrete Angaben über das Ende der Periode der Bedrängnis und den Anbruch der Heilszeit vorgelegt werden[196].

Ernst Cassirer stellt der jüdischen Sicht der Zukunft Vorstellungen asiatischen religiösen Denkens gegenüber. Im Buddhismus wird die „Endlosigkeit des Werdens" betont. „Im Werden selbst kann es keinen Abschluß, kann es somit kein Ziel, kein Telos geben"[197]. Nach Marion W. Smith kennt man im Hinduismus eine unendlich ausgedehnte Zukunft der Seele. Diese Sicht der Zukunft kann nicht motivierend wirken. Selbst die Aussicht auf eine Reinkarnation in eine höher bewertete Position ist lediglich begrenzt handlungsbestimmend, da zwar die einzelne Seele, aber nicht das Selbstbewußtsein als überdauernd gedacht wird[198]. Nach Needham gibt es im chinesischen Denken signifikante Anzeichen für lineare Zeit[199]: Ein Fortschrittsdenken war früher entwikkelt als im Westen[200], aber ein konkretes Ziel der Geschichte ist nicht eindeutig erkennbar. Cassirer sieht als Zweck religiösen Bemühens im chinesischen Taoismus das ziellose Fortbestehen, die endlose Dauer. „Diese nichtwechselnde Zeit,

194 Vgl. z.B. Wendorff, S. 36 f.

195 Derartige Geschichtskonstruktionen fanden auch im Christentum viele Nachahmer und zeitigten bedeutsame Auswirkungen auf die Weltsicht breiter Bevölkerungskreise. Eine der einflußreichsten Geschichtsgliederungen wurde im 12. Jahrhundert von dem süditalienischen Abt Joachim von Fiore propagiert, der die Geschichte in drei Reiche entsprechend den drei Personen der Trinität aufteilte. Vgl. Wendorff, S. 175 ff. sowie Richard Jon Martin, Time and the Textures of Social Thought, phil. Diss. University of Massachusetts 1977, S. 71 ff.

196 Zur zeitlichen Dimension des Buches Daniel vgl. Anton Vögtle, Zeit und Zeitüberlegenheit im biblischen Verständnis, in: Helmut Hönl u.a., Zeit und Zeitlichkeit, Freiburg/B. 1961, S. 108 f.

197 Cassirer, S. 150 (Hervorhebung von „Endlosigkeit" bei Cassirer). Im Gegensatz zu Cassirer betont Nakamura den statischen Charakter der indischen Zeitvorstellungen, und er weist darauf hin, daß in den klassischen indischen Sprachen ein Wort fehlt, das genau mit dem englischen Verb „to become" korrespondiert. Vgl. Hajime Nakamura, Time in Indian and Japanese Thought, in: J. T. Fraser (Hrsg.), The Voices of Time, New York 1966, S. 77 ff. Allerdings widersprechen beide Interpretationen nicht der Annahme, daß indisches und jüdisches Denken bezüglich der Zukunftssicht divergieren.

198 Marion W. Smith, Different Cultural Concepts of Past, Present, and Future, in: Psychiatry 15 (1952), S. 397.

199 Vgl. Joseph Needham, Time and Knowledge in China and the West, in: J. T. Fraser (Hrsg.), The Voices of Time, New York 1966, S. 133 ff.

200 Ebd., S. 123 ff.

die das Substrat allen Wechsels bildet, wird vom chinesischen Denken erfaßt und im Bilde des Himmels und seiner immer wiederkehrenden Gestalten konkret angeschaut. Der Himmel herrscht, ohne zu wirken ... Das reine gleichartige *Verharren* im Sein ist die Regel, die Zeit und Himmel für den Menschen aufstellen"[201].

Brandon hat in seiner Schrift „Time and Mankind" überzeugend demonstriert, daß eine besonders ausgeprägte Zukunftsperspektive auch kein Spezifikum der Weltsicht im Vorderen Orient war, sondern nur im Judentum ausgebildet wurde. Weder im altägyptischen noch im mesopotamischen, griechischen oder römischen Kulturraum erreichte die Zukunftsperspektive die Bedeutung, die ihr im jüdischen Denken zukam[202]. Lediglich im persischen Zoroastrismus ist eine Zentrierung auf die Zukunft, in der der endgültige Sieg des Guten über das Böse erwartet wurde, festzustellen[203]. Jedoch erreichte die Zukunftsperspektive nie die überragende Bedeutung wie in der jüdischen Religion[204].

Die Rede vom kommenden Reiche in der Predigt Jesu fand wohl auch deshalb Anklang, weil damit ein Zentralthema jüdischen Denkens und jüdischer Sehnsüchte angesprochen war. Das frühe Christentum übernahm den Gedanken eines Ziels der Geschichte, das mit der Wiederkunft Christi erreicht sein sollte. Im Mithraskult, der lange Zeit einen wichtigen Rivalen des sich ausbreitenden Christentums darstellte, waren solche linearen Vorstellungen nur rudimentär vorhanden[205]. Die Wiederkunft wurde von den ersten Christen als unmittelbar bevorstehend gedacht. Als das Ende auf sich warten ließ, geschah – vor allem durch Paulus – eine Adaption der jüdischen Tradition, und Christus und die Christen wurden als ein Wendepunkt in der Heilsgeschichte gesehen, die auf das Ziel einer neuen Welt unter der Herrschaft Gottes ausgerichtet ist. Schon bei Paulus lassen sich auch chiliastische Vorstellungen nachweisen, die im Laufe der Kirchengeschichte immer wieder wirksam werden. Nach diesen Vorstellungen geht dem endgültigen Ausbruch der Gottesherrschaft ein 1000jähriges Reich Gottes auf Erden voran[206]. Markant werden beide Ziele in den letzten Kapiteln der Geheimen Offenbarung dargestellt.

4.3.5. Linearität in der Neuzeit und Tendenzen zu ihrer Abschwächung

Die Wiederkunft Jesu, die das Heil für die Gemeinschaft mit sich bringen sollte, verlor in der Geschichte des Christentums mehr und mehr an Bedeutung zugunsten des Heils für den einzelnen nach dem Tode als direktem Ziel. Die Lehre vom Fegefeuer ist in diesem Zusammenhang zu sehen. Nur in gesell-

---

201 Cassirer, S. 153 (Hervorhebung von Cassirer).

202 Vgl. Brandon, Time and Mankind, S. 27 ff.

203 Vgl. Brandon, History, Time and Deity, S. 140 ff.

204 Vgl. Cassirer, S. 148 f.

205 Vgl. H. Ogawa, The Concept of Time in the Mithraic Mysteries, in: J. T. Fraser u.a. (Hrsg.), The Study of Time III, New York – Heidelberg – Berlin 1978, S. 672.

206 Vgl. Wendorff, S. 85 f.

schaftlichen Ausnahmesituationen spielte die Vorstellung eines unmittelbar bevorstehenden Endes dieser Welt eine Rolle. Neben den eher transzendenten Zielpunkten der Geschichte erwies sich mit den Missionserfolgen des Christentums ein dritter völlig immanenter als anziehungskräftig. Dieser Endpunkt war die vollständige Ausbreitung des Christentums, die besonders in der Kirche des Mittelalters ein gedanklicher Mittelpunkt war[207].

Alle drei Prozesse zeugen von einer optimistischen Weltsicht: Am Ende wird das Gute siegen, sei es in Gestalt Christi, des geläuterten Christen oder des Christentums, in einem neuen Himmel und einer neuen Welt, im Jenseits oder in einem Reich Gottes auf dieser Welt. Diese positive Sicht wurde auch beibehalten, als das Ziel säkularisiert wurde, als in einem Rationalisierungsprozeß aus der Apokalypse die neuzeitliche Utopie aufstieg. Jene Persönlichkeiten, die Utopien ausarbeiteten, waren in der Regel vom Christentum distanziert, das in der Folge der reformatorischen Erbsündenlehren, die von einer grundsätzlichen, nicht mehr korrigierbaren Verderbtheit des Menschen ausgingen, und der jansenistischen Strömungen innerhalb des Katholizismus nicht mehr von einem Zukunftsoptimismus durchdrungen war[208]. Philosophen und frühe Soziologen wie Hegel und Marx, Condorcet und Comte übernahmen die bisher von der Theologie wahrgenommene Aufgabe der Interpretation des linearen Geschichtsverlaufs[209] und verstärkten so die den Utopien innewohnende Integrationskraft, die wohl deren wichtigste soziale Funktion darstellt, was sich vor allem bei der Übernahme utopischen Gedankenguts in eine aufstrebende oder faktisch dominierende Staatsphilosophie zeigt[210].

Neben den Utopien sind weitere Phänomene zu verzeichnen, in denen sich Linearität dokumentiert.

Zunächst werden ab dem 16. Jahrhundert in der Philosophie und den aufkommenden Naturwissenschaften Zeitkonzeptionen entwickelt, in denen die Linearität des Zeitverlaufs begrifflich gefaßt und ausdrücklich betont wird. Bereits 1602 hatte Francis Bacon in einer Schrift mit dem kurios klingenden Titel „Die männliche Geburt der Zeit" die Auffassung vertreten, die Zeit schreite linear fort[211]. Weitere wichtige Vertreter eines Linearismus waren Petrus Gassendi (1592–1655) und Isaac Barrow (1630–1677)[212]. Beide waren ebenso Mathematiker wie Isaac Newton, dessen 1687 vorgelegte Abhandlung über „absolute" und „relative" Zeit einen Höhepunkt der theoretischen Auseinandersetzung mit dem Phänomen „Zeit" darstellt.

---

[207] Vgl. Brandon, Time and Mankind, S. 171.

[208] Vgl. J. L. Russell, Time in Christian Thought, in: J. T. Fraser (Hrsg.), The Voices of Time, New York 1966, S. 73.

[209] Vgl. dazu Löwith, S. 242 ff.

[210] Eine hervorragende Beschreibung der wichtigsten utopischen Strömungen ist in Karl Mannheims Frühwerk „Ideologie und Utopie" enthalten. Vgl. Karl Mannheim, Ideologie und Utopie, Frankfurt/M., 5. Aufl. 1969, bes. S. 184 ff.

[211] Vgl. Wendorff, S. 233.

[212] Vgl. ebd., S. 235.

Zumindest analytisch muß der allgemeine Fortschrittsgedanke von der Utopie getrennt werden. Gewiß beziehen auch Utopien die Vorstellung vom Fortschritt mit ein, der aber zum ersehnten Zielpunkt der Geschichte führt. Was hier als „allgemeiner Fortschrittsgedanke" bezeichnet wird, ist eine ab dem 18. Jahrhundert wirksame Konzeption, die eng mit der Entwicklung der Wissenschaft und der Technik verknüpft ist und – das ist das Entscheidende – in der ein definiertes Ziel der Geschichte fehlt. Die Naturbeherrschung durch den Menschen und die moralische Perfektion des Menschen werden als unbegrenzt fortschreitend gedacht. Der allgemeine Fortschrittsgedanke ist dadurch viel weiter von den eschatologischen Vorstellungen christlich-jüdischer Provenienz entfernt als die Utopien[213]. Das Fehlen eines Zielpunkts zeigt eine Wende, die der Zeitbegriff in der Neuzeit nimmt. Es werden nicht immer Abschlüsse konzipiert: Zukunft heißt vielfach offene Zukunft[214]. Spätestens seit der Französischen Revolution ist diese Vorstellung manifest[215]. Offene Zukunft bedeutet gleichzeitig vollständig ungesicherte Zukunft. Dies ist eine Vorstellung, die, wenn sie nicht positiv besetzt werden kann, erhebliche psychische Belastungen zur Folge hat. Der Unterschied zwischen Utopie und allgemeiner Fortschrittsvorstellung zeigt sich auch in einem weiteren Kriterium. Die Fortschrittsvorstellungen gehen von der Machbarkeit der Zukunft aus, während bei Utopien vom Menschen nicht endgültig zu beherrschende Zwänge die Geschichte zu einem Zielpunkt hindrängen. Der „objektive Geist" etwa entfaltet sich nach Hegel zwangsläufig. Wie wieder am Beispiel Hegels deutlich wird, ist bei utopischen Konzeptionen, in denen dialektischem Denken Raum gegeben wird, die Linearität teilweise verdeckt. Bei der Annahme allgemeinen Fortschritts ist die Linearität deutlich konturiert.

Im 19. Jahrhundert gewann mit dem Historismus eine geistige Strömung bedeutendes Gewicht, zu deren Grundannahmen die Einzigkeit und Unwiederholbarkeit geschichtlicher Ereignisse gehört[216]. Diese historistische Grundannahme regte zur Vervollständigung der Rekonstruktion des Geschichtsverlaufs an; auch dadurch kam lineares Zeitverständnis zum Tragen.

War Linearität bis zur Neuzeit eine Zeitvorstellung gewesen, die vor allem auf die Geschichte und ihren Verlauf bezogen wurde, so wurde in den letzten beiden Jahrhunderten mehr und mehr auch das einzelne Menschenleben unter diese Perspektive gestellt. Mit der Leugnung der Unsterblichkeit der Seele und eines Lebens nach dem Tode, mit der Entwicklung und der weit verbreiteten Rezeption agnostizistischer und atheistischer Vorstellungen kam Linearität in

[213] Zu den Fortschrittskriterien und der Diskussion um die Verankerung des Fortgeschrittenen in der christlich-jüdischen Tradition vgl. ebd., S. 325 ff.

[214] Vgl. Niklas Luhmann, Funktion der Religion, Frankfurt/M. 1977, S. 100 sowie Niklas Luhmann, The Future Cannot Begin: Temporal Structures in Modern Society, in: Social Research 43 (1976), S. 132 f.

[215] Vgl. Luhmann, The Future Cannot Begin, S. 132. Vgl. ferner Reinhart Koselleck, Über die Verfügbarkeit der Geschichte, in: Ders., Vergangene Zukunft, Frankfurt/M. 1979, S. 266 f. Ebd. belegt Koselleck die Vorstellung einer offenen Zukunft schon bei Kant.

[216] Vgl. Reinhart Koselleck, Historia Magistra Vitae, in: Ders., Vergangene Zukunft, Frankfurt/M. 1979, S. 38–66.

den existentiell besonders erregenden Bereich des menschlichen Lebens, das als ein einmaliger Weg von der Geburt zum Tode angesehen wurde. Damit wurde Linearität mit einer negativen Konnotation verbunden. Der durch die Ablehnung der persönlichen Unsterblichkeit entstandene Verlust an Lebenssinn verlangte und verlangt nach Kompensation. Wie Gerhard Schmidtchen für die Bundesrepublik Deutschland feststellte, stehen mit dem Schwinden des Unsterblichkeitsglaubens stets verstärkte Bemühungen um Glück für alle auf dieser Erde im Zusammenhang. Damit erhält z.B. die Konzeption des Wohlfahrtsstaates einen tieferen Sinn. „Hier wird auch die Schwelle sichtbar, an der dieser Wohlfahrtsstaat sakralen Charakter annimmt. Diese Ordnung nicht herbeiführen zu wollen oder, wenn sie etabliert ist, der Verstoß gegen seine Ordnung sind zugleich Angriffe auf das Letzte, auf die letzten Glücksmöglichkeiten der Menschen, Angriffe auf eine Heilsinstitution“[217].

Aber der Pessimismus in der Betrachtung des Zeitablaufs griff auch, z.T. schon relativ früh, auf das Feld kollektiver Hoffnungen über. Man muß mehrere Faktoren unterscheiden, die den optimistischen Glauben an eine stets besser werdende Zukunft, an ein positives Ziel der Geschichte zutiefst erschütterten. Dazu gehören die Theorien Darwins über die Entstehung der Arten, aber auch die neueren Vorstellungen der Astrophysiker über den linearen Ablauf des Geschehens im Weltall seit dem „big bang“[218]. Eindeutig wird in der Evolutionstheorie Darwins kein göttlicher Plan und kein Telos ersichtlich[219]. Heute haben sich die Vorstellungen Darwins über die Entstehung der Arten weitgehend durchgesetzt. Von dieser Warte ist der Umfang der Widerstände gegen den Darwinismus und den durch ihn erzeugten Sinnverlust kaum vorstellbar. Selbst der so aufgeklärt und überlegen wirkende George Bernard Shaw schrieb: „Wenn bewiesen werden könnte, daß das gesamte Universum durch solche Zuchtwahl entstanden ist, dann könnten nur Narren und Halunken das Leben noch ertragen“[220]. Widerstand wurde der Evolutionstheorie von allen sinngebenden Institutionen entgegengesetzt, die ein Ziel der Geschichte annahmen. Toulmin und Goodfield, die die Geschichte dieser Widerstände skizziert haben, bemerken dazu: „Das Element des Zufälligen, Gelegentlichen im Darwinismus war den Marxisten ebenso zuwider wie den naiveren Christen“[221]. Die Ablehnung der Evolutionstheorie Darwins erfolgte im Christentum und im Marxismus mit unterschiedlichen Schwerpunkten. Voraussetzung für eine christliche Rezeption

---

[217] Gerhard Schmidtchen, Protestanten und Katholiken, 2. Aufl., Bern – München 1979, S. 328.

[218] Zum „big bang“ vgl. Friedrich L. Boschke, Und 1000 Jahre sind wie ein Tag, München 1979, S. 62 f.

[219] Vgl. Brandon, Time and Mankind, S. 184; F. C. Haber, The Darwinian Revolution in the Concept of Time, in: J. T. Fraser u.a. (Hrsg.), The Study of Time, Berlin – Heidelberg – New York 1972, S. 383–401, bes. S. 385 und 400 f. sowie Jill S. Quadagno, Paradigms in Evolutionary Theory: The Sociobiological Model of Natural Selection, in: American Sociological Review 44 (1979), S. 102.

[220] Nach: Stephen Toulmin und June Goodfield, Entdeckung der Zeit, München 1970, S. 267 (bei Toulmin und Goodfield keine Quellenangabe).

[221] Ebd., S. 274.

war eine allegorische Auslegung des Schöpfungsberichts. Bezüglich der Vergangenheitssicht werden von den Marxisten keine gravierenden Einwände gegen die darwinistische Evolutionstheorie vorgebracht. Schon Marx hatte Parallelen zwischen Darwins Überlegungen und seinen eigenen Vorstellungen über den Verlauf der Geschichte gezogen[222]. Aber was das Ziel der Geschichte betrifft, sind die Darwinschen Prämissen eher mit dem Christentum als mit dem Marxismus vereinbar. Das christliche Telos ist „nicht von dieser Welt", während das marxistische „Paradies" auf derselben Erde entstehen soll, wo Zufall und Auslese die Prinzipien der Evolution darstellen.

Desorientierung könnten auch die heute diskutierten Thesen über die Entstehung sowie die Ausdehnung und den voraussichtlichen Zusammenfall des Universums hervorrufen. Der Mensch ist, wenn man diese Thesen akzeptiert, eine Episode in einem Prozeß, der unerbittlich nicht nur der Abkühlung dieser Erde, sondern auch dem Ende des Universums entgegenführt. Positive Ziele für die Menschheit sind weder in dieser Konzeption noch in den mit ihr konkurrierenden[223] enthalten. Doch haben diese Forschungsergebnisse bei weitem nicht soviel Resonanz gefunden wie die Darwinschen Theorien. Boschkes Beurteilung scheint zutreffend zu sein: „Wir wissen jetzt um die Vergänglichkeit auch des Alls. Es wird noch lange dauern, bis wir begreifen, was das bedeutet und wie wir das Bild unserer Existenz in der Zeit umbauen müssen"[224].

Als weiteren Faktor, der zum Niedergang des Fortschrittsoptimismus beitrug, sieht Schwonke die „Erschöpfung des irdischen Expansionsraums"[225] gegen Ende des 19. Jahrhunderts, die beispielsweise bei der Besiedlung der USA bewußt wurde. Nicht alle Menschen waren von dieser Erfahrung betroffen. Aber es gab auch Erlebnisse, denen sich niemand entziehen konnte und die den Pessimismus zu einer weitverbreiteten Lebensstimmung machten. Erlebnisse, die in dieser Richtung besonders tief wirkten, waren die beiden Weltkriege in diesem Jahrhundert, die für viele den Rückschritt in die Barbarei bedeuteten; das Grauen und das Elend der Jahre von 1914–1918 und von 1939–1945 ließen den Gedanken an steten Fortschritt verblassen. Gefühle der Unsicherheit blieben auch nach dem Wiederaufbau zurück, die durch die Entwicklung der Atomwaffen nach dem zweiten Weltkrieg noch verstärkt wurden[226].

Der erste Weltkrieg könnte eine Art endgültiger Wendepunkt in Richtung auf ein düsteres Zukunftsbild gewesen sein. Ein Indiz dafür ist die Faszination, die danach von Spenglers und Toynbees Vorstellungen eines zyklischen Ge-

---

[222] Vgl. Wendorff, S. 413 f.

[223] Vgl. Toulmin und Goodfield, S. 298 ff.

[224] Boschke, S. 67.

[225] Vgl. Martin Schwonke, Vom Staatsroman zur Science Fiction, Stuttgart 1957, S. 131.

[226] Vgl. dazu u.a. Herbert Marcuse, Der eindimensionale Mensch, 2. Aufl., Neuwied – Berlin 1967, S. 11, 259 sowie Müller, S. 25. Müllers Schrift enthält auch eine „Liste solcher Katastrophen" wie „Hungerkatastrophe ... Wasserkatastrophe ... Energiekatastrophe ... Bildungskatastrophe ..." usw. (ebd., S. 28), die die Gegenwart als krisenhaft erscheinen lassen.

schichtsverlaufs ausging[227]. Worin liegt letztlich diese Faszination des Zyklischen? Zyklische Vorstellungen stellen eine Basis dar, die es dem einzelnen leichter macht, Vertrauen zu entwickeln, durch das „die Komplexität der zukünftigen Welt reduziert"[228] wird und aus dem heraus die Gegenwart entschlossen bewältigt werden kann. Von Brandt charakterisiert treffend das Erleben des Zyklischen: „Der Mensch ist geborgen in diesem Kreislauf"[229]. Er ist nicht Überraschungen und drängenden Entscheidungen ausgesetzt. Der Mensch in modernen Gesellschaften, der dauernden Wandel erlebt und vollzieht, braucht Marksteine der Wiederkehr als ruhende Stellen in einem dauernden Fluß der Veränderungen. Von Brandt sieht auch in der Einführung von Jubiläen als Feiern zur Wiederkehr von vergangenen Ereignissen „einen sehr merkwürdigen Versuch des gesellschaftlichen Unterbewußtseins ... aus der Gefährdung durch den immer rasenderen linearen Zeitablauf in die Geborgenheit der zyklischen Zeit zurückzukehren"[230]. So ist also zyklische Zeit nicht nur ein Überbleibsel in unserem Bewußtsein, das als Rudiment gerade noch zum notdürftigen Beleg der Kumulationsthese dienen kann. Zyklische Zeit ist im Gegenteil sowohl auf Grund des Alltagserlebens unserer Umwelt als auch auf Grund seiner Stabilität und Sicherheit verleihenden und damit auch die Identität des einzelnen stützenden Funktionen eine mächtige Formation in unserem Bewußtsein.

4.4. Die Dimension: Gegenwart – Vergangenheit – Zukunft

4.4.1. Grundsätzliche Bestimmungen zu Gegenwart, Vergangenheit und Zukunft und wichtige soziale Ausformungen der drei Perspektiven

4.4.1.1. Gegenwart

Die Gegenwart ist exklusiv die sensuelle Zeit[231], sie ist die Zeit der Erfahrung und Entscheidung[232], die Zeit, derer wir uns bemächtigen können[233]. Daher erscheint es auch in gewisser Weise plausibel, wenn George Herbert Mead sie in einzigartiger Weise mit der Realität verknüpft sehen will. „... reality

[227] Vgl. Oswald Spengler, Der Untergang des Abendlandes, München 1923 sowie Arnold J. Toynbee, A Study of History, 12 Bde., London 1943–1961. Im Vorwort zur 1. Auflage zeigt Spengler selbst Bezüge zum 1. Weltkrieg auf. Eliade nennt mit T. S. Eliot und James Joyce zwei Autoren der Weltliteratur, in deren Werken „das Verlangen nach dem Mythos der ewigen Wiederholung" zum Ausdruck kommt (Eliade, Der Mythos der ewigen Wiederkehr, S. 219).

[228] Niklas Luhmann, Vertrauen, Stuttgart 1968, S. 18.

[229] von Brandt, S. 726.

[230] Ebd., S. 728.

[231] Vgl. Whorf, S. 84.

[232] Vgl. R. M. MacIver, The Challenge of the Passing Years, New York 1962, S. 10 sowie G. L. S. Shackle, Decision, Order and Time, Cambridge 1961, S. 42.

[233] Treffend kommt dies in folgender Stelle aus dem Gedicht „Betrachtung der Zeit" des Barockdichters Paul Fleming zum Ausdruck: „Mein sind die Jahre nicht, die mir die Zeit genommen, Mein sind die Jahre nicht, die etwa möchten kommen, Der Augenblick ist mein ..." (Fassung in: Johannes von Guenther (Hrsg.), Religiöse Lyrik des Abendlandes, Frankfurt/M. 1958, S. 164).

exists in a present. The present of course implies a past and a future, and to these both we deny existence"[234]. Doch ist Gegenwart auch insofern eine eigentümliche Zeitform, als ihr, im Gegensatz zu Vergangenheit und Zukunft, jede Ausdehnung fehlt. Sie ist ein extrem schmaler, sich aus der Vergangenheit in die Zukunft bewegender Grat zwischen den beiden anderen Perspektiven der Zeit[235]. Sie ist „unfaßbar" in einem doppelten Sinne. Gegenwart ist keine mathematisch bestimmbare Größe, sondern sie wird subjektiv wahrgenommen als ein Erlebnismoment[236]. Aber sie ist auch dadurch unfaßbar, daß ein erlebter Moment, wenn er gedacht wird, nicht mehr Gegenwart, sondern schon Vergangenheit ist.

Mit dieser Bestimmung der Gegenwart als einem Erlebnismoment ist eine Abgrenzung nach zwei Seiten gegeben. Psychologen und Physiologen versuchten, Gegenwart als die kürzestmöglichen Wahrnehmungen zu bestimmen. Aber es erscheint für unseren Zusammenhang nicht angebracht, Gegenwart gleichzusetzen mit visuellen Eindrücken, die etwas länger als 1/10 Sekunde wahrgenommen werden, und akustischen und taktilen Eindrücken, die etwas länger als 1/1000 Sekunde dauern; solche Eindrücke – so wurde experimentell festgestellt – werden unterschieden, als nicht gleichzeitig erlebt[237]. Dergleichen Konstrukte[238] von „Zeitpunkten" sind – im Gegensatz zu den Einheiten der Uhrzeit – für das soziale Leben weitgehend belanglos. Gegenwart sind Elemente unseres Erlebens, die nicht in Sekunden oder deren Bruchteilen festlegbar sind. Hier sind insbesondere der Wechsel der Tätigkeiten sowie der wahrgenommenen Gegenstände und Ereignisse, ferner auch der Aspektwechsel bei der Wahrnehmung von Gegebenheiten, sind Elemente des Beurteilens, Vergleichens, Erinnerns usw. von ausschlaggebender Bedeutung.

Die hier vertretene Festlegung von Gegenwart steht auch im Gegensatz zu einer Position, nach der eine Begebenheit in toto als gegenwärtig klassifiziert wird. Diese Auffassung vertreten u.a. zwei soziologisch orientierte Autoren: George Herbert Mead und Ossip K. Flechtheim. Mead schreibt über die Dauer der Gegenwart: „The stretch of the present within which this self-consciousness finds itself is delimited by the particular social act in which we are engaged"[239].

---

[234] George Herbert Mead, The Philosophy of the Present, hrsg. von Arthur E. Murphy, London 1932, S. 1.

[235] Boschke nennt die Gegenwart sogar „eine Fiktion, . . . jene Null-Zeit, in der aus Vergangenheit Zukunft wird" (Boschke, S. 130).

[236] Vgl. MacIver, S. 12 ff.

[237] Vgl. Jiri Kolaja, Social System and Time and Space, Pittsburgh 1969, S. 8.

[238] Über verschiedene und divergierende Versuche, die Gegenwart zu bestimmen, vgl. auch Wendorff, S. 481 f. sowie Georges Schaltenbrand, Consciousness and Time, in: Roland Fischer (Hrsg.), Interdisciplinary Perspectives of Time, New York 1967 (Annals of the New York Academy of Sciences 138/2), S. 633 f. Bei Schaltenbrand finden wir auch Angaben über die längsten Dauern, die bei solchen Versuchen als Gegenwart betrachtet werden. Die Obergrenze scheint bei höchstens 12 Sekunden zu liegen. Vgl. dazu Schaltenbrand, S. 634.

[239] Mead, S. 87.

So ist für ihn der Gang zu einer Verabredung eine einheitlich in der Gegenwart ablaufende Handlung[240]. Noch weiter gedehnt ist die Gegenwart nach Auffassung Flechtheims. Flechtheim vertritt eine rollentheoretisch fundierte Vorstellung der Gegenwart. Gegenwart wird „als ein echter Zeitraum, in dem der Mensch sinnvoll handelt und lebt“[241], bezeichnet. Dieser Zeitraum ist entsprechend den verschiedenen Rollen, die der einzelne spielt, unterschiedlich lang. Im Falle des Privatmanns dauere die Gegenwart Wochen oder nur Tage, bei Sozialwissenschaftlern bisweilen sogar mehrere Jahre.

Die Bestimmung der Gegenwart als eines Erlebnismomentes steht also sowohl gegen die – um es auf eine Formel zu bringen – Mikrogegenwart von Psychologen und Physiologen als auch gegen die Makrogegenwart eines Mead oder Flechtheim. Diese Festlegung stimmt zunächst im großen und ganzen mit dem Alltagsverständnis überein. Diese Übereinstimmung sah wohl auch Mead als Problem für seine Konzeption. So unterscheidet er die Gegenwart, wie er sie begreift und die er als funktional („functional present“[242]) bezeichnet, von der trügerischen Gegenwart („specious present“[243]), wie sie als Gegenwart im Alltagsverständnis auftritt. Bei dem von ihm gewählten Beispiel verläuft der gesamte Weg zu der Verabredung in der Gegenwart, das Wahrnehmen eines Geräusches auf dem Wege, das den Gehenden irritiert, ist ein Fall solch trügerischer Gegenwart. Auch Luhmann kennt im Rahmen seiner Analyse von Handlungssystemen zwei Arten von „Gegenwart“. „Irreversibelmachen ist die Leistung der Gegenwart. Wenn ein Handlungssystem Irreversibilität produzieren, Irreversibilität aber auch aufhalten kann, muß es mithin über *zwei verschiedene Arten von Gegenwart* verfügen können: über eine *punktuelle Gegenwart*, in der unaufhörlich und unaufhaltsam Zukunft zur Vergangenheit wird, und eine *dauernde Gegenwart* (specious present), die Zukunft und Vergangenheit stärker distanziert, in der man sich aufhalten und gegebenenfalls aushandeln kann, was werden soll“[244]. Prinzipiell sind also für Luhmann beide Gegenwarten gleicherweise akzeptiert und notwendig, wenn auch gewisse Anhaltspunkte dafür vorliegen, daß die punktuelle Gegenwart die „eigentliche“ Gegenwart ist. U.a. kommt ihr allein die gegenwartskonstituierende Funktion des Irreversibelmachens zu[245]. Es erstaunt jedoch, daß er der dauernden Gegenwart den Meadschen Terminus „specious present“ zuordnet, obwohl Mead diesen Begriff zur Bezeichnung kurzer Momente innerhalb des „functional present“ geprägt hatte.

Die hier getroffene Festlegung auf Gegenwart als Erlebnismoment ermöglicht die Erfassung von ausgezeichneten Zeitpunkten, von Wendepunkten im

---

240 Vgl. ebd., S. 88.

241 Vgl. Ossip K. Flechtheim, Möglichkeiten und Grenzen einer Zukunftsforschung, in: Deutsche Rundschau 89, Dez. 1963, S. 40.

242 Mead, S. 88.

243 Schon ebd., S. 1 findet man diesen in der Auseinandersetzung mit dem Philosophen Whitehead geprägten Begriff.

244 Niklas Luhmann, Temporalstrukturen des Handlungssystems – Zum Zusammenhang von Handlungs- und Systemtheorie, in: Wolfgang Schluchter (Hrsg.), Verhalten, Handeln und System, Frankfurt/M. 1980, S. 41 f.

245 Vgl. dazu auch ebd., S. 43 und 45.

Sinne einer Bekehrung, in der es dem Betroffenen „wie Schuppen von den Augen fällt", oder des Aufblitzens einer Idee, die als ein „heureka" lange verfolgte Probleme löst. Dies sind weiter Augenblicke, in denen nach einer „Enthüllung" die Vergangenheit in gänzlich neuem Licht gesehen wird oder nach deren Durchleben die Zukunft gänzlich neue Perspektiven bietet. Natürlich ist Gegenwart im Normalfall viel weniger bedeutungsvoll; es überwiegt Routine. Selbst die alltäglichen Überraschungen sind noch nicht mit den Wendepunkten zu vergleichen, die oben charakterisiert werden sollten. Aber sowohl Routine wie Überraschungen als auch Wendepunkte haben soziale Bedeutung, letztere erreichen bisweilen sogar weltgeschichtliche Dimensionen.

4.4.1.2. Vergangenheit

Die Gegenwart ist die Dimension, *in* der wir leben, nicht aber die, *aus* der wir leben. Jedes Erlebnismoment steht in einem Zusammenhang, der nahe und ferne Vergangenheit, nahe und ferne Zukunft einbezieht. Die beiden Pole der Vergangenheit werden insofern in Gegenwart einbezogen, als ein bestimmtes Erlebnismoment in das Ganze einer Situation eingebettet ist, aber auch durch Sprache interpretiert wird, die in einer langen Kulturgeschichte erwachsen und mit einem spezifischen Sinn durchtränkt ist[246]. Vereinzelt können selbst durch die Phylogenese überkommene Verhaltensmuster, die sog. Instinktresiduen, in das Augenblickserlebnis hineinspielen. Im Rahmen dieser Extreme lassen sich verschiedene Formen von Vergangenheit feststellen. Edmund Husserl hat den Begriff der Retention für den Nachhall eines Eindrucks im Bewußtsein (der „Urimpression"[247]) geprägt und sehr detailliert das Noch-Präsent-Sein dieses Nachhalls im Laufe der Erfassung neuer Erlebnismomente beschrieben[248]. Retentionen vorangegangener Wahrnehmungen als Bestandteile der allerjüngsten Vergangenheit wirken in verschiedenen Abschattierungen in die Gegenwart hinein. In der Retention setzt schon die Veränderung der Gegenwart ein, die nachhallt. Diese Änderungen werden noch viel deutlicher in der Erinnerung im üblichen Sinne des Wortes, die Husserl aber als „sekundäre Erinnerung" von der Retention als „primäre Erinnerung"[249] absetzt. Retention als primäre Erinnerung verlangt den Zusammenhang des Erlebnisses, sie ist ein „Kometenschweif, der sich an die jeweilige Wahrnehmung anschließt"[250]. Die sekundäre Erinnerung dagegen ist erst möglich, wenn die Retention abgeklungen ist. Durch den Einbezug der (nach Husserl „sekundären") Erinnerung in ein Erlebnismoment wird die Wahrnehmung zu bisher Wahrgenommenem in Bezug gesetzt und kategorisiert. Das damit oft verbundene fast zwanghafte Vergleichen wird uns in den Momenten bewußt, in denen uns der Einreihungsprozeß nicht auf Anhieb

---

[246] Vgl. dazu auch Anthony Giddens, Time and Space in Social Theory, in: Joachim Matthes (Hrsg.), Lebenswelt und soziale Probleme, Frankfurt/M. – New York 1981, S. 93.

[247] Edmund Husserl, Zur Phänomenologie des inneren Zeitbewußtseins, hrsg. von Rudolf Boehm, Haag 1966, S. 29.

[248] Vgl. ebd., S. 29 ff.

[249] Ebd., S. 35.

[250] Ebd.

gelingt und wir uns fragen: Wo hast du derartiges schon erlebt? Mit wem? usw. Eindrücke verbinden sich häufig mit Erinnerungen so fest, daß sie als Ganzes empfunden werden. Oft fragen wir uns erst im nachhinein, warum wir bestimmte Wahrnehmungen mit bestimmten Erinnerungen verbinden, z.B. einen Farbton mit einer Person, eine extravagante Form mit einem bestimmten Ort, den Geschmack einer Speise mit einer bestimmten Situation.

Halbwachs zieht im Rahmen seiner Überlegungen zum kollektiven Gedächtnis die Grenze zwischen Gedächtnis als Quelle der Erinnerung und Geschichte, die die nächste Schicht von Vergangenheit bildet. „Man sagt bisweilen, die Geschichte interessiere sich für die Vergangenheit und nicht für die Gegenwart. Die wirkliche Vergangenheit ist jedoch für sie das, was nicht mehr innerhalb des Bereiches liegt, auf den sich noch das Denken der gegenwärtigen Gruppen erstreckt. Es scheint, als müsse sie warten, bis die alten Gruppen verschwunden sind, bis ihr Denken und ihr Gedächtnis verlöscht sind, um sich damit beschäftigen zu können, das Bild und die Reihenfolge der Ereignisse festzulegen, die aufzubewahren nun sie allein fähig ist“[251]. Geschichte in diesem Sinne ist ein dem gegenwärtigen Leben relativ fernes Kulturprodukt, ein Gebiet für Spezialisten, das sich mit dem befaßt, was weitgehend außerhalb unseres Gesichtskreises geraten ist[252]. Geschichte nach dem Verständnis von Halbwachs wird vor allem über Bildung in die Gegenwart getragen. Die Nennung bestimmter Städte, das Gewahrwerden von historischen Bauwerken ruft oft Assoziationen hervor, die auf historischem Wissen beruhen. Ein mehr oder weniger fundiertes Schulwissen über geschichtliche Ereignisse[253] wird vor allem durch Beiträge in den Massenmedien aktiviert[254].

Von der Geschichte in diesem Sinne ist die Tradition zu unterscheiden, die als kulturspezifische Übernahme von Sichtweisen nicht primär auf Datierung bezogen wird und bezogen werden kann[255]. Unsere Auffassung von Tradition kommt der Evans-Pritchards sehr nahe, der ausführt: „Traditions have, consequently, a position in structure but no exact position in time as we understand it“[256]. Zwar scheint die Menge an neuen Informationen, mit denen wir ständig konfrontiert werden, die Bedeutung der Tradition für den modernen Menschen geringer werden zu lassen. Doch diese Dimension der Kulturgeschichte ist

[251] Maurice Halbwachs, Das kollektive Gedächtnis, Stuttgart 1967, S. 100.

[252] Vgl. ebd., S. 67.

[253] Als Beispiel für viele Auseinandersetzungen über die Qualität des Geschichtsunterrichts vgl. Ludwig von Friedeburg und Kurt Hübner, Das Geschichtsbild der Jugend, München 1964.

[254] Vgl. dazu Klaus Heinemann und Peter Ludes, Zeitbewußtsein und Kontrolle der Zeit, in: Kurt Hammerich und Michael Klein (Hrsg.), Materialien zur Soziologie des Alltags, Opladen 1978 (Sonderheft 20 der Kölner Zeitschrift für Soziologie und Sozialpsychologie), S. 223 sowie Leonard W. Doob, Patterning of Time, New Haven – London 1971, S. 62.

[255] Die Datierung sieht auch Georg Simmel als eine grundlegende Komponente der historischen Dimension an. Vgl. Georg Simmel, Das Problem der historischen Zeit, Berlin 1916, S. 3 und 14.

[256] Evans-Pritchard, S. 215.

auch bei der Strukturierung des Neuen im Spiel, sie durchdringt jede Wahrnehmung. Schon die Wahrnehmung, ob etwas gelb oder grün ist, ist traditionell[257].

Das aus der Tradition Übernommene kann mythisch überhöht werden, wenn eine Wahrnehmung sich auf etwas bezieht, das die Götter in Urzeiten zum ersten Male taten und es dadurch heiligten. Mythen können weitgehend etwas schildern, das die Lebenden im Alltag nicht betrifft. Das kommt häufiger bei Vollendungs- als bei Ursprungsmythen vor. In Gesellschaften, in denen zyklische Vorstellungen das Denken beherrschen, wirken Mythen intensiv in das Alltagsgeschehen hinein und bilden Konnotationen zu Wahrnehmungen.

Diese Darstellung der Bezüge der Vergangenheit zur Gegenwart bietet gleichzeitig eine Gliederung der Vergangenheit. Retention, Erinnerung, Geschichte, Tradition und Mythos sind wichtige Abstufungen.

4.4.1.3. Zukunft

Die Vergangenheit bestimmt die Gegenwart, die Gegenwart ist ohne objektiven Einfluß auf die Vergangenheit. Die Einflüsse zwischen Gegenwart und Zukunft jedoch sind zweiseitig: Die Zukunft beeinflußt die Gegenwart, die Gegenwart wirkt in die Zukunft. Die Vergangenheit als abgelaufenes Geschehen ist bestimmt, nicht mehr änderbar. Die Zukunft ist unbestimmt. Zukunft ist nicht das Feld der Fakten, sondern – wird sie absichtsvoll ins Auge gefaßt – das Feld der Pläne und Ziele oder – wird sie passiv hingenommen – des unvermeidlichen Schicksals oder – kategorisiert nach dem Grad des Interesses – der Erwartungen, Hoffnungen und Sehnsüchte[258].

Nur selten sind wir völlig absichtslos in unseren Erinnerungen befangen, daß nur die Vergangenheit das momentane Erleben beherrscht. Und noch seltener, z.B. bei ästhetischen Erlebnissen, sind wir von Eindrücken so gefesselt, daß wir ganz im Aufnehmen des Eindrucks verharren, uns nur dem momentanen Erleben hingeben. Kolaja nennt diese Form des Erlebens Einschichtgegenwart („one-layer-present"[259]), wobei er die Einflüsse verschiedener Vergangenheiten vernachlässigt, die Voraussetzungen solchen Erlebens sind. In der Regel ist die Gegenwart auf die nächste Zukunft gerichtet. Die Gerichtetheit gegenwärtiger Handlungen, Überlegungen und Gefühle kommt nach Husserl zumindest in der allgemeinen Vorstellung: „Es wird weitergehen" zum Ausdruck. Solche Vorstellungen sind „Protentionen, die das Kommende als solches leer konstituieren und auffangen, zur Erfüllung bringen"[260]. Meist aber steht die Gegenwart in

---

[257] Vgl. Ludwig Reiners, Stilkunst, München 1961 (zuerst 1943), S. 3 ff.

[258] Zu den verschiedenen Möglichkeiten, die Zukunft analytisch zu gliedern, vgl. G. Trommsdorf und H. Lamm, An Analysis of Future Orientation and some of its Social Determinants, in: J. T. Fraser and N. Lawrence (Hrsg.), The Study of Time II, Berlin – Heidelberg – New York 1975, bes. S. 344–349 sowie Wendell Bell und James A. Mau, Theory and Research Strategies, in: Dies. (Hrsg.), The Sociology of the Future, New York 1971, S. 24.

[259] Kolaja, S. 9.

[260] Vgl. Husserl, S. 52.

einem Prozeß, dem eine Absicht zugrunde liegt. Das Jetzt ist dann auf ein Ziel bezogen und wird von diesem Ziel verstanden. Dieses Ziel kann sehr nahe liegen, aber als naheliegendes Teilziel einem größeren Ziel untergeordnet sein. Dem Erlebenden können sowohl Teil- als auch Globalziele präsent sein. Man kann von Zielhierarchien auch in zeitlicher Hinsicht sprechen. Ein Gläubiger etwa, eine Person mit potentiell weiter Zukunftsperspektive, kann ein Gebet sprechen, um damit eine momentan geforderte Pflicht zu erfüllen, um Hilfe für das Gelingen eines langfristigeren Unternehmens zu erbitten, um seine Seele nach dem Tode zu retten, um zur Verwirklichung des Heilsplans Gottes beizutragen. Mit letzterem ist auch eine Grenze der Perspektive aufgezeigt, nämlich das in mythischen Vorstellungen erfaßte Ende dieser Erde oder gar des Kosmos. Trotz der Möglichkeit, Zielhierarchien aufzustellen, läßt sich Zukunft nicht so detailliert gliedern wie die Vergangenheit. Lebenspläne sind stets vager und auch lückenhafter als die Erinnerungen, und die Vorstellungen der Futurologen wie der wirtschaftlichen Planer oder scenarios der politischen Planungsstäbe sind kein vergleichbares Pendant zur Geschichtsschreibung. Diese Vagheit steht wiederum im Zusammenhang mit dem Bewußtsein, daß Zukunft anders sein wird, als sie geplant und gehofft wird. Aber Vagheit und Lückenhaftigkeit der Zukunftsvorstellungen wirken auch bei den mit Sicherheit eintretenden Enttäuschungen entlastend und geben Raum für neue Hoffnungen frei.

4.4.2. Zur Ausfaltung der Zeitperspektiven im Laufe der Hominisation

Wir haben die Weite von Vergangenheit und Zukunft aus der Warte des modernen Menschen dargestellt. Der Anthropologe Robert J. Maxwell vertritt die These, daß sich im Laufe der Hominisation die Ausfaltung der Zeitperspektiven vollzogen hat[261]. Er versucht, diese These vor allem mit Hinweisen auf Ausgrabungsbefunde zu belegen.

Die Australopitecinen, die vor ca. 1,5 Millionen Jahren in Südafrika lebten, planten nur auf relativ kurze Zeiträume hin. Das schließt Maxwell aus der Art ihrer Steinwerkzeuge: Sie stellten ausnahmslos Werkzeuge durch Absplittern und Abschlagen und nicht durch Schleifen her, obwohl das Absplittern eine Technik ist, die mehr Geschicklichkeit erfordert als das Schleifen. Aber zum Absplittern braucht man ungleich weniger Zeit als zum Schleifen, und das war der entscheidende Faktor angesichts eines Zeitbewußtseins mit äußerst begrenztem Zukunftshorizont. Der Pekingmensch, der vor ca. 350 000 Jahren lebte, legte feste Feuerstellen an. Daran zeigte sich, daß es ihm möglich war, die Dunkelheit und die Kälte der Nacht gedanklich zu antizipieren. Ferner gehört zum Unterhalten eines Feuers eine ganze Reihe von Planungsmaßnahmen: Bestimmung einer geeigneten Feuerstelle, die vor Regen und Wind geschützt ist, Begrenzen des Feuers, Bereitstellen von Brennmaterial usw. Beim Neanderthaler (ab etwa vor 180 000 Jahren) finden wir zum ersten Mal in der Menschheits-

261 Vgl. Maxwell, S. 43.

geschichte den Brauch, die Toten zu begraben. Dieser Brauch, bei dem die Toten zuvor durch Färben des Körpers für die Bestattung vorbereitet wurden, ist – so Maxwells Spekulation – im Zusammenhang mit dem Bewußtsein des einzelnen zu sehen, daß er auch einmal sterben muß. Dadurch wird der Zeithorizont auf das gesamte Leben des Individuums ausgeweitet. Maxwell geht allerdings nicht auf den schon zu jener Zeit üblichen Brauch ein, den Toten mit Grabbeigaben zu versehen. Denn Grabbeigaben signalisieren recht deutlich, daß über das menschliche Leben hinaus Verwendungsmöglichkeiten für die Gegenstände gesehen werden, daß also ein Weiterexistieren nach dem Tode angenommen wird[262], was eine zusätzliche Ausdehnung der Zeitperspektive in die Zukunft bedeutet. Für eine erhebliche Ausweitung der Zeitperspektive in die Vergangenheit, die der Vorstellung eines Weiterlebens nach dem Tode entspricht, fehlen uns entsprechende archäologische Befunde. Eine derartige Ausfaltung der Vergangenheitsdimension läßt sich erst in den Schriftkulturen nachweisen. Sie findet sich fast überall schon in den in ältesten schriftlichen Zeugnissen vorfindbaren Mythen über die Entstehung der Welt, der Götter und der Menschen. Sie ist aber, wenn man die seit Spencer übliche Repräsentation früher Gesellschaften durch heute noch existierende Naturvolkgesellschaften akzeptiert[263], schon für vorangehende Kulturstufen anzunehmen. Oft sind in solchen Mythen ganze Pläne für die gesamte Zeit des Bestehens des Universums enthalten. So waren schon früh in der Menschheitsgeschichte alle drei Zeitdimensionen bewußtseinsmäßig erfaßt. Gewisse Regelmäßigkeiten bei Steinwerkzeugen etwa deuten das Einbeziehen vergangener Erfahrungen in das aktuelle Handeln an. Vergangenheit, Gegenwart und Zukunft sind als Erinnerung, Erlebnis und Planung gewissermaßen anthropologische Konstanten. Dafür spricht auch das Indiz, daß es in allen bekannten Sprachen – es sind ca. 4000 – möglich ist, die drei Tempora auszudrücken[264]. Aber auch schon relativ früh in der Menschheitsgeschichte sind in Riten, vor allem aber in Mythen die für den einzelnen wie für die Gesellschaft denkbaren Grenzen der Vergangenheit und Zukunft abgesteckt worden. Damit sind wir zu einer Hypothese gelangt, die im Gegensatz zu der Maxwellschen steht, nach der sich die Zeitperspektive im Laufe der Menschheitsgeschichte immer weiter in die Vergangenheit und Zukunft geschoben hat[265]. Die Weiterentwicklung des Zeitbewußtseins bezog sich aber

[262] Vgl. dazu auch Brandon, Time and Mankind, S. 19, der auch die Vorstellung der Reinkarnation für möglich hält.

[263] Vgl. dazu Childe, S. 15; eine ausführliche Kritik an dieser Vorstellung findet sich bei Lévi-Strauss, Strukturale Anthropologie II, S. 373 ff.

[264] Vgl. Maxwell, S. 42. Damit ist nicht gesagt, daß die zeitliche Dimension stets durch das Verb ausgedrückt wird. Otto zeigt auf, wie im Alt-Ägyptischen z.B. durch Präpositionen und Hilfsverben eine zeitliche Ordnung gebildet wurde. Vgl. Otto, S. 745.

[265] Eine differenzierte Position, die vor allem zu Zwecken der Analyse moderner Gesellschaften ausgearbeitet wurde, vertritt Niklas Luhmann: „We may formulate the hypothesis that increasing system differentiation correlates with increasing dissociation of past and future. High discontinuity may, on the other hand, shorten the time perspective in the sense that a more distant past and a more distant future become irrelevant. There is some empirical evidence to support this proposition – much to the surprise of students to whom the growing importance of time in modern society means simply an extension of time in the chronological sense“ (Luhmann, The Future Cannot Begin, S. 136 f.).

nach der hier vertretenen Auffassung vor allem auf die Gliederung und Erfassung kürzerer Zeitabschnitte. So sind für die Industrialisierung nicht die 168 000 Jahre der indischen Zeitepoche, auch nicht eine Folge von 1460 Jahren, wie sie die Sothis-Periode im Alten Ägypten darstellte[266], sondern die maximal fünf Jahre umfassenden Planungen von Frühkapitalisten entscheidend gewesen[267]. Geschichte im modernen Sinne ist erst in der Romantik entstanden und dient lediglich der „Auffüllung" der Vergangenheit oder, um ein von Luhmann vorgeschlagenes Bild zu verwenden, der Gewinnung von mehr „Tiefenschärfe"[268] für die Vergangenheit mit Hilfe abstrakter Zeitvorstellungen. Und selbst die wissenschaftliche Erforschung der Hominisation, der Erd- und Universumsgeschichte, die noch dauernd neue Fakten bereitstellt, kann nicht die Grenzen überschreiten, die in den Mythen gesetzt wurden. Diese letzte Behauptung muß allerdings relativiert werden. Denn die Erkenntnisse über die Vergangenheit der Erde und des Menschen veränderten unsere Vorstellungswelt beträchtlich. „Früher hatten die Menschen nur in metaphysischen Begriffen von der Erde sprechen können, indem sie a priori festsetzten, was ‚wahrscheinlich geschehen' war, oder in theologischen Begriffen, indem sie ihre Schlußfolgerung auf die Offenbarung stützten . . ."[269]. Eine Geschichte der Natur erschien nicht notwendig, sondern die Natur „war nur die Bühne, auf der sich das Schauspiel der Erlösung abspielte"[270]. Martin Luther bestimmte noch nach Anhaltspunkten in der Bibel den Weltanfang mit 4000 v.Chr.[271]. Der Philosoph Kant war der erste, der mutmaßte, der Kosmos sei „vielleicht eine Reihe von Millionen Jahren und Jahrhunderten"[272] alt. Aber es fehlten weitgehend Methoden zur Bestimmung des zeitlichen Ausmaßes der Vergangenheit. Der Physiker Kelvin stellte 1862 eine Abkühlungstheorie auf, die sich auf die Erde bezog. Nach dieser Theorie konnte die Erde höchstens 500 Millionen Jahre alt sein[273]. Diese Theorie galt bis zu neuen Forschungen Philipp von Jollys im Jahre 1909[274]. Heute wird mit plausiblen Gründen das Alter der Erde mit ca. fünf Milliarden Jahren angenommen[275]. Von Luther bis heute hat sich damit eine überwältigende Erweiterung der Zeitperspektive vollzogen, die neben dem durchaus bedeutsamen quantitativen Aspekt zusätzlich eine qualitative Änderung der

[266] Vgl. Otto, S. 747. Pocock berichtet über noch längere Zyklen im indischen Zeitdenken; der kürzeste der vier Abschnitte (yugas) in einem Zyklus dauert nach ihm schon 432 000 Jahre. Vgl. dazu Pocock, S. 26.

[267] Auch heute noch besteht in vielen Betrieben ein besonderer Bedarf an Prognosen für einen Zeitraum von zwei bis vier Jahren. Vgl. dazu Anton Schöpf, Das Prognoseproblem in der Nationalökonomie, Berlin 1966, S. 69.

[268] Vgl. Luhmann, Weltzeit und Systemgeschichte, S. 109.

[269] Toulmin und Goodfield, S. 286 f.

[270] Ebd., S. 287.

[271] Vgl. ebd., S. 81.

[272] Immanuel Kant, Allgemeine Naturgeschichte und Theorie des Himmels, in: Gesammelte Werke, hrsg. von Wilhelm Weischedel, Bd. 1, Darmstadt 1963, S. 354, nach: ebd., S. 147.

[273] Vgl. Toulmin und Goodfield, S. 260.

[274] Vgl. ebd., S. 261 f.

[275] Vgl. Boschke, S. 56.

Sicht der Welt in Richtung auf absolute Unvorstellbarkeit bedeutet. Aber gerade die Unvorstellbarkeit der Länge der Zeiträume schwächt die Wirkung dieser Forschungsergebnisse bei den über sie Informierten ab. Nur über Vergleiche ist ein annäherndes Erfassen möglich. Boschke legt dar, daß zum Zählen von einer Milliarde Münzen 57 Jahre lang täglich zehn Stunden benötigt würden[276]. Oft wird das Auftauchen des Menschen in die letzten Stunden verlegt, wobei man den Verlauf der Evolution mit einem Jahr ansetzt. Aber all diese Vergleiche bringen sicherlich ein gewisses Staunen hervor, aber meist keine tiefe Betroffenheit. Der Grund könnte darin liegen, daß der einzelne von seiner Lebenszeit ausgeht. Sie und die Lebenszeit der Nahestehenden sind der längste Zeitraum, der ihn wirklich berührt. Und ob er in Gedanken bis zur Römerzeit, bis zur letzten Eiszeit oder bis zur Zeit vor drei Milliarden Jahren zurückgeht, als sich die Ozeane bildeten, bleibt für ihn gleich belangvoll bzw. belanglos. Ähnliches gilt für die Erkenntnisse über das früheste Vorkommen des Menschen; heute nimmt man zweieinhalb Millionen Jahre an[277]. Diese Zahl ist nicht ganz so überwältigend wie das Alter der Erde, aber sie rührt etwas direkter an. Vergleicht man beispielsweise diese zweieinhalb Millionen Jahre mit den 5000 Jahren seit Bildung der ersten Hochkulturen und den 150 Jahren seit der Industrialisierung, dann wird das Tempo des Wandels, in dem wir als Zeitgenossen stehen, überdeutlich. Diese Einsicht kann sowohl zur Stärkung des Selbstbewußtseins beim modernen Menschen beitragen als auch Ängste darüber erzeugen, wohin uns die Veränderungen führen werden.

Eine gravierende Veränderung im Laufe der Kulturgeschichte vollzog sich in Hinsicht auf die dominierende Zeitdimension. Die archaischen Gesellschaften waren ganz von der mythischen Vergangenheit erfüllt, die sie immer wieder neu in Szene setzten. Daß seit der Konstituierung des jüdischen Weltbildes nicht mehr die in der Gegenwart reproduzierte Vergangenheit das Richtmaß ist, sondern die Zukunft, der in der Neuzeit in Form von Planungen auf allen sozialen Ebenen eine stets steigende Bedeutung zukommt, das kann an dieser Stelle nicht mehr als Novum eingeführt werden. Die These von der Zukunftsorientierung war also schon in den vorangegangenen Abschnitten grundgelegt worden. Die aus den frühen Schriftkulturen, insbesondere aus dem israelitisch-jüdischen Kulturkreis hervorgegangene und bis in die Gegenwart dominierende Zeitkonzeption ist ein Ganzes mit verschiedenen Aspekten, von denen hier drei wesentliche: Orientierung auf Zeitraum, Linearität und Zukunft detailliert dargestellt wurden. Mit der Erörterung eines Aspekts ist dabei die Darlegung eines weiteren unvermeidlich, weil diese Aspekte miteinander im Ganzen verknüpft sind.

Für den Soziologen ist die Zukunftsperspektive als wichtige zeitliche Orientierung in modernen Gesellschaften von besonderem Interesse. Daher soll die Bedeutung der Zukunftsperspektive für das Erreichen bestimmter Attitüden und Positionen im sozialen Leben detailliert behandelt werden. Doch zuvor soll

---

276 Vgl. ebd., S. 59.

277 Vgl. Karl J. Narr, Zeitmaße in der Urgeschichte. Opladen 1978, S. 5.

eine Auseinandersetzung mit der Auffassung erfolgen, für moderne Gesellschaften sei eine ausgeprägte Gegenwartsorientierung typisch.

4.4.3. Zur Zukunftsorientierung in modernen Gesellschaften

4.4.3.1. Zukunfts- oder Gegenwartsorientierung in modernen Gesellschaften?

J. T. Fraser nennt als zentrale Attitüde gegenüber Zeit in den westlichen Ländern neben Leistung und Prozeß „interest in the *present* rather than in the past or future“[278]. Die Auffassung, die auch andere Autoren teilen[279], kann in dieser globalen Fassung nicht aufrechterhalten werden. Einer Zurückweisung der These anhand von empirischem Material sollen zwei Überlegungen vorangestellt werden.

Zunächst bleibt natürlich die Gegenwart zentral für den Menschen, weil er in ihr lebt. Für George Herbert Mead ist sie die Zeit, in der allein Realität existiert. Aber Feststellungen über das Leben in der Gegenwart und über die Gegenwart als Sitz der Realität („seat of reality“[280]) sind alle Menschen betreffende philosophische Aussagen. Und damit ist auch noch nicht über die dominierende Zeitperspektive entschieden. Es kommt darauf an, ob eine andere Perspektive und welche der anderen Perspektiven die Gegenwart dominiert. Und da gilt für den modernen Menschen oft, was Blaise Pascal schon im 17. Jahrhundert feststellte: „Kaum denken wir je an die Gegenwart, und denken wir an sie, so wohl nur, um hier das Licht anzuzünden, über das wir in Zukunft verfügen wollen. Niemals ist die Gegenwart Ziel, Vergangenheit und Gegenwart sind Mittel, die Zukunft allein ist unser Ziel“[281].

Auch wenn eine generelle Gegenwartsorientierung des modernen Menschen nicht akzeptiert werden kann, so soll eine spezifische Art der Gegenwartsfixierung nicht bestritten werden. Die Begriffe „modisch“, „modern“, „aktuell“, oder, noch deutlicher, „brandneu“ und „up-to-date“ zeigen Bedeutsamkeit und positive Wertung des Gegenwärtigen auf[282]. Aber diese Betonung der Gegenwart bedeutet nicht gleichzeitig eine Vernachlässigung der Zukunft, sondern eher das Abtun des Vergangenen. Und von dem Heute drängt man in dieser Sicht in das Morgen, wünscht dieses Morgen, wie zumindest manche Werbeslogans suggerieren, heute schon zu erleben.

---

278 Vgl. J. T. Fraser, The Interdisciplinary Study of Time, in: Studium Generale 19 (1966), S. 710 f. (Hervorhebung von Fraser).

279 Vgl. Arnold Hauser, Soziologie der Kunst, München 1974, S. 670 und Alois Hahn, Einstellungen zum Tod und ihre soziale Bedingtheit, Stuttgart 1968, S. 68. Hahn beruft sich auf amerikanische Untersuchungen.

280 Mead, S. 33.

281 Blaise Pascal, Pensées (Über die Religion), Tübingen 1948, S. 94, nach: Wendorff, S. 241.

282 Vgl. Martin, S. 61.

Wenn auch der moderne Mensch neben der Seinskonstitution, die für alle Menschen gilt, bei seiner positiven Bewertung des Aktuellen spezifisch auf Gegenwart hin orientiert ist, so zeigt sich die Relativität dieser Orientierung dann überdeutlich, wenn man die Industriegesellschaften mit sog. primitiven Gesellschaften vergleicht. In Berichten über die Wayana im Amazonasgebiet oder über die Coast Salish an der Westküste Nordamerikas wird eine ausgeprägte Gegenwartsorientierung hervorgehoben[283]. Panoff fiel bei den Maenge, Bourdieu bei den Kabylen das Fehlen von Zukunftsvorstellungen auf[284]. Eine eindrucksvolle Demonstration der Zukunftsorientierung von Angehörigen moderner Gesellschaften gegenüber den Menschen in Stammesgesellschaften oder in Gesellschaften mit feudalen Zügen haben Kluckhohn und Strodtbeck in einem Vergleich der Wertorientierung von Texanern und Mormonen einerseits und von Zuni- und Navaho-Indianern sowie von Spanisch-Amerikanern andererseits, die exemplarisch für Stammesgesellschaften bzw. für landwirtschaftlich orientierte Gesellschaften mit Anklängen an den Feudalismus stehen, vorgelegt. Texaner und Mormonen erwiesen sich als primär zukunfts-, Zunis, Navahos und Spanisch-Amerikaner als primär gegenwartsorientiert[285]. Weiter spiegelt sich die Nichtbeachtung der Zukunft, sobald diese längere Zeitspannen umfaßt, in den sprachlichen Strukturen mancher Kulturen. Die Möglichkeit, eine fernere Zukunft zu bezeichnen, fehlt in verschiedenen afrikanischen Sprachen[286]. John Mbiti demonstriert das an Kikamba und Gikuyu, in denen lediglich Formen der Zukunft gebildet werden können, die einen Zeitraum von maximal sechs Monaten umfassen[287]. Im Rahmen eines Tests hatten amerikanische Studenten, die hier als Repräsentanten moderner westlicher Kulturen gelten sollen, die Zeit zu nennen, in die sie sich gerne für 24 Stunden begeben würden, wenn eine „Zeitmaschine" zur Verfügung stünde. 26% der Probanden nannten eine Zukunft in 1–20 Jahren und 11% eine Zukunft, die weiter als 20 Jahre vorausliegt[288]. Im Rahmen der Untersuchung „Jugend '81" wurde gefragt: „Manche Leute glauben, sie können sich vorstellen, wie sie in 40 Jahren leben werden, andere glauben, das nur für eine Woche tun zu können. Wie weit reicht Deine Vorstellung?" Bei 85% der Befragten umfassen nach ihren Angaben die Vorstellungen mindestens ein Jahr, bei 30% fünf Jahre und mehr und bei 5% 40 Jahre und mehr[289]. In verschiedenen nicht-westlichen Gesellschaften wird es als unmöglich betrachtet, die Zukunft zu erfassen. Nur ganz kurzfristig könne vorausgeplant werden. Ein tiefergehendes Wissen über die Zu-

---

[283] Vgl. Jean Lapointe, La conception du temps chez les Wayana, in: Anthropologica (NF) 18 (1976), S. 98 f.; Smith, S. 399.

[284] Vgl. Panoff, S. 165; Bourdieu, S. 55 sowie S. 60 f.

[285] Vgl. Florence Rockwood Kluckhohn und Fred L. Strodtbeck, Variations in Value Orientations, Evanston/Ill. – Elmford/N.Y. 1961.

[286] Mbiti, S. 38 f. sowie Booth, S. 81 f.

[287] Vgl. Mbiti, S. 39.

[288] Vgl. Philip John Leonhard-Spark, Explorations in the Social Construction of Temporal Thought, phil. Diss. City University New York 1976, S. 230.

[289] Vgl. Jugendwerk der Deutschen Shell (Hrsg.), Jugend '81, Bd. 3, Hamburg 1981, S. 16.

kunft sei, so etwa die Auffassung der Bni Battu in Westmarokko, Allah vorbehalten[290]. Es gibt im islamischen Kulturbereich, dem die Bni Battu zuzurechnen sind, sogar Verbote, den Allah vorbehaltenen Raum der Zukunft planerisch zu durchdringen. Richard T. Hall zeigt auf, welche Schwierigkeiten eine derartige Einstellung zur Zukunft bei entwicklungspolitischen Maßnahmen mit sich bringt[291]. Als Kontrast soll wieder eine empirische Untersuchung von Angehörigen einer Industriegesellschaft dienen. Krumm erfaßte 1962 und 1963 das „Zukunftsbild" von Berufsschulabsolventen und Gymnasiasten in der Bundesrepublik Deutschland; nur 15% der über 1000 befragten Jugendlichen sprachen sich gegen eine Auseinandersetzung mit der Zukunft aus[292]. Aber auch diese – wie Krumm sie nennt – „Fatalisten"[293] äußern in der Mehrzahl Vorstellungen über ihre persönliche Zukunft. Der Autor nimmt an, daß sich mindestens 80% der Jugendlichen schon vor der Untersuchung intensiv mit Zukunftsfragen auseinandergesetzt haben[294].

4.4.3.2. Relevanz und Verbreitung ausgeprägter Zukunftsvorstellungen in modernen Gesellschaften

Obwohl wir zeigen konnten, daß in modernen Gesellschaften eine starke Zukunftsorientierung in Form von Zukunftsvorstellungen vorhanden ist, bleiben noch Fragen ihrer Relevanz für das soziale Leben zu klären. Daß eine ausgeprägte Zukunftsperspektive spezifisch für das Industriezeitalter ist, wird schon geraume Zeit von Soziologen und Psychologen berücksichtigt. Die Begriffe „innerweltliche Askese" bei Max Weber, „instrumentelle Orientierung" bei Talcott Parsons und „analer Charakter" bei Sigmund Freud enthalten eine auf Zukunft weisende Komponente[295]. Am deutlichsten läßt sich am Begriff der innerweltlichen Askese ein Gedankengang anknüpfen, der zu umfangreichen Forschungen über Zukunftsperspektiven geführt hat. Die innerweltliche Askese prägte nach Weber jene Protestanten, die die Industrialisierung vorantrieben. Von daher ist ein Schluß möglich, daß jene ausgeprägte (letztlich über das Irdische hinausreichende) Zukunftsperspektive, die als innerweltliche Askese bei wichtigen Trägern der Industrialisierung festgestellt wurde, heute bei den Personenkreisen auftritt, die als führend in den Industriegesellschaften betrachtet werden müssen. Dementsprechend wird für Mittelschichtangehörige eine ausgeprägtere Zukunftsperspektive als für Unterschichtangehörige angenommen. Dazu liegt umfangreiches Untersuchungsmaterial vor. Ferner soll die Zukunftsperspektive in einem Bezug zu Eigenschaften und Verhaltensweisen stehen, die für moderne Gesellschaften als typisch betrachtet werden. So wurde verschiedentlich ein Zusammenhang von Weite der Zukunftsperspektive und Leistung

290 Vgl. Eickelman, S. 42.

291 Vgl. Hall, S. XVI.

292 Vgl. Volker Krumm, Das Zukunftsbild der Jugend, Weinheim – Berlin 1967, S. 231.

293 Ebd.

294 Vgl. ebd., S. 24.

295 Vgl. Murray A. Strauss, Deferred Gratification, Social Class and the Achievement Syndrome, in: American Sociological Review 27 (1962), S. 326.

aufgewiesen[296]. Ferner wurden Bezüge zwischen Zukunftsperspektive einerseits und Kreativität, Initiative und Moral andererseits angenommen[297].

Der Grund für das besondere Interesse an dem Sektor „Zukunftsperspektive" steht teilweise nicht im direkten Zusammenhang mit dem Phänomen „Zeit", sondern mit bildungspolitischen und bildungssoziologischen Fragestellungen, die durch das seit den 60er Jahren gängige Schlagwort „Chancengleichheit" charakterisiert werden können. Als eine Voraussetzung für die Realisierung des Postulats „Chancengleichheit" wurde die Erforschung der Mechanismen gesehen, die bei formaler Gleichheit eine ungleiche Verteilung der Bildungschancen bewirkten. Derartige Mechanismen vermutete man u.a. in den schichtspezifischen Sprachformen[298] und im Schülerbild des Lehrers[299]. Zu den Faktoren, denen ein Einfluß auf die Bildungskarriere zugeschrieben wurde, gehört auch das Zukunftsbewußtsein. Man ging davon aus, daß die Zukunftsperspektive der Angehörigen von Mittel- und Oberschicht einen längeren Zeitraum umfaßt oder ausgeprägter sei als die der Unterschichtangehörigen. Diese Eigenarten der Zukunftsperspektive werden im Zusammenhang mit dem Bildungsverhalten gesehen. Unterschichtkinder würden auch deswegen nur selten die einen längeren Zeitraum umfassenden höheren Bildungswege durchlaufen, weil sie im „Vergleich zu Mittelschichtkindern weniger in der Lage sind, den im Erziehungsprozeß geforderten Aufschub von Befriedigung aufzubringen"[300]. Dieser „Aufschub von Befriedigung" ist eine von der „Zukunftsperspektive" zunächst wenigstens analytisch zu unterscheidende Variable, die in der amerikanischen Forschung als „deferred gratification pattern" etikettiert wurde.

Forschungsbeiträge zu diesem Zusammenhang, in dem die Konstrukte „Zukunftsperspektive" und „Befriedigungsaufschub" eine zentrale Rolle spielen, hat Gerda Kasakos zusammengestellt. Es sind fast ausnahmslos amerikanische Untersuchungen, die sie referiert. In der Regel wurden kleine Experimentalgruppen in Laborsituationen untersucht. Im folgenden soll das Augenmerk auf zwei Problemkreise gelenkt werden. Vielfach treten in den referierten Untersuchungen Probleme der Relevanz und der Gültigkeit auf. Einige dieser Fragen sollen im folgenden detailliert dargestellt werden, um exemplarisch aufzuzeigen, welche Schwierigkeiten einer Erforschung der Zeitperspektive mit den

---

[296] Vgl. Rudolf Bergius, Formen des Zukunftserlebens, München 1957, S. 239.

[297] Vgl. Franz J. Mönks, Zeitperspektive als psychologische Variable, in: Archiv für die gesamte Psychologie 119 (1967), S. 140 sowie Maria Mießler, Leistungsmotivation und Zeitperspektive, München 1976. Mießlers Untersuchungen zeigen auch Einschränkungen dieses Zusammenhangs auf. Vgl. Mießler, S. 91 ff.

[298] Dazu gehört vor allem die sog. Bernstein-These. Vgl. dazu etwa die Zusammenfassung einer frühen Version der These, die Bernstein seit seiner ersten diesbezüglichen Veröffentlichung im Jahre 1958 mehrfach modifizierte: Basil Bernstein, Soziokulturelle Determinanten des Lernens, in: Peter Heintz (Hrsg.), Soziologie der Schule, 3. Aufl., Köln – Opladen 1965 (Sonderheft 4 der Kölner Zeitschrift für Soziologie und Sozialpsychologie), S. 52–79.

[299] Vgl. dazu beispielsweise Robert Rosenthal und Lenore Jacobson, Pygmalion im Klassenzimmer, Weinheim 1971.

[300] Gerda Kasakos, Zeitperspektive, Planungsverhalten und Sozialisation, München 1971, S. 1.

Mitteln der empirischen Sozialforschung entgegenstehen. Ferner soll geprüft werden, inwieweit tatsächlich die Zukunftsperspektive die Bildungschancen beeinflußt. Könnte eine positive Korrelation zwischen beiden Größen nachgewiesen werden, so wäre die überragende Bedeutung der Zukunftsdimension für das soziale Leben in modernen Gesellschaften über die Dominanz im Zeitbewußtsein hinaus demonstriert.

In den von Kasakos referierten Untersuchungen wird zumeist die von M. Wallace 1956 vorgelegte Bestimmung des Begriffs „Future Time Perspective" als „the length of the future time span which is conceptualized"[301] zugrunde gelegt. Bei dieser Konzeption wird also nur die Weite der Perspektive thematisiert, nicht aber Inhalte und Struktur der Perspektive, die ebenfalls von Bedeutung sein können. Die wichtigsten der verwendeten Erhebungstechniken sind 1) Fragen nach einer Anzahl von Ereignissen in der Zukunft, die dem Befragten wichtig erscheinen, und dem Datum ihres erwarteten Eintreffens sowie 2) das Weitererzählen von Geschichten, wobei die genannten Handlungszeiten die Zeitperspektive anzeigen sollen. Die Interpreten der mit dem letzteren Verfahren gewonnenen Daten gehen davon aus, daß für alle Lebensbereiche eine einheitliche Perspektive existiert, was unwahrscheinlich ist und zumindest nicht ungeprüft vorausgesetzt werden darf. Ebenfalls anfechtbar ist die Annahme, daß von den in der Phantasie entwickelten Zeitspannen auf die im tatsächlichen Verhalten, z.B. im Planungshandeln, in Erscheinung tretende Weite der Zeitperspektive geschlossen werden kann. Die bekannte Tatsache, daß gerade bei Hemmung von Handlungen, etwa im sexuellen Bereich, sich die Phantasie um so stärker mit entsprechenden Vorgängen beschäftigt, spricht gegen diesen Schluß.

Forscher wollten die Fähigkeit zum Befriedigungsaufschub direkt erfassen. Sie ließen in der Regel Probanden zwischen einer geringeren Belohnung zu einem früheren und einer größeren Belohnung zu einem späteren Zeitpunkt wählen. Ein Problem dieses Verfahrens liegt in der Art der Belohnung, die für verschiedene Probanden unterschiedlich attraktiv sein kann. Falls der Versuchsleiter als derjenige erscheint, der auch die Belohnungen vergibt, besteht ferner die Gefahr, daß statt der Fähigkeit zum Befriedigungsaufschub das Vertrauen zum Versuchsleiter erhoben wird. Bei diesen Versuchen war davon ausgegangen worden, daß zwischen Zeitperspektive und Befriedigungsaufschub ein direkter Zusammenhang besteht. Aber die wenigen Untersuchungen, die zum Verhältnis der beiden Variablen zueinander vorliegen, deuten aber keineswegs in diese angenommene Richtung; von vier zitierten Untersuchungen weist nur eine die erwartete hohe Korrelation auf. Damit ist ein wichtiger Zusammenhang in dem Ausgangstheorem nicht gegeben.

Eine weitere Schwäche von vorgestellten Untersuchungen zeigt eine Versuchsanordnung auf, mit deren Hilfe Aufschlüsse über den Zusammenhang von Erziehungshandeln und der Ausbildung einer Zukunftsperspektive gewonnen werden sollten. Das Spielen von Kindergartenkindern wurde durch verschiede-

---

301 M. Wallace, Future time Perspective in Schizophrenia, in: Journal of Abnormal and Social Psychology 52 (1956), S. 240, nach: ebd., S. 17.

ne Anweisungen unterbrochen. Die Kinder beendeten häufig das Spiel, wobei nicht selten Verstörungen auftraten, die bis zu Schreien oder völliger Erstarrung führen konnten, wenn nur negative Anweisungen gegeben wurden (z.B. „Spiel nicht mit dem Auto!"). Ähnlich reagierten Kinder auf sich widersprechende Gebote (z.B., wenn das Kind gerade mit dem Auto spielt: „Spiel nicht mit dem Auto" und „Spiel weiter mit dem Auto"). Eine Interpretation des ersten Falles besagt, daß bei dauernder Unterbrechung des Spiels durch eine Autorität das Kind davon abgehalten wird, längerfristig zu planen. Dazu kommt, daß im Falle häufigen Verbots der Kanon verbotenen *und* erlaubten Verhaltens unerschlossen bleibt. Diese Interpretation läßt sich auch auf den zweiten Fall anwenden. Allerdings bleibt bei einem derartigen Erzieherverhalten die Wirklichkeit nicht lediglich in ihren normativen Aspekten unerschlossen, sondern diese Wirklichkeit wird zusätzlich zweideutig. Es scheint hier eine gewisse Nähe zu den sog. double-bind-Phänomenen vorzuliegen. Aus derart ungeklärter Gegenwart können kaum weite Zukunftsperspektiven erwachsen. Es geht aus den Darlegungen von Kasakos nicht hervor, in welchem Maße ein derart inkonsistenter und allzu autoritärer Erziehungsstil tatsächlich, wie angenommen, für die Unterschichten typisch ist. Diese Lücke zeigt einen Mangel, der mehreren Untersuchungen gemeinsam ist: Die Handlungsrelevanz der erhobenen Daten kann nicht geklärt werden. Der Bezug zum konkreten Handlungsmilieu ist nicht herstellbar, und so ist eine soziologische Kausalanalyse aus den erhobenen Daten nicht möglich.

Der globale Ertrag der Analysen von Kasakos läßt sich folgendermaßen resümieren: Schon die Validität der vorgelegten Forschungskonzepte läßt keinen eindeutigen Aufweis des angenommenen Zusammenhangs zwischen Zukunftsperspektive bzw. Befriedigungsaufschub und Schicht zu. Ferner widersprechen Ergebnisse in vergleichbaren Untersuchungen einander, oder es werden nicht hinreichend signifikante Ergebnisse vorgelegt. Die durchschlagende Bedeutung der Zukunftsperspektive für schichtspezifische Bildungskarrieren konnte nicht nachgewiesen werden.

Die Variable „Zukunftsperspektive" wurde verschiedentlich stärker aufgegliedert, als dies im Konzept von Wallace geschehen war. Bereits 1932 unterschied Keller

a) das in nächster Zeit Eintretende,
b) auf die Zukunft bezogene Phantasievorstellungen,
c) Wissen über erfahrungsgemäß Eintretendes[302].

Der unter c) thematisierte Realitätsbezug erwies sich im Gange der Forschung als bedeutsames Kriterium. Und Kreutz nennt 1975 fünf Dimensionen der Einstellung zur Zukunft, die mit leichten Variationen in weiteren Untersuchungen zur Zukunftsperspektive wiederkehren[303].

---

[302] Vgl. Mönks, S. 152.

[303] Vgl. dazu etwa die Arbeiten von Gisela Trommsdorf u.a.: G. Trommsdorf u.a., Erziehung für die Zukunft, sowie Gisela Trommsdorf u.a., Zukunftsorientierung, Belohnungsaufschub und Risikobereitschaft bei weiblichen jugendlichen Delinquenten, in: Kölner Zeitschrift für Soziologie und Sozialpsychologie 31 (1979), S. 732–745 oder Gisela Trommsdorf u.a., Geschlechtsdifferenzen in der Zukunftsorientierung, in: Zeitschrift für Soziologie 9 (1980), S. 366–377.

1. „Aktuelle Relevanz der weiteren Zukunft",
2. „Voraussehbarkeit künftiger Ereignisse und Zustände",
3. „Optimismus – Pessimismus (gegenüber der Zukunft)",
4. „Sicherheit – Unsicherheit (gegenüber der Zukunft)" und
5. „Planbarkeit der Zukunft"[304].

Die affektiven Komponenten sowie die Bewertung der Einsichts- und Einflußmöglichkeiten stellen neue Aspekte dar.

Auch Differenzierungen des Konstrukts „Zukunftsperspektive" erbrachten keine Ergebnisse, die die Annahme gravierender Unterschiede in den Zukunftsvorstellungen verschiedener sozialer Schichten oder ihnen zugeordneter sozialer Kategorien nahegelegt hätten. Man konnte vielmehr den Eindruck gewinnen, der schon bei einer Zusammenstellung der zahlreichen Re-Untersuchungen der Bernsteinschen Hypothese über das schichtspezifische Sprachverhalten in ähnlicher Weise aufkam: Je stärker sich die Untersuchungen auf einzelne Details konzentrierten, desto weniger ausgeprägt waren die globalen Unterschiede[305]. Auf zwei neuere deutsche Arbeiten, die mit Hilfe solch differenzierter Konzeptionen durchgeführt wurden, soll exemplarisch verwiesen werden. 1976 hat Maria Mießler in einer sehr gründlichen Untersuchung keinen signifikanten Unterschied in der Spannweite der Zukunftsperspektive bei Schülern aus der Mittel- und der Unterschicht aufweisen können[306]. Dabei hatte sie die Spannweite der Zukunft mit Hilfe zweier Verfahren eruiert. Ferner bestand kein Zusammenhang zwischen Sozialschicht und Realitätsgrad der Zukunftsperspektive[307]. Ähnliches gilt für die These, nach der kriminell gewordene (meist aus der Unterschicht kommende) Jugendliche eine kürzere Zeitperspektive besitzen als nichtkriminelle. Die These war mehrfach Gegenstand von Untersuchungen und galt als belegt[308]. Sie konnte u.a. zur Erklärung von kriminellem Verhalten dienen, indem folgendermaßen argumentiert wurde: Auf Grund der verkürzten Zeitperspektive wird ein erstrebtes Gut in Besitz genommen oder eine verbotene, aber dem momentanen affektiven Bedürfnis entsprechende Handlung begangen, weil man die folgenden Sanktionen nicht genügend beachtet. Gisela Trommsdorf hat 1979 mit zwei Mitautorinnen weibliche Jugendliche, die delinquent geworden waren, mit nichtdelinquenten weiblichen Jugendlichen verglichen[309]. Die Verfasserinnen fanden keine bedeutsamen Unterschiede in der Länge der Zukunftsperspektive bei beiden Untersuchungsgruppen, was erhoffte,

[304] Henrik Kreutz, Die zeitliche Dimension von Sozialisationsumwelten. Schulbildung, Zukunftsbezug, Selbsteinschätzung und soziale Anpassung von Jugendlichen aus verschiedenen sozialen Schichten, in: Heinz Walter (Hrsg.), Sozialisationsforschung, Bd. III, Stuttgart – Bad Cannstatt 1975, S. 115.

[305] Vgl. Sigrid Zamani, Die soziolinguistischen Arbeiten Basil Bersteins. Ihre empirische Basis und ihre bildungspolitischen Auswirkungen, phil. Diss. Mainz 1976, bes. S. 138–144.

[306] Vgl. Mießler, S. 99.

[307] Vgl. ebd., S. 100.

[308] Vgl. Mönks, S. 147 f.

[309] Vgl. Gisela Trommsdorf u.a., Zukunftsorientierung, Belohnungsaufschub und Risikobereitschaft bei weiblichen jugendlichen Delinquenten, S. 732–745.

also positiv bewertete Ereignisse betrifft. In bezug auf bestimmte Befürchtungen war die Zukunftsperspektive der delinquenten Jugendlichen kürzer. Besonders im sozio-ökonomischen Bereich und bezüglich der Selbstverwirklichung wurden Befürchtungen geäußert. Insgesamt wurden mehr Befürchtungen als Hoffnungen geäußert; es handelt sich um eine gegenüber Nichtdelinquenten „negativer getönte Zukunftserwartung“[310]. Das Eintreten von Hoffnungen wurde für weniger wahrscheinlich gehalten als das von Befürchtungen. Von Bedeutung scheint noch, daß Delinquente ihre Zukunft in steter Abhängigkeit von Zufällen und äußeren Einflüssen sehen. Viele Komponenten dieser Zukunftsperspektive sind durchaus realistische Einschätzungen ihrer Situation und nicht unbedingt wirklichkeitsverzerrende Bewußtseinsinhalte, die kriminelles Handeln begünstigen. Strafgefangene haben oft Schwierigkeiten, die vor und während der Haftzeit aufgelaufenen Schulden zu bezahlen; sie haben größere Schwierigkeiten als Nichtdelinquente, sich an einem Arbeitsplatz ihrer Wahl zu verwirklichen. Unabhängig von den Zukunftsperspektiven wurde die Variable „Belohnungsaufschub“ gemessen. Es zeigte sich kein signifikanter Unterschied zwischen Delinquenten und Nichtdelinquenten.

Zwei Erklärungsversuche für das Bestehen bestenfalls marginaler Anhaltspunkte grundsätzlich verschiedener Zukunftsvorstellungen sollen diskutiert werden[311]. Auf einen deutet Kasakos selbst mit dem Hinweis auf den von H. Rodman geprägten Ausdruck des „value stretch“ hin. Sie umschreibt den diesem Begriff entsprechenden Prozeß: „Die Unterschicht entwickelt neben dem allgemeinen kulturellen Wertesystem ein alternatives System, das die gleichen Werte, nur herabgesetzt, quasi verdünnt, enthält“[312]. Analoges würde für Kriminelle gelten. Die bisher entwickelten Meßmethoden waren anscheinend noch nicht so verfeinert, daß mit ihrer Hilfe die relativ geringfügigen Unterschiede zwischen allgemeiner und Teilkultur bezüglich der Zeitvorstellungen genügend deutlich heraushebbar gewesen wären. Um in dem im Zitat gebrauchten Bilde zu bleiben: Die Verdünnung ist zu stark, um eine Reaktion des Meßinstruments zu bewirken. Diese Begründung ist schon deshalb anzuzweifeln, weil globale Unterschiede in der Zukunftsperspektive häufig festgestellt wurden, als die verwendeten Konzeptionen noch nicht so differenziert waren. In diesem Zusammenhang muß vor allem auf die vielzitierten Untersuchungen von Leshan sowie Schneider und Lysgard hingewiesen werden[313].

---

[310] Ebd., S. 736.

[311] Eine beide vorgelegten Erklärungsmöglichkeiten tangierende Version bietet Bergmann, der auf das Fehlen eindeutiger Schichtgrenzen hinweist, das vom Faktor „Schicht“ her den Aufweis unterschiedlicher Zukunftsperspektiven erschwert. Vgl. Bergmann, S. 191 und S. 198. Eine Erklärung für verschiedene Zukunftsperspektiven, die zu konstruiert erscheint, bietet Nowotny. Vgl. H. Nowotny, Time Structuring and Time Measurement: On the Interrelation Between Time Keepers and Social Time, in: J. T. Fraser und N. Lawrence (Hrsg.), The Study of Time II, Berlin – Heidelberg – New York 1975, S. 325–342, bes. S. 334 ff.

[312] Kasakos, S. 98.

[313] Vgl. Lawrence L. Leshan, Time Orientation and Social Class, in: Journal of Abnormal and Social Psychology 47 (1952), S. 589–592 sowie Louis Schneider und Sverre Lys-

Norbert Elias bietet eine weitere Erklärungsmöglichkeit an, die ebenfalls im Einklang mit den empirischen Befunden steht und soziologisch besonders einleuchtend ist. Der Ansatzpunkt für Elias' Begründung der minimalen Unterschiede hinsichtlich der – wie er es nennt – „Langsicht" zwischen den verschiedenen Schichten ist der Charakter der abendländischen Gesellschaften als äußerst differenzierter Gebilde, in denen eine hochgradige Arbeitsteilung entwickelt worden sei. In diese Arbeitsteilung seien alle Schichten einbezogen. Das bedeutet nach Elias auch, daß Unterschichtzüge in der gesamten Gesellschaft verbreitet sind. Arbeit sei ursprünglich Merkmal der unteren Schichten gewesen, heute bestehe in allen Schichten ein allgemeiner Zwang zu arbeiten. Andererseits seien bestimmte Verhaltenszwänge, die ursprünglich in den Oberschichten entwickelt wurden, über die ganze Gesellschaft hin verbreitet worden. „Die Verwandlung der gesellschaftlichen Fremdzwänge in Selbstzwänge, in eine automatische, zur selbstverständlichen Gewohnheit gewordene Triebregulierung und Affektzurückhaltung ... vollzieht sich innerhalb des Abendlandes mehr und mehr auch bei den breiten Massenschichten"[314]. Die Zeitdisziplin in der industriellen Arbeitswelt, die im zweiten Kapitel dieser Arbeit ausführlich behandelt wurde, ist ein Beispiel für solche gemeinsamen Verhaltenszüge. Das gemeinsame Verwobensein in die industrielle Gesellschaft erfordert also auch bestimmte einheitliche Verhaltensweisen, die die schichtmäßige Spezifizierung immer undeutlicher werden lassen. Elias betont diesen Sachverhalt gerade auch in bezug auf die Langsicht. „In steigendem Maße hängt das höchst differenzierte, höchst arbeitsteilige Getriebe der abendländischen Gesellschaften davon ab, daß auch die unteren, agrarischen und städtischen Schichten ihr Verhalten und ihre Tätigkeit aus der Einsicht in langfristigere und fernerliegende Verflechtungen regeln. Diese Schichten hören ... auf, schlechthin ‚untere' soziale Schichten zu sein. Der arbeitsteilige Apparat wird so empfindlich und kompliziert, Störungen an jeder Stelle der fließenden Bänder, die durch ihn hindurchgehen, bedrohen so sehr das Ganze, daß die leitenden, die eigentlich verfügenden Schichten, im Druck der eigenen Ausscheidungskämpfe zu immer größerer Rücksicht auf die breiten Massenschichten genötigt sind. Aber wie deren Funktionen im Zuge dieser Veränderung zentraler werden und ein größeres Gewicht innerhalb des ganzen arbeitsteiligen Menschengeflechts gewinnen, so erfordern und ermöglichen sie gleichzeitig auch zu ihrer Bewältigung eine größere Langsicht. Sie gewöhnen, meist unter einem starken gesellschaftlichen Druck, schrittweise an eine Zurückhaltung der augenblicklichen Affekte, an eine Disziplinierung des Gesamtverhaltens aus einer weiterreichenden Einsicht in die Verflechtungen des Ganzen, in dem sie arbeiten, und ihre Aufgabe, ihre Lage darin"[315].

gard, The Deferred Gratification Pattern, in: American Sociological Review 18 (1953), S. 142–149. Weniger bekannt, aber mit den vorgenannten Untersuchungen bezüglich der Ergebnisse vergleichbar ist eine Arbeit von Brim und Forer; vgl. Orville G. Brim und Raymond Forer, A Note on the Relation of Values and Social Structure to Life Planning, in: Sociometry 19 (1956), S. 54–60.

314 Elias, S. 343.

315 Ebd., S. 340 f.

So hat nicht nur die Uhr- und Kalenderzeit – wie im 2. Kapitel gezeigt werden konnte – weitgehenden Einfluß in den Industriegesellschaften. Die Durchsetzung der Uhr- und Kalenderzeit war eine der Voraussetzungen für weitere ebenso wichtige Elemente moderner Zeitvorstellungen. Es sind dies die gedankliche Durchdringung langer Zeiträume sowie Voraussicht und Planung angesichts fortschreitender, offener Zukunft und zwar – wie vor allem Elias herausgestellt hat – in allen Bevölkerungsschichten. Der Einbezug der Zukunft in die Gegenwart wirkt auf die Gegenwart, macht sie bedeutungsvoller. Eine Existenz in Gegenwart und Zukunft zugleich steht aber auch in der Spannung zwischen Plänen, Wünschen, Sehnsüchten und deren Realisierung. So ist sie wie das Leben mit der Uhr und dem Kalender oder mit der Vielfalt der Rollenzeiten Belastung und Bereicherung zugleich.

Literaturverzeichnis

Alland, Alexander: Evolution und menschliches Verhalten, Frankfurt/M. 1970.

Ariotti, P. E.: The Concept of Time in Western Antiquity, in: J. T. Fraser und N. Lawrence (Hrsg.), The Study of Time II, Berlin – Heidelberg – New York 1975, S. 69–80.

Aristoteles: Werke, Bd. 11: Physikvorlesung, übersetzt von Hans Wagner, Ost-Berlin 1967.

Ashley-Montagu, M. F.: Social Time: A Methodological and Functional Analysis, in: The American Journal of Sociology 44 (1938/39), S. 282–284.

Augustinus, Aurelius: Werke, Bd. 1: Bekenntnisse, übersetzt von Wilhelm Thimme, Zürich 1950.

Bahnmüller, Reinhard: Die ohnmächtige Wut, Frankfurt/M. – New York 1981.

Baker, E. C.: Tribal Calendars, in: Tanganyika Notes and Records 33 (1952), S. 30–33.

Barnes, J. A.: Time flies like an arrow, in: Man (NF) 6 (1971), S. 537–552.

Beidelmann, T. O.: Kaguru Time Reckoning: an Aspect of the Cosmology of an East African People, in: Southwestern Journal of Anthropology 19 (1963), S. 9–20.

Bell, Wendell und *Mau,* James: Theory and Research Strategies, in: Dies. (Hrsg.), The Sociology of the Future, New York 1971, S. 6–44.

Bellow, Saul: Mann in der Schwebe, Köln – Berlin 1969.

Benedict, Ruth: Urformen der Kultur, Hamburg 1955.

Benjamin, Cornelius: Ideas of Time in the History of Philosophy, in: J. T. Fraser (Hrsg.), The Voices of Time, New York 1966, S. 3–30.

Berger, Peter L.: Zur Dialektik von Religion und Gesellschaft, Frankfurt/M. 1973.

Berger, Peter L. u.a.: Das Unbehagen in der Modernität, Frankfurt/M. – New York 1975.

Berger, Rupert: Kleines Liturgisches Wörterbuch, Freiburg/B. 1969.

Bergius, Rudolf: Formen des Zukunftserlebens, München 1957.

Bergmann, Werner: Die Zeitstrukturen sozialer Systeme, Berlin 1981.

Bergson, Henri: Essai sur les données immédiates de la conscience, Paris 1889 (deutsche Übersetzung: Zeit und Freiheit, Meisenheim 1949).

Bergson, Henri: L'évolution créatrice, Paris 1907 (deutsche Übersetzung: Schöpferische Entwicklung, Jena 1912).

Bergson, Henri: Matière et mémoire, Paris 1896 (deutsche Übersetzung: Materie und Gedächtnis, Jena 1908).

Berichtigung des Gesetzes über die Zeitbestimmung (Zeitgesetz – ZeitG), in: Bundesgesetzblatt 1978, Teil I, S. 1262.

Bernstein, Basil: Soziokulturelle Determinanten des Lernens, in: Peter Heintz (Hrsg.), Soziologie der Schule, 3. Aufl., Köln – Opladen 1965 (Sonderheft 4 der Kölner Zeitschrift für Soziologie und Sozialpsychologie), S. 52–79.

Blumenberg, Hans: Arbeit am Mythos, Frankfurt/M. 1979.

Bohannan, Paul: Concepts of Time among the Tiv of Nigeria, in: Southwestern Journal of Anthropology 3 (1953), S. 251–262.

Bollnow, Otto Friedrich: Das Verhältnis zur Zeit, Heidelberg o.J.

Bornstein, M. H. und *Bornstein,* H. G.: The pace of life, in: Nature 259 (1976), S. 557–559.

Booth jr., Newell S.: Time and Change in African Traditional Thought, in: Journal of Religion in Africa 7 (1975), S. 81–91.

Boschke, Friedrich L.: Und 1000 Jahre sind wie ein Tag, München 1979.

Bourdieu, Pierre: The attitude of the Algerian peasant toward time, in: Julian Pitt-Rivers (Hrsg.), Mediterranean countrymen, Paris 1963, S. 55–72.

Brandon, S. G. F.: The Deification of Time, in: J. T. Fraser u. a. (Hrsg.), The Study of Time, Berlin – Heidelberg – New York 1972, S. 370–382.

Brandon, S. G. F.: History, Time and Deity, Manchester – New York 1965.

Brandon, S. G. F.: Time and Mankind, London – New York – Melbourne – Sydney – Cape Town 1951.

von Brandt, Ahasver: Historische Grundlagen und Formen der Zeitrechnung, in: Studium Generale 19 (1966), S. 720–730.

Brim, Orville G. und *Forer,* Raymond: A Note on the Relation of Values and Social Structure to Life Planning, in: Sociometry 19 (1956), S. 54–60.

Burckhardt, Carl J.: Begegnungen, Zürich 1958.

Cassirer, Ernst: Philosophie der symbolischen Formen, II. Teil, 3. Aufl., Darmstadt 1958.

Childe, V. Gordon: Soziale Evolution, Frankfurt/M. 1968.

Cohen, John: Subjective Time, in: J. T. Fraser (Hrsg.), The Voices of Time, New York 1966, S. 257–275.

Cottrell, W. F.: Of Time and the Railroader, in: American Sociological Review 4 (1939), S. 190–198.

Cowan, Harrison J.: Time and Its Measurement, Cleveland – New York 1958.

Daumer, Karl: Die biologische Uhr, in: R. W. Meyer (Hrsg.), Das Zeitproblem im 20. Jahrhundert, Bern – München 1964, S. 180–196.

Davis, C. und *Hendricks,* Jon: Concepts of Time and Temporal Construction among the Aged, with Implications for Research, in: Jaber F. Gubrium (Hrsg.), Times, Roles and Self in Old Age, New York 1976, S. 13–49.

Devereux, George: Social Time, A Methodological and Functional Analysis, in: The American Journal of Sociology 43 (1938), S. 967–969.

Diels, Hermann: Die Fragmente der Vorsokratiker, Hamburg 1957.

Ditton, Jason: Baking Time, in: The Sociological Review 27 NS (1979), S. 157–167.

Döbert, Rainer: Systemtheorie und die Entwicklung religiöser Deutungssysteme, Frankfurt/M. 1973.

Doob, Leonard W.: Patterning of Time, New Haven – London 1971.

Druschky, K.-F. und *Kinzel,* W.: Orientierungsstörungen bei Funktionspsychosen, in: Fortschritte der Neurologie – Psychiatrie und ihrer Grenzgebiete 43 (1975), S. 619–630.

Durkheim, Émile: Les formes élémentaires de la vie religieuse, 4. Aufl., Paris 1960 (zuerst 1912).

Durkheim, Émile: Der Selbstmord, Neuwied – Berlin 1973.

Durkheim, Émile: Über die Teilung der sozialen Arbeit, Frankfurt/M. 1977.

Durkheim, Émile und *Mauss,* Marcel: De quelques formes primitives de classification, in: L'Année sociologique 6 (1901/1902), S. 1–72.

Ebeling, Gerhard: Zeit und Wort, in: R. W. Meyer (Hrsg.), Das Zeitproblem im 20. Jahrhundert, Bern – München 1964, S. 342–361.

Eder, Klaus: Die Entstehung staatlich organisierter Gesellschaften, Frankfurt/M. 1976.

Eichberg, Henning: Maß und Messen in der frühen Neuzeit. Der Sport als Beispiel, in: Rolf E. Vente (Hrsg.), Erfahrung und Erfahrungswissenschaft, Stuttgart – Berlin – Köln – Mainz 1974, S. 128–140.

Eickelman, Dale F.: Time in a Complex Society: A Moroccan Example, in: Ethnology 16 (1977), S. 39–55.

Eisenstadt, S. N.: Social Change, Differentiation and Evolution, in: American Sociological Review 29 (1964), S. 375–386.

Ekrutt, Joachim W.: Gesetzliche Regelung der Zeitmessung, in: Neue Juristische Wochenschrift 31 (1978), S. 1844–1845.

Eliade, Mircea: Das Mysterium der Wiedergeburt, Zürich – Stuttgart 1961.

Eliade, Mircea: Der Mythos der ewigen Wiederkehr, Düsseldorf 1953.

Elias, Norbert: Über den Prozeß der Zivilisation, Bd. II, 5. Aufl., Frankfurt/M. 1978.

Evans-Pritchard, E. E.: The Nuer, Oxford 1946 (zuerst 1940).

Evans-Pritchard, E. E.: Nuer Time-Reckoning, in: Africa 12 (1939), S. 189–216.

Feifel, H.: Judgement of Time in Younger and Older Persons, in: Journal of Gerontology 12 (1957), S. 71–74.

Firth, Raymond: History and Traditions of Tikopia, Wellington/New Zealand 1961.

Flechtheim, Ossip K.: Möglichkeiten und Grenzen einer Zukunftsforschung, in: Deutsche Rundschau 89, Dez. 1963, S. 35–43.

Flechtheim, Ossip K.: Teaching the Future, in: Henri Yaker u.a. (Hrsg.), The Future of Time, London 1972, S. 498–507.

Floyd jr., Joe Wilson: Toward a Theory of the Articulation of Personal Time Scheduling with Diverse Institutional Social Times, phil. Diss. University of California Riverside 1977.

Fraser, J. T.: The Interdisciplinary Study of Time, in: Studium Generale 19 (1966), S. 705–720.

Fraser, J. T.: Time as Hierarchy of Creative Conflicts, in: Studium Generale 23 (1970), S. 597–689.

Fraser, J. T. (Hrsg.): The Voices of Time, New York 1966.

von Friedeburg, Ludwig und *Hübner,* Kurt: Das Geschichtsbild der Jugend, München 1964.

Gehlen, Arnold: Der Mensch, 7. durchges. Aufl., Frankfurt/M. – Bonn 1962.

Gehlen, Arnold: Mensch und Institutionen, in: Ders., Anthropologische Forschung, Reinbek 1961, S. 69–77.

Gehlen, Arnold: Urmensch und Spätkultur, Bonn 1956.

Geiger, Theodor: Ideologie und Wahrheit, Stuttgart – Wien 1953.

Gent, Werner: Das Problem der Zeit, Frankfurt/M. 1934.

Gesetz über die Zeitbestimmung (Zeitgesetz – ZeitG), in: Bundesgesetzblatt 1978, Teil I, S. 1110–1111.

Giddens, Anthony: Time and Space in Social Theory, in: Joachim Matthes (Hrsg.), Lebenswelt und soziale Probleme, Frankfurt/M – New York 1981, S. 88–97.

Giedion-Welcker, C.: Einführung zu: James Joyce, Ulysses, 6. Aufl., Zürich 1956, S. 813–836.

Gimpel, Jean: Die industrielle Revolution des Mittelalters, Zürich – München 1980.

Ginsberg, Morris: Das Problem einer soziologischen Entwicklungstheorie, in: Hans Peter Dreitzel (Hrsg.), Sozialer Wandel, Neuwied – Berlin 1967, S. 133–141.

Gioscia, Victor: On Social Time, in: Henri Yaker u.a. (Hrsg.), The Future of Time, London 1972, S. 73–141.

Gipper, Helmut: Gibt es ein sprachliches Relativitätsprinzip?, Frankfurt/M. 1972.

Goody, Jack: Time: Social Organization, in: David L. Sills (Hrsg.), Encyclopedia of the Social Sciences, Band 16, o.O. 1968, S. 30–41.

Granet, Marcel: Das chinesische Denken, München 1971.

de Grazia, Sebastian: Of Time, Work, and Leisure, New York 1962.

Green, Helen Bagenstose: Temporal Attitudes in Four Negro Subcultures, in: J. T. Fraser u.a. (Hrsg.), The Study of Time, Berlin – Heidelberg – New York 1972, S. 402–417.

Greverus, Ina Maria: Kulturbegriffe und ihre Implikationen, in: Kölner Zeitschrift für Soziologie und Sozialpsychologie 23 (1971), S. 283–303.

Gubser, Nicholas J.: The Nunamiut Eskimos. Hunters of Caribou, New Haven – New York 1965.

von Guenther, Johannes (Hrsg.): Religiöse Lyrik des Abendlandes, Frankfurt/M. 1958.

Gurvitch, Georges: Social Structure and the Multiplicity of Times, in: Edward A. Tiryakan (Hrsg.), Sociological Theory, Values, and Sociocultural Change, Essays in Honor of Pitirim A. Sorokin, New York – Evanston 1963, S. 171–184.

Gurvitch, Georges: The Spectrum of Social Time, Dordrecht 1964.

Gurvitch, Georges: La vocation actuelle de la sociologie, Bd. 2, 2. neubearb. und erw. Aufl., Paris 1963.

Haber, F. C.: The Darwinian Revolution in the Concept of Time, in: J. T. Fraser u.a. (Hrsg.), The Study of Time, Berlin – Heidelberg – New York 1972, S. 383–401.

Habermas, Jürgen: Zur Logik der Sozialwissenschaften, Frankfurt/M. 1970.

Habermas, Jürgen: Zur Rekonstruktion des Historischen Materialismus, Frankfurt/M. 1976.

Habermas, Jürgen und *Luhmann*, Niklas: Theorie der Gesellschaft oder Sozialtechnologie – Was leistet die Systemforschung?, Frankfurt/M. 1971.

Hahn, Alois: Einstellungen zum Tod und ihre soziale Bedingtheit, Stuttgart 1968.

Halbwachs, Maurice: La Mémoire Collective, Paris 1950 (deutsche Übersetzung: Das kollektive Gedächtnis, Stuttgart 1967).

Mme. *Halbwachs*: Einleitung zu: Maurice Halbwachs, Das Gedächtnis und seine sozialen Bedingungen, Berlin – Neuwied 1966, S. 11–18.

Hall, Edward T.: The Silent Language, Garden City 1973 (TB-Ausgabe; Originalausgabe 1959).

Hallowell, A. Irving: Temporal Orientation in Western Civilization and in a Pre-literate Society, in: American Anthropologist (NF) 39 (1937), S. 647–670.

Hannibal, Otto: Das Zeiterleben in der Schizophrenie, in: Studium Generale 8 (1955), S. 607–611.

Harris, Marvin: The Rise of Anthropological Theory, New York 1968.

Hartwich, P.: Experimente zum präsentischen Zeiterleben Schizophrener, in: Psychopathometrie 3 (1977), S. 79–88.

Hauser, Arnold: Der Begriff der Zeit in der neueren Kunst und Wissenschaft, in: Merkur 9 (1955), S. 801–815.

Hauser, Arnold: Soziologie der Kunst, München 1974.

Hawley, Amos H.: Human Ecology, New York 1950.

Hechinger, Grace und *Hechinger*, Fred M.: Die Herrschaft der Teenager, Gütersloh 1965.

Heidegger, Martin: Sein und Zeit, 7. Aufl., Tübingen 1953 (zuerst 1927).

Heinemann, Klaus: Arbeitslosigkeit und Zeitbewußtsein, in: Soziale Welt 33 (1982), S. 87–101.

Heinemann, Klaus und *Ludes*, Peter: Zeitbewußtsein und Kontrolle der Zeit, in: Kurt Hammerich und Michael Klein (Hrsg.), Materialien zur Soziologie des Alltags, Opladen 1978 (Sonderheft 20 der Kölner Zeitschrift für Soziologie und Sozialpsychologie), S. 220–243.

Hetzer, Hildegard: Kind und Jugendlicher in der Entwicklung, 4. durchges. und erw. Aufl., Berlin – Hannover – Darmstadt 1958.

Hirche, Peter: Die seltsamste Liebesgeschichte der Welt, in: Heinz Schwitzke (Hrsg.), Sprich, damit ich dich höre, München 1960, S. 131–150.

Hirschberg, Walter: Die Zeitrechnung der Masai und verwandter Völker, in: Zeitschrift für Ethnologie 65 (1933), S. 241–264.

Hochkeppel, Willy, Die Veränderung des Zeitbewußtseins im modernen Theater, phil. Diss. München 1957.

Hough, Walter: Time-keeping by Light and Fire, in: The American Anthropologist 6 (1893), S. 207–210.

Hubert, H. und *Mauss,* M.: Étude sommaire de la représentation du temps dans la religion et la magie, in: Mélanges d'histoire des religions, Paris 1909, S. 189–229.

Hund, Friedrich: Die Zeit in der Begriffswelt des Physikers, in: Studium Generale 8 (1955), S. 469–476.

Husserl, Edmund: Cartesianische Meditationen und Pariser Vorträge, hrsg. und eingel. von S. Strasser, Den Haag 1950.

Husserl, Edmund: Zur Phänomenologie des inneren Zeitbewußtseins, hrsg. von Rudolf Boehm, Den Haag 1966.

Jahoda, Gustav: Children's Concept of Time and History, in: Educational Review 15 (1963), S. 87–104.

Jahoda, Marie u.a.: Die Arbeitslosen von Marienthal, 3. Aufl., Frankfurt/M. 1975.

Jensen, Ad. E.: Mythos und Kult bei den Naturvölkern, Wiesbaden 1951.

Jugendwerk der deutschen Shell (Hrsg.): Jugend '81, Bd. 3, Hamburg 1981.

Julkunen, Raija: A Contribution to the Categories of Social Time and the Economy of Time, in: Acta Sociologica 20 (1977), S. 5–24.

Kaiser, O.: Jesajabuch, in: Kurt Galling (Hrsg.), Die Religion in Geschichte und Gegenwart, Bd. 3, 3. Aufl., Tübingen 1959, Sp. 606–611.

Kasakos, Gerda: Zeitperspektive, Planungsverhalten und Sozialisation, München 1971.

Kidd, Benjamin: Social Evolution, London 1894.

Klages, Helmut: Geschichte der Soziologie, München 1969.

Kluckhohn, Florence Rockwood und *Strodtbeck,* Fred L.: Variations in Value Orientations, Evanston/Ill. – Elmsford/N.Y. 1961.

Knapp, R. H.: Personality and the Psychology of Time, in: J. T. Fraser u.a. (Hrsg.), The Study of Time, Berlin – Heidelberg – New York 1972, S. 312–319.

Kolaja, Jiri: Social System and Time and Space, Pittsburgh 1969.

Korenbaum, Myrtle: Translator's Preface zu: Georges Gurvitch, The Spectrum of Social Time, Dordrecht 1964, S. IX–XXVI.

Koselleck, Reinhart: Historia Magistra Vitae, in: Ders., Vergangene Zukunft, Frankfurt/M. 1979, S. 38–66.

Koselleck, Reinhart: Über die Verfügbarkeit der Geschichte, in: Ders., Vergangene Zukunft, Frankfurt/M. 1979, S. 260–277.

Kreutz, Henrik: Die zeitliche Dimension von Sozialisationsumwelten. Schulbildung, Zukunftsbezug, Selbsteinschätzung und soziale Anpassung von Jugendlichen aus verschiedenen sozialen Schichten, in: Heinz Walter (Hrsg.), Sozialisationsforschung, Bd. III, Stuttgart-Bad Cannstatt 1975, S. 107–150.

von Krockow, Christian Graf: Keine Zeit, keine Zeit, keine Zeit . . ., in: Die Zeit, Nr. 5 v. 25.1.1980, S. 53.

Kroeber, A. L. und *Kluckhohn,* Clyde: Culture, New York 1963.

Krüll, Marianne: Schizophrenie und Gesellschaft, München 1977.

Krumm, Volker: Das Zukunftsbild der Jugend, Weinheim – Berlin 1967.

Krysmanski, H. J.: Metrische Vorstellungen – Zur wissenssoziologischen Beschreibung modernen Bewußtseins, in: Soziale Welt 14 (1963), S. 297–310.

Kümmel, Friedrich: Über den Begriff der Zeit, Tübingen 1962.

Kunisch, Hermann (Hrsg.): Eckhart, Tauler, Seuse. Ein Textbuch aus der altdeutschen Mystik, Hamburg 1958.

Laaths, Erwin: Geschichte der Weltliteratur, Bd. II, München – Zürich 1963 (TB-Ausgabe; Originalausgabe 1953).

Landauer, Gustav: Die Revolution, Frankfurt/M. 1919 (zuerst 1912).

Landgrebe, Ludwig: Philosophie der Gegenwart, Frankfurt/M. 1958.

Langer, Jonas u.a.: The Effect of Danger upon the Experience of Time, in: The American Journal of Psychology 74 (1961), S. 94–97.

Lapointe, Jean: La conception du temps chez les Wayana, in: Anthropologica (NF) 18 (1976), S. 97–104.

Leach, E. R.: Two Essays concerning the Symbolic Representation of Time, in: Ders., Rethinking Anthropology, London 1966 (zuerst: 1961), S. 124–136 (deutsche Übersetzung: Zwei Aufsätze über die symbolische Darstellung der Zeit, in: Wilhelm E. Mühlmann und Ernst W. Müller (Hrsg.), Kulturanthropologie, Köln – Berlin 1966, S. 392–408).

LeBlanc, Arthur F.: Time Orientation and Time Estimation: A Function of Age, in: The Journal of Genetic Psychology 115 (1969), S. 187–194.

Lefebvre, Henri: Das Alltagsleben in der modernen Welt, Frankfurt/M. 1972.

Leitner, Hartmann: Lebenslauf und Identität, Frankfurt/M. – New York 1982.

Leonhard-Spark, Philip John: Explorations in the Social Construction of Temporal Thought, phil. Diss. City University New York 1976.

Leshan, Lawrence L.: Time Orientation and Social Class, in: Journal of Abnormal and Social Psychology 47 (1952), S. 589–592.

Lévi-Strauss, Claude: Das Rohe und das Gekochte (Mythologica I), Frankfurt/M. 1971.

Lévi-Strauss, Claude: Strukturale Anthropologie II, Frankfurt/M. 1975.

Lévi-Strauss, Claude: Das wilde Denken, Frankfurt/M. 1968.

Lévy-Bruhl, L.: Le temps et l'espace du monde mythique, in: Scientia 57 (1935), S. 139–149.

Lewis, Wyndham: Time and Western Man, London 1927.

Lloyd, H. Alan: Timekeepers – An Historical Sketch, in: J. T. Fraser (Hrsg.), The Voices of Time, New York 1966, S. 388–400.

Löwith, Karl: Die Dynamik der Geschichte und der Historismus, in: Eranos-Jahrbuch 21 (1952), S. 217–254.

Lüscher, Kurt: Time: A Much Neglected Dimension in Social Theory and Research, in: Sociological Analysis & Theory 4 (1974), S. 101–117.

Luhmann, Niklas: Einfache Sozialsysteme, in: Ders., Soziologische Aufklärung 2, Opladen 1975, S. 21–38.

Luhmann, Niklas: Evolution und Geschichte, in: Ders., Soziologische Aufklärung 2, Opladen 1975, S. 150–169.

Luhmann, Niklas: Formen des Helfens im Wandel sozialer Bedingungen, in: Ders., Soziologische Aufklärung 2, Opladen 1975, S. 134–149.

Luhmann, Niklas: Funktion der Religion, Frankfurt/M. 1977.

Luhmann, Niklas: The Future Cannot Begin: Temporal Structures in Modern Society, in: Social Research 43 (1976), S. 130–152.

Luhmann, Niklas: Gesellschaft, in: Ders., Soziologische Aufklärung, 4. Aufl., Opladen 1974, S. 137–153.

Luhmann, Niklas: Gesellschaftsstruktur und Semantik, 2 Bde., Frankfurt/M. 1980 und 1981.

Luhmann, Niklas: Die Knappheit der Zeit und die Vordringlichkeit des Befristeten, in: Ders., Politische Planung, Opladen 1971, S. 143–164.

Luhmann, Niklas: Legitimation durch Verfahren, Neuwied – Berlin 1969.

Luhmann, Niklas: Macht, Stuttgart 1975.

Luhmann, Niklas: Politische Verfassungen im Kontext des Gesellschaftssystems (1. Teil), in: Der Staat 12 (1973), S. 1–22.

Luhmann, Niklas: Reflexive Mechanismen, in: Ders., Soziologische Aufklärung, 4. Aufl., Opladen 1974, S. 92–112.

Luhmann, Niklas: Sinn als Grundbegriff der Soziologie, in: Jürgen Habermas und Niklas Luhmann, Theorie der Gesellschaft oder Sozialtechnologie – Was leistet die Systemforschung?, Frankfurt/M. 1971, S. 25–100.

Luhmann, Niklas: Soziologie als Theorie sozialer Systeme, in: Ders., Soziologische Aufklärung, 4. Aufl., Opladen 1974, S. 113–136.

Luhmann, Niklas: Systemtheorie, Evolutionstheorie und Kommunikationstheorie, in: Ders., Soziologische Aufklärung 2, Opladen 1975, S. 193–203.

Luhmann, Niklas: Temporalstrukturen des Handlungssystems – Zum Zusammenhang von Handlungs- und Systemtheorie, in: Wolfgang Schluchter (Hrsg.), Verhalten, Handeln und System, Frankfurt/M. 1980, S. 32–67.

Luhmann, Niklas: Vertrauen, Stuttgart 1968.

Luhmann, Niklas: Weltzeit und Systemgeschichte, in: Ders., Soziologische Aufklärung 2, Opladen 1975, S. 103–133.

Luhmann, Niklas: Wirtschaft als soziales System, in: Ders., Soziologische Aufklärung, 4. Aufl., Opladen 1974, S. 204–231.

Luhmann, Niklas: Zweckbegriff und Systemrationalität, Tübingen 1968.

Lyman, Stanford M. und *Scott,* Marvin B.: A Sociology of the Absurd, New York 1970.

Lynch, Kevin: What Time Is This Place?, Cambridge/Mass. – London 1972.

Macey, S.: The Changing Iconography of Father Time, in: J. T. Fraser u.a. (Hrsg.), The Study of Time III, New York – Heidelberg – Berlin 1978, S. 540–575.

MacIver, R. M.: The Challenge of the Passing Years, New York 1962.

MacIver, R. M.: Social Causation, 2. Aufl., New York – Evanston – London 1964.

Mann, Thomas: Der Zauberberg, Frankfurt/M. – Berlin 1954.

Mannheim, Karl: Ideologie und Utopie, 5. Aufl., Frankfurt/M. 1969.

Mannheim, Karl: Das konservative Denken, in: Ders., Wissenssoziologie, eingel. und hrsg. von Kurt H. Wolff, Berlin – Neuwied 1964, S. 408–508.

Mannheim, Karl: Das Problem der Generationen, in: Ders., Wissenssoziologie, eingel. und hrsg. von Kurt H. Wolff, Berlin – Neuwied 1964, S. 509–565.

Marcuse, Herbert: Der eindimensionale Mensch, 2. Aufl., Neuwied – Berlin 1967.

Marks, Stephen R.: Multiple Roles and Role Strain: Some Notes on Human Energy, Time and Commitment, in: American Sociological Review 42 (1977), S. 921–936.

Martin, Richard Jon: Time and Textures of Social Thought, phil. Diss. University of Massachusetts 1977.

Marx, Karl: Einleitung zu einer Kritik der politischen Ökonomie, in: Ders., Ökonomische Schriften, 3. Bd., hrsg. von Hans-Joachim Lieber und Benedikt Kautsky, Stuttgart 1964, S. 793–833.

Maus, Heinz: Geleitwort zu: Maurice Halbwachs, Das kollektive Gedächtnis, Stuttgart 1967, S. V–VII.

Mauss, Marcel: Soziologie und Anthropologie, Bd. 1, München 1974.

Maxwell, Robert J.: Anthropological Perspectives, in: Henri Yaker u.a. (Hrsg.), The Future of Time, London 1972, S. 36–72.

Mbiti, John: Afrikanische Begriffe der Zeit, Geschichte und des Todes, in: Afrika heute 5 (1967), S. 38–42.

Mead, George Herbert: Henri Bergson, in: Ders., Sozialpsychologie, eingel. und hrsg. von Anselm Strauss, Neuwied – Berlin 1969, S. 384–391.

Mead, George Herbert: The Philosophy of the Present, hrsg. von Arthur E. Murphy, London 1932.

Merton, Robert K.: Social Theory and Social Structure, 9. überarb. und erw. Aufl., New York – London 1964.

Middleton, John: The Lugbara of Uganda, New York 1965.

Mießler, Maria: Leistungsmotivation und Zeitperspektive, München 1976.

Minkowski, E.: Zum Problem der erlebten Zeit, in: Studium Generale 8 (1955), S. 601–607.

Mittelstaedt, Peter: Der Zeitbegriff in der Physik, Mannheim – Wien – Zürich 1976.

Mönks, Franz J.: Zeitperspektive als psychologische Variable, in: Archiv für die gesamte Psychologie 119 (1967), S. 131–161.

Moore, Wilbert E.: Industrialization and Labour, Ithaka 1951.

Moore, Wilbert E.: Man, Time and Society, New York – London 1963.

Moore, Wilbert E.: The Temporal Structure of Organizations, in: Edward A. Tiryakan (Hrsg.), Sociological Theory, Values, and Sociocultural Change. Essays in Honor of Pitirim A. Sorokin, New York – Evanston 1963, S. 161–169.

Morenz, Siegfried: Ägyptische Religion, Stuttgart 1960.

Muchow, Hans Heinrich: Sexualreife und Sozialstruktur der Jugend, Reinbek 1959.

Mühlmann, Wilhelm E.: Chiliasmus und Nativismus, 2. Aufl., Berlin 1964.

Mühlmann, Wilhelm E.: Kultur, in: Wilhelm Bernsdorf (Hrsg.), Wörterbuch der Soziologie, 2. neubearb. und erw. Ausg., Stuttgart 1969, S. 598–602.

Müller, A. M. Klaus: Die präparierte Zeit, 2. Aufl., Stuttgart 1973.

Mumford, Lewis: Technics and Civilization, New York 1934.

Mußner, Franz: Der Galaterbrief, 3. erw. Aufl., Freiburg/B. – Basel – Wien 1977.

Nakamura, Hajime: Time in Indian and Japanese Thought, in: J. T. Fraser (Hrsg.), The Voices of Time, New York 1966, S. 77–91.

Narr, Karl J.: Zeitmaße in der Urgeschichte, Opladen 1978.

Needham, Joseph: Time and Knowledge in China and the West, in: J. T. Fraser (Hrsg.), The Voices of Time, New York 1966, S. 92–135.

Needham, Joseph: Wissenschaftlicher Universalismus, Frankfurt/M. 1977.

Neuloh, Otto: Sozialisation und Schichtarbeit, in: Soziale Welt 15 (1964), S. 50–69.

Newton, Isaac: Mathematische Principien der Naturlehre, hrsg. von J. Ph. Wolfers, Leipzig 1932 (zuerst 1872).

Nilsson, Martin P.: Primitive Time-Reckoning, Lund – London – Oxford – Paris – Leipzig 1920.

Nowotny, H.: Time Structuring and Time-Measurement: On the Interrelation Between Timekeepers and Social Time, in: J. T. Fraser and N. Lawrence (Hrsg.), The Study of Time II, Berlin – Heidelberg – New York 1975, S. 325–342.

Ogawa, H.: The Concept of Time in the Mithraic Mysteries, in: J. T. Fraser u.a. (Hrsg.), The Study of Time III, New York – Heidelberg – Berlin 1978, S. 658–682.

Ogburn, William F.: Social Change, New York 1966 (zuerst 1922).

Ohnuki-Tierney, Emiko: Concepts of Time among the Ainu of the Northwest Coast of Sakhalin, in: American Anthropologist 71 (1969), S. 488–492.

Ohnuki-Tierny, Emiko: Sakhalin Ainu Time Reckoning, in: Man (NF) 8 (1973), S. 285–299.

Ortega y Gasset, José: La rebelión de las masas, Madrid 1930 (deutsche Übersetzung: Der Aufstand der Massen, o.O. 1956).

Osieka, Herbert: Der Raum- und Zeitbegriff bei Newton, phil. Diss. Breslau 1934.

Otto, Eberhard: Zeitvorstellungen und Zeitrechnung im Alten Orient, in: Studium Generale 19 (1966), S. 743–751.

Panoff, M.: The notion of time among the Maenge people of New Britain, in: Ethnology 8 (1969), S. 153–166.

Parsons, Talcott: Evolutionary Universals in Society, in: American Sociological Review 29 (1964), S. 339–357.

Payk, Th. R.: Untersuchungen zum Zeiterleben Depressiver, in: Psychopathometrie 2 (1976), S. 143–148.

Payk, Th. R.: Zeiterlebensstörungen bei endogener Depression, in: Neurologie und Psychiatrie 7 (1980), S. 363–366.

Peerpet, Wilhelm: Was ist Zeit?, in: Studium Generale 8 (1955), S. 531–555.

Piaget, Jean: Die Bildung des Zeitbegriffs beim Kinde, Zürich 1955.

Plato: Sämtliche Werke, Bd. 5, nach der Übersetzung von Friedrich Schleiermacher und Hieronymus Müller, hrsg. von Walter F. Otto u.a., Hamburg 1959.

Plöger, O.: Jahwist, in: Kurt Galling (Hrsg.), Die Religion in Geschichte und Gegenwart, Bd. 3, 3. Aufl., Tübingen 1959, Sp. 516–517.

Pocock, David F.: The Anthropology of Time-Reckoning, in: Contributions to Indian Sociology 7 (1964), S. 18–29.

Priestley, J. B.: Man and Time, London 1964.

Pütz, Karl: Zeitbudgetforschung in der Sowjetunion, Meisenheim 1970.

Quadagno, Jill S.: Paradigms in Evolutionary Theory: The Sociobiological Model of Natural Selection, in: American Sociological Review 44 (1979), S. 100–109.

Rahner, Karl und *Vorgrimler*, Herbert: Kleines Theologisches Wörterbuch, 12. neu bearb. Aufl., Freiburg/B. 1980.

Rammstedt, Otthein: Alltagsbewußtsein von Zeit, in: Kölner Zeitschrift für Soziologie und Sozialpsychologie 27 (1975), S. 47–63.

Reiners, Ludwig: Stilkunst, München 1961 (zuerst 1943).

Rezsoházy, Rudolf: The concept of social time: its role in development, in: International Social Science Journal 24 (1972), S. 26–36.

Rezsoházy, Rudolf: Temps social et développement, Brüssel 1970.

Rilke, Rainer Maria: Schriften in Prosa, Leipzig 1927.

Rosenstock-Huessy, Eugen: Soziologie, 2. Bd.: Die Vollzahl der Zeiten, Stuttgart 1968.

Rosenthal, Robert und *Jacobson*, Lenore: Pygmalion im Klassenzimmer, Weinheim 1971.

Roth, Julius A.: Timetables, Indianapolis – New York 1963.

Russell, J. L.: Time in Christian Thought, in: J. T. Fraser (Hrsg.), The Voices of Time, New York 1966, S. 59–76.

Schaltenbrand, Georges: Consciousness and Time, in: Roland Fischer (Hrsg.), Interdisciplinary Perspectives of Time, New York 1967 (Annals of the New York Academy of Sciences 138/2), S. 632–645.

Scheftelowitz, J.: Die Zeit als Schicksalsgottheit in der indischen und iranischen Religion, Stuttgart 1929.

Schindewolf, Otto H.: Die Entfaltung des Lebens im Rahmen der geologischen Zeit, in: Studium Generale 8 (1955), S. 489–497.

Schlesinger, Philip: Newsmen and their time-machine, in: British Journal of Sociology 28 (1977), S. 336–350.

Schmidtchen, Gerhard: Protestanten und Katholiken, 2. Aufl., Bern – München 1979.

Schneider, Louis und *Lysgard*, Sverre: The Deferred Gratification Pattern, in: American Sociological Review 18 (1953), S. 142–149.

Schoeck, Helmut: Soziologisches Wörterbuch, 11. Aufl., Freiburg/B. 1981.

Schöpf, Anton: Das Prognoseproblem in der Nationalökonomie, Berlin 1966.

Schöps, Martina: Zeit und Gesellschaft, Stuttgart 1980.

Schott, Rüdiger: Das Geschichtsbewußtsein schriftloser Völker, in: Archiv für Begriffsgeschichte 12 (1968), S. 166–205.

Schütz, Alfred: Der sinnhafte Aufbau der sozialen Welt, 2. unveränd. Aufl., Wien 1960 (zuerst 1932).

Schütz, Alfred und *Luckmann,* Thomas: Strukturen der Lebenswelt, Neuwied – Darmstadt 1975.

Schwartz, Barry: Waiting, Exchange and Power: The Distribution of Time in Social Systems, in: American Journal of Sociology 79 (1974), S. 841–870.

Schwonke, Martin: Vom Staatsroman zur Science Fiction, Stuttgart 1957.

Shackle, G. L. S.: Decision, Order and Time, Cambridge 1961.

Simmel, Georg: Die Großstädte und das Geistesleben, in: Ders., Brücke und Tür, hrsg. von Michael Landmann im Verein mit Margarete Susman, Stuttgart 1957, S. 227–242.

Simmel, Georg: Das Problem der historischen Zeit, Berlin 1916.

Smith, Marion W.: Different Cultural Concepts of Past, Present, and Future, in: Psychiatry 15 (1952), S. 395–400.

Sorokin, Pitirim A.: Rejoinder, in: American Journal of Sociology 43 (1938), S. 969–970.

Sorokin, Pitirim A.: Social and Cultural Dynamics, Bd. II und Bd. IV, New York 1962 (zuerst 1937 bzw. 1941).

Sorokin, Pitirim A.: Society, Culture, and Personality, New York 1962 (zuerst 1947).

Sorokin, Pitirim A.: Sociocultural Causality, Space, Time, New York 1964 (zuerst 1943).

Sorokin, Pitirim A. und *Merton,* Robert K.: Social Time: A Methodological and Functional Analysis, in: The American Journal of Sociology 42 (1937), S. 615–629.

Spengler, Oswald: Der Untergang des Abendlandes, München 1923.

Sprondel, Walter M. und *Seyfarth,* Constans (Hrsg.): Max Weber und die Rationalisierung sozialen Handelns, Stuttgart 1981.

Srubar, Ilja: Die Theorie der Typenbildung bei Alfred Schütz. Ihre Bedeutung und ihre Grenzen, in: Walter M. Sprondel und Richard Grathoff (Hrsg.), Alfred Schütz und die Idee des Alltags in den Sozialwissenschaften, Stuttgart 1979, S. 43–64.

Stanner, W. E. H.: The Dreaming, in: William A. Lessa und Evon Z. Vogt (Hrsg.), Reader in Comparative Religion, 3. Aufl., New York – Evanston – San Francisco – London o.J. (1972), S. 269–277.

Stein, Mark L.: The Time Factor, Chicago o.J.

Stoll, W. A.: Das Zeiterleben in der Psychiatrie, in: R. W. Meyer (Hrsg.), Das Zeitproblem im 20. Jahrhundert, Bern – München 1964, S. 161–179.

Strauss, Murray A.: Deferred Gratification, Social Class and the Achievement Syndrome, in: American Sociological Review 27 (1962), S. 326–335.

Thompson, E. P.: Zeit, Arbeitsdisziplin und Industriekapitalismus, in: Rudolf Braun u.a. (Hrsg.), Gesellschaft in der industriellen Revolution, Köln 1973, S. 81–112.

Tismer, Karl-Georg und *Wahlen,* Karl: Zur qualitativen Tönung des Zeiterlebens bei Jugendlichen und älteren Personen, unveröff. Manuskript.

Topitsch, Ernst: Sprachlogische Probleme der sozialwissenschaftlichen Theoriebildung, in: Ders. (Hrsg.), Logik der Sozialwissenschaften, 4. Aufl., Köln – Berlin 1967, S. 17–36.

Toulmin, Stephen und *Goodfield,* June: Entdeckung der Zeit, München 1970.

Toynbee, Arnold J.: A Study of History, 12 Bde., London 1934–1961.

Trommsdorf, G. und *Lamm,* H.: An Analysis of Future Orientation and some of its Social Determinants, in: J. T. Fraser und N. Lawrence (Hrsg.), The Study of Time II, Berlin – Heidelberg – New York 1975, S. 343–361.

Trommsdorf, Gisela u.a.: Erziehung für die Zukunft, Düsseldorf 1978.

Trommsdorf, Gisela u.a.: Geschlechtsdifferenzen in der Zukunftsorientierung, in: Zeitschrift für Soziologie 9 (1980), S. 366–377.

Trommsdorf, Gisela u.a.: Zukunftsorientierung, Belohnungsaufschub und Risikobereitschaft bei weiblichen jugendlichen Delinquenten, in: Kölner Zeitschrift für Soziologie und Sozialpsychologie 31 (1979), S. 732–745.

Vögtle, Anton: Zeit und Zeitüberlegenheit im biblischen Verständnis, in: Helmut Hönl u.a., Zeit und Zeitlichkeit, Freiburg/B. 1961, S. 99–116.

Waldenfels, Bernhard: Verstehen und Verständigung. Zur Sozialphilosophie von A. Schütz, in: Walter M. Sprondel und Richard Grathoff (Hrsg.), Alfred Schütz und die Idee des Alltags in den Sozialwissenschaften, Stuttgart 1979, S. 1–12.

Weber, Max: Über einige Kategorien der verstehenden Soziologie, in: Ders., Gesammelte Aufsätze zur Wissenschaftslehre, hrsg. von Johannes Winckelmann, 3. erw. und verb. Aufl., Tübingen 1968, S. 427–477.

Weber, Max: Die protestantische Ethik und der Geist des Kapitalismus, in: Ders., Gesammelte Aufsätze zur Religionssoziologie I, 5. Aufl., Tübingen 1963, S. 17–206.

Weber, Max: Wirtschaft und Gesellschaft, besorgt von Johannes Winckelmann, 5. rev. Aufl., Tübingen 1972.

Weber, Walter: Die Schaltstellen der Macht, in: Die Welt am Sonntag, Nr. 4 v. 22.1.1978, S. 53.

Wendorff, Rudolf: Zeit und Kultur, Opladen 1980.

Whorf, Benjamin Lee: Sprache – Denken – Wirklichkeit, Reinbek 1963.

Wilder, Ingeborg: Schätzungen von längeren Zeiträumen bei verschiedenen Altersstufen und in verschiedener Einstellung, phil. Diss. Wien 1948.

Winch, Peter: Was heißt „Eine primitive Gesellschaft verstehen"?, in: Rolf Wiggershaus (Hrsg.), Sprachanalyse und Soziologie, Frankfurt/M. 1975, S. 59–102.

Windelband, Wilhelm: Lehrbuch der Geschichte der Philosophie, 8. Aufl., Tübingen 1919.

Withrow, G. J.: Reflections on the History of Time, in: J. T. Fraser u.a. (Hrsg.), The Study of Time, Berlin – Heidelberg – New York 1972, S. 1–11.

Zamani, Sigrid: Die soziolinguistischen Arbeiten Basil Bernsteins. Ihre empirische Basis und ihre bildungspolitischen Auswirkungen, phil. Diss. Mainz 1976.

So testen sie Ihren *Zeitfaktor,* in: Die Welt am Sonntag, Nr. 4 v. 22.1.1978, S. 48.

Zern, David: The influence of certain child-rearing factors upon the development of a structured and salient sense of time, in: Genetic Psychology Monographs 81 (1970), S. 221–254.

Zerubavel, Eviatar: The French Republican Calendar: A Case Study in the Sociology of Time, in: American Sociological Review 42 (1977), S. 868–877.

Zerubavel, Eviatar: The Sociotemporal Structure of the Hospital: A Study in the Sociology of Time, phil. Diss. University of Pennsylvania 1976.

Zwätz, Dietrich: Bei den Trompetern von Jericho, in: Deutsche Zeitung, Nr. 36 v. 31.8. 1979, S. 32.

Soziologische Schriften

1. **Wandel und Beständigkeit im sozialen Leben.** Von L. v. Wiese. 70 S. 1964. DM 11,60

2. **Die Logik des Experiments in den Sozialwissenschaften.** Von W. Siebel. 253 S. 1965. DM 38,60

3. **Methodologische Aspekte des Idealtypus.** Von J. Janoska-Bendl. 116 S. 1965. DM 19,80

4. **Sozialnatur und Sozialstruktur.** Von J. Wössner. 110 S. 1965. DM 19,80

5. **Jugend zwischen Tradition und Demokratie.** Von H. Lenné. 230 S. 1967. DM 39,80

6. **Institution und Veranstaltung.** Von W. Lipp. 216 S. 1968. DM 46,80

7. **Das Problem der Prognose in der Soziologie.** Von A. Kühn. 195 S. 1970. DM 46,80

8. **Restloses Erkennen.** Von A. Dumasy. 257 S. 1972. DM 48,60

9. **Max Weber und China.** Von A. Zingerle. 180 S. 1972. DM 38,60

10. **Gesellschaftsstruktur und Rolle der Frau.** Von I. Schumacher. 149 S. 1972. DM 29,60

11. **Utopie und Technik.** Von W. Trautmann. 150 S. 1974. DM 38,60

12. **Soziologische Wahrheit zwischen subjektiver Tatsache und wissenschaftlichem Werturteil.** Von E. Klausa. 87 S. 1974. DM 22,60

13. **Mensch und Kapitalismus bei Max Weber.** Von B. Meurer. 177 S. 1974. DM 48,—

14. **Traditionale Werte im Entwicklungsprozeß.** Von F. Kandil. 278 S. 1975. DM 76,—

15. **Strukturprobleme einfacher Interaktionssysteme.** Von E. Lange. 146 S. 1975. DM 39,60

16. **Nation und Nationalliteratur.** Von S. Tömmel. 278 S. 1976. DM 68,—

17. **Der rhetorische Charakter sozialer Ordnung.** Von St. Wolff. 322 S. 1976. DM 76,—

18. **Gewerkschaftliche Führungsgruppen.** Von Cl. W. Witjes. 422 S. 1976. DM 98,—

19. **Gurvitch und die soziale Realität.** Von M. Henze. 178 S. 1976. DM 59,60

20. **Totale Institution Schiff.** Von R. Lisch. 112 S. 1976. DM 29,60

21. **Prozesse wirtschaftlicher Differenzierung.** Von R. von Gizycki. 151 S. 1976. DM 49,80

22. **Beziehungen zwischen dem normativen und dem produktiven Aspekt einer Demokratisierung der Wirtschaft.** Von J. Block. 210 S. 1977. DM 56,—

23. **Freiheit und Pluralismus.** Von A. Gehring. Hrsg. von B. Niemann. 160 S. 1977. DM 48,60

24. **Konflikte zwischen sozialen Systemen.** Von B. Wagner. 298 S. 1978. DM 78,—

25. **Die Problematik des sozialen Lernens in Schulreformplänen in der Bundesrepublik Deutschland von 1965 bis 1975.** Von K. Lang. 162 S. 1978. DM 48,—

26. **Autorität und Motivation im Industriebetrieb unter den Bedingungen des institutionellen Wandels.** Von U. Wagner. 174 S. 1978. DM 48,—

27. **Einheit und Zwiespalt.** Von P. Christian. 158 S. 1978. DM 49,80

28. **Herrschaft und Legitimität.** Von H. Speer. 185 S. 1978. DM 58,—

29. **Struktur und Wandel der Polizei.** Von G. Endruweit. 220 S. 1979. DM 76,—

30. **Person — Struktur — Organisation.** Von C. Wagner. 142 S. 1979. DM 39,60

31. **Studien über Philosophie der Natur- und Sozialwissenschaften.** Von B. Panahi. 109 S. 1979. DM 36,—

32. **Eigentumssoziologie.** Von A. Burghardt. 80 S. 1980. DM 28,—

33. **Die Zeitstrukturen sozialer Systeme.** Von W. Bergmann. 307 S. 1981. DM 88,—

34. **Revolution und Evolution.** Von R. Hamann. 161 S. 1981. DM 44,—

35. **Gesellschaftliche Evolution als kollektiver Lernprozeß.** Von Ch. Lau. 154 S. 1981. DM 44,60

36. **Die Perfektion des Mitgliedes.** Von J. Grünberger. 128 S. 1981. DM 40,—

37. **Soziale Probleme und soziale Indikatoren.** Von H. H. Bohle. 233 S. 1981. DM 78,—

38. **Das Modische.** Von U. H. A. Schwarz. 161 S. 1982. DM 64,—

39. **Theorie des Alltags.** Von G. Prodoehl. 286 S. 1983. DM 98,—

40. **Herrschaft und Liebe.** Hrsg. von W. Siebel. 325 S. 1984. DM 118,—

41. **Westdeutsche Soziologie 1945—1960.** Von J. Weyer. 447 S. 1984. DM 98,—

42. **Wirtschaftsstruktur und Semantik.** Von W.-H. Krauth. 278 S. 1984. DM 80,—